SANDRA TEML | MARTIN WALL

Ent-Eltert euch!

Wie wir die emotionale Abhängigkeit von unseren Eltern überwinden und endlich uns selbst leben

Für unsere Eltern
Helga und Hubert & Christa und Johann
Für unsere Kinder
Lukas, Franziska und Lorenz & Saskia und Ivana

Alle Namen und Inhalte der im Buch genannten Beispiele sind durch unsere Fantasie beflügelt und inspiriert sowohl durch unser eigenes Erleben als auch das Erleben gemeinsam mit unseren Klient:innen und Seminarteilnehmer:innen. Ähnlichkeiten mit lebenden oder verstorbenen Personen sind rein zufällig und nicht beabsichtigt.
Um die Gültigkeit der hier beschriebenen Erkenntnisse für alle Geschlechter zu betonen, werden die männliche und weibliche Form im Wechsel verwendet.
Wir verwenden in unserem Buch ein persönliches und respektvolles Du als Anrede.
Entelterung® und Mentalog® sind rechtlich geschützte Marken.

Inhalt

Vorwort

Seit Langem quält mich das aus meiner Sicht unbegründete, sehr toxische – ich möchte fast sagen: bösartige – Verhalten meiner Eltern. Es liegt wahrscheinlich an ihrer eigenen Unzufriedenheit, aber kein Reden und keine Vorschläge, keine Hilfestellungen meinerseits haben bisher geholfen. Sie haben dieses Verhalten auch bei anderen nahen Beziehungen an den Tag gelegt. Meine Schwester und enge Freunde haben sich schon distanziert. Die Kinder haben ein gespaltenes Verhältnis – lieben die beiden und fürchten sich vor ihnen. Nach Jahren bin ich nun so weit, dass ich ernsthaft einen Kontaktabbruch in Erwägung ziehe, weil wir alle, aber vor allem meine Ehe und die Kinder, unter den Beschimpfungen aus dem Nichts heraus und ihren Bösartigkeiten leiden.

Facebookgruppen, Instagram-Accounts und unsere Praxen sind voll von Anfragen und Leidensgeschichten wie dieser. Deswegen wollen wir ein Buch über Macht, Möglichkeiten, Verantwortung und Liebe schreiben. Über *deine* Macht, *deine* Wahlmöglichkeiten, *deine* Verantwortung und *deine* Liebe. Wir wollen damit erreichen, dass dich niemand mehr so emotionalisieren und in die Verzweiflung treiben kann – auch nicht deine eigenen Eltern. Nicht sie, nicht deine Geschwister, nicht deine Partner:in, deine Kinder, deine Freund:innen, deine Vorgesetzten. Niemand.

Eine belastende Beziehung zu den eigenen Eltern zu haben ist, als ob du direkt neben der Autobahn leben würdest: Es ist laut, es ist stressig. Vielleicht kämpfst du noch verzweifelt gegen diese Realität an, indem du mit allen dir zur Verfügung stehenden Mitteln versuchst, den Verlauf der Autobahn zu ändern. Doch schließlich gewöhnst du dich daran, irgendwann hörst du es nicht mehr und das Sausen ist zu deinem erwachsenen Normal geworden. Dein gesamtes System, dein Geist und dein Körper, findet mit der Dauerlärmbelastung einen Umgang und rückt den Lärm in den Hintergrund. Dort bleibt er auch – bis dich ein gelegentliches lautes Hupen daran erinnert, dass die Autos auf der Autobahn noch da sind.

Ganz ähnlich ist es mit den Nervereien oder gar Bösartigkeiten deiner Eltern: Du hast dich an sie gewöhnt und schiebst deinen Ärger darüber von dir weg. So lange, bis dich jemand darauf aufmerksam macht. Zum Beispiel sagt dein Partner nach einem ersten Besuch bei deinen Eltern: »Hm, ist aber schon stressig hier! Und wenn du bei deinen Eltern bist, dann redest du auch doppelt so schnell wie sonst.« Du weißt nicht gleich, wovon er oder sie spricht. Erst dann bemerkst du, dass dir etwas zu viel wird, und bist eingeladen, hinzuhören und mit dem Lärm umzugehen.

Oder dein Körper entwickelt Symptome ob der andauernden Lärmbelästigung: Du bist zunehmend gereizt und unzufrieden oder sogar erschöpft – ohne zu wissen, woher genau. Und dann nimmst du es wieder wahr. Und es irritiert dich zunehmend. Was nun?

Genau wie du haben Martin und ich auch Eltern, mit denen wir einen Umgang finden wollten und – mitunter für alle schwierige – Wege gehen mussten, die uns und ihnen unvertraut und neu waren. Dazu gehört immer auch, sich mit sich selbst zu beschäftigen. Beginnst du damit, dich mit dir selbst auseinanderzusetzen, kann es sein, dass deine vormals heile Welt wie eine Seifenblase platzt und du hart auf dem Boden der Realität aufknallst. Anerkennen, was ist, und finden, was wirkt, sind die ersten Schritte des wirklichen Erwachsenwerdens, sind der Beginn der Entelterung.

Wir schreiben uns auf die Fahnen, weiterzumachen, jeden Tag jede Begegnung im Sinne einer Beziehung auf Augenhöhe zu gestalten und vor Fehlern und Rückschlägen nicht zurückzuschrecken. Es ist ein Weg und ein Lernen, in die Ruhe, Freude und Lebenszufriedenheit zu finden und sich an diese zu gewöhnen. Auch Stille kann irritieren, wenn sie nicht die Abwesenheit von Lärm, sondern die Anwesenheit von Frieden ist. Wir nehmen die Irritation in Kauf, gehen weiter, gestalten weiter und stellen uns den Gesprächen, die auf uns als Eltern noch zukommen werden. Unsere Mission, unsere Vision, unser ganzes Streben ist es, den Menschen, die für uns emotional bedeutsam und wichtig sind, ein ernst zu nehmendes erwachsenes Gegenüber zu sein.

Unser Ziel ist es, dich daran zu erinnern, dass heute niemand mehr Macht über dich hat außer dir selbst. Nur du hast die Macht über deinen mentalen und emotionalen Zustand, über dein Befinden und über deine Reaktionen und Antworten. Um dahin zu gelangen, braucht es vielleicht noch ein paar Schritte auf deinem Weg. Wir möchten dir mit diesem Buch einen Wegweiser auf deiner Reise anbieten, mit dem es dir gelingen kann, die Autobahnen in deinem Gehirn umzugestalten und neue Beziehungsentscheidungen zu treffen. Diese Verantwortung ist nicht teilbar. Sie gehört dir.

Wachstum ist eine Frage der Integrität und führt uns immer ins Unbekannte. Unser Ziel ist deine Integrität – immer der Mensch zu sein, der du sein möchtest, auf den du stolz bist, wenn du abends schlafen gehst.

Wir laden dich während des Lesens immer wieder zu einer Standortbestimmung ein: Wo stehst du und wo willst du hin? Was kannst du von wem lernen? Was genau willst du verlernen? Was musst du stattdessen entwickeln? Bist du bereit für deine Selbsterziehung? Bist du bereit, dich damit anzufreunden, dass Lernen, Entwicklung, Selbsterziehung, beständiges Dranbleiben und Selbstpflege zum Leben gehören?

Wir wünschen dir auf deinem Weg Sanftmut und Wagemut und die gesunde Portion Aggression, die nicht vernichtend, sondern aufrichtend ist. Möge die Erfahrung gelingen.

Sandra & Martin

An der unsichtbaren Leine

Tochter: Keine Eltern sind perfekt, oder? Können wir uns darauf einigen?

Vater: Ja.

Tochter: Also, was glaubst du, was du falsch machst?

Wir schreiben dieses Buch in Achtung vor dem Leben selbst. Deswegen ist es uns gleich an dieser Stelle wichtig klarzustellen, was Entelterung nicht ist: Entelterung ist keine Elternabwertung oder ein giftiges Dampfablassen über Vergangenes. In dem Moment, in dem wir mit einem Finger auf unsere Eltern zeigen, stellen wir sie in die Täterecke und machen uns in diesem Moment (wieder) zu ihrem Opfer – und das schafft ungesunde Verstrickungen. Entelterung bedeutet auch nicht Kontaktabbruch. Distanzierung ist oft eine Vermeidungsstrategie, ein Nichtgestalten, keine »Entstrickung«, keine »Ent-wicklung« und keine *Differenzierung*, auf die wir später im Buch zu sprechen kommen.

Du wirst deine Eltern zeit deines Lebens nicht los. Du bist aus ihnen und durch sie gekommen. Dieser Tatsache entkommst du nicht. Selbst wenn sie gestorben sind, existieren sie in deiner geistigen Innenwelt weiter. Falls du nicht bei deinen leiblichen Eltern aufgewachsen bist, dann laden wir dich ein, mehrspurig zu denken: An die Eltern, aus deren Genpool du stammst, und die Eltern oder die wichtigen Bezugspersonen, die dich ins Leben hinein begleitet haben und eine emotionale Bedeutung erlangt haben – so wie es zum Beispiel Adoptiv-, Pflege- oder Großeltern tun. Diese Eltern sind unauflösbarer Bestandteil deiner Vergangenheit und deines Werdens, deiner Prägungen. *Wie* sie Teil deiner Zukunft werden, gestaltest du.

Werde also nicht deine Eltern los, sondern deine Kinderrolle. Darüber wirst du in diesem Buch lesen.

Wir wenden uns mit diesem Buch an jene erwachsenen Söhne und Töchter, die erkannt haben, dass die Beziehung so, wie sie ist, nicht mehr weitergehen kann, und die sich mit diesem Buch auf die Suche nach Alternativen gemacht haben. Benehmen sich Eltern auch heute noch unreif oder sogar scheußlich, sind sie über die Jahre nicht gewachsen und nur alt geworden statt gereift, wird dich dieses Buch einladen, eine neue Wahl zu treffen und die Beziehung zu ihnen neu zu gestalten. Gestalten beendet die Opferrolle in allen deinen Beziehungen.

Entelterung bedeutet, die eigenen Eltern (oder primären Bezugspersonen) aus der Elternrolle zu entlassen und dich selbst aus der Kinderrolle. Entelterung bedeutet unter anderem …

- ◇ ein Gewahrwerden von innerfamiliärem unangemessenem Verhalten und innerer Zustände aller Beteiligten.
- ◇ früher hilfreiche Verhaltensweisen zu erkennen und zu würdigen und sie auf ihren Nutzen in der Gegenwart zu überprüfen.
- ◇ aus einer ungesunden, hinderlichen emotionalen Verstrickung mit den eigenen Eltern, Schwiegereltern oder Geschwistern – aber auch Partner:innen und eigenen Kindern, Chefs und Chefinnen, Kolleg:innen und Freund:innen – auszusteigen.
- ◇ dein erlebtes Normal zu hinterfragen.
- ◇ Entzauberung, Enttäuschung, Desillusionierung und somit dein Ankommen in der Realität.
- ◇ die Verpflichtung zur Selbsterziehung und Selbstbeelterung.
- ◇ über dich selbst hinauszuwachsen.
- ◇ herauszufinden, wer du bist, und dich als dieser Mensch deinen Eltern zu zeigen.
- ◇ einen neuen Umgang mit den Eltern zu finden, die du hast. Egal, ob diese noch am Leben sind oder schon verstorben, ob sie bei dir ums Eck wohnen oder am anderen Ende der Welt.

- ◇ den Willen aufzubringen, etwas neues Gutes in die Welt zu bringen: dich selbst. Das liegt jenseits von dem, was du automatisch tust.
- ◇ Frieden in dir zu finden, in dir zur Ruhe zu kommen.
- ◇ dich aus inneren Dynamiken herauszuwinden, die dich auf ungute Weise an die Eltern binden und ein selbstbestimmtes Leben erschweren.

Unabhängig davon, was du erlebt hast, was deine Geschichte ist – du bist damit umgegangen, hast es überstanden, hast überlebt, hast dich angepasst, verbogen, adaptiert und hast dich mit diesem deinem Normal arrangiert. Das allein zeigt schon, dass du nicht so schnell aufgibst.

Wir schreiben dieses Buch mithilfe von konstruierten Fallbeispielen, um dich daran zu erinnern, dass du nicht allein bist, und daran, was du noch lernen und entwickeln kannst und was du verlernen darfst.

Wir schreiben dieses Buch, um dich und uns selbst an unsere Einmaligkeit zu erinnern und wie schade es wäre, wenn diese nicht gezeigt und gesehen werden würde. Mit Stolz. Von dir.

Was uns mit dir, liebe Leserin, lieber Leser, verbindet, ist die Tatsache, dass wir alle Eltern haben oder gehabt haben. Und dann gibt es Unzähliges, das uns unterscheidet: Martin und ich sind jeweils als Einzelkinder aufgewachsen. Ab jetzt wird es individuell, persönlich und einmalig. Ich auf dem Land, er in der Stadt. Er in einem Haus, ich in einer Wohnung. Ich in meiner Familie mit unserer Kultur, er in seiner mit deren Kultur. Du in deiner Familie mit wieder einer ganz eigenen Kultur.

Dein Aufwachsen, deine Familienkonstellation gibt es nur ein einziges Mal, auch wenn sich in unterschiedlichen Familien Dynamiken wiederholen und gleichen. Wir laden dich ein, die Beispiele, soweit es dir möglich ist, gedanklich für deine Situation hilfreich anzugleichen. Deinen nächsten Schritt, Alternativen zu finden, wirst du dir für deine Umstände selbst maßschneidern.

Astrid wächst gut behütet mit ihren beiden jüngeren Brüdern in einer kleinen Ortschaft im Speckgürtel einer Großstadt auf. Ihr Vater Karl leitet die örtliche Bankfiliale und ist Bürgermeister der Gemeinde. Susanne, Astrids Mutter, ein Einzelkind, führt ein gut gehendes Damenmodengeschäft, das sie von ihren schon verhältnismäßig betagten Eltern übernommen hat. Als Astrid geboren wird, ist ihre Mutter gerade dabei, das Geschäft um Kindermode zu erweitern. Die Großeltern mütterlicherseits sind sehr stolz auf Astrids Mutter, feiern ihren Erfolg auch als den ihren. Schließlich haben sie selbst viel geopfert, damit es ihre Tochter einmal besser hat.

Es ist Astrids Mutter sehr wichtig, dass Astrid »nett und adrett« aussieht und ein freundliches Erscheinungsbild abgibt. Es ist Susanne wichtig, dass Astrid das widerspiegelt, was ihre Mutter vorlebt und ihr Vater in der Gemeinde repräsentiert. Die kleine Astrid ist gern Mutters Aushängeschild, bekommt dadurch viel Zuwendung und Aufmerksamkeit, darf immer wieder im Geschäft neue Sachen probieren. Da das kindliche Gehirn noch keine bewusste Alternative entwickeln kann und niemand Astrid fragt, was ihr gefällt, »wählt« Astrid als Kind den Weg des Bekannten, des Vorgelebten und Geforderten – während ihr jüngerer Bruder Ben den Weg des Gegenteils, des »Nicht wie es meine Eltern wollen!« wählen wird. Später wird man über ihn als das »schwierige Kind« sprechen. Über Arthur, Astrids zweiten Bruder, wird man wenig sagen. Auch er ist ein braver Bub, der seine Schwester vergöttert und aus den Fehlern seines Bruders lernt.

So gekleidet also, mit Faltenrock, schicker Bluse, Ballerinas und einer Spange im Haar, verabschiedet sich Astrid seit Jahren allmorgendlich von ihren Eltern zuerst in den Kindergarten, dann in die Volksschule und später auf den Weg zum Bahnhof, um von dort in die Stadt, ins Gymnasium zu fahren. Astrid soll mit 15 Jahren auf die Modeschule wechseln und später das Geschäft ihrer Mutter übernehmen.

Seit einem Jahr allerdings, Astrid ist mittlerweile 14 Jahre alt, macht sie etwas Neues: Im Zug beginnt sie, sich zu verwandeln. Sie öffnet ihre blonden Zöpfe, schüttelt ihre Haare aus, zieht einen schwarzen Hoodie über ihre Bluse, tauscht Ballerinas gegen Dr. Martens und den Faltenrock gegen schwarze Hosen mit Rissen. Das alles hat Astrid heimlich in der Stadt gekauft und hält es in ihrem Rucksack versteckt. Der dunkle Kajalstift, die dick aufgetragene Wimperntusche und ein schwarzer Lippenstift vervollständigen die Astrid, die in der Stadt aus dem Zug aussteigt und in die Schule geht. Das ist die Astrid, die **sie** *sein will. Den ganzen Tag wird sie so sein, wie sie wirklich ist, wird sich in sich selbst zu Hause fühlen und sich schließlich auf der Heimfahrt wieder in die Astrid verwandeln, die ihre Eltern brauchen oder haben wollen. Astrid fügt sich den elterlichen Wünschen. Ihr wahres Selbst verschwindet wieder im Rucksack.*

Wird Astrid den Mut aufbringen, sich ihren Eltern so zu zeigen, wie sie ist? Wann wird sich Astrid ihren Eltern zumuten und das Bild, das sie von ihr haben, enttäuschen? Wann wird das notwendig? Hoffentlich nicht erst dann, wenn sie sich über all dem Einfügen und all der Orientierung an anderen selbst schon fast verloren hat.

Da du jetzt gerade diese Zeilen liest, glauben wir, dass du jemand bist, der vielleicht wütend, frustriert oder sehr traurig über die Beziehung zwischen dir und deinen Eltern ist. Oder du bist fassungslos und empört darüber, was deine Eltern heute immer noch von sich geben, wie sie heute immer noch denken und wie sie sich dir und anderen gegenüber verhalten.

Auch wir können die Zeit nicht zurückdrehen. Was war, hat uns beeinflusst und liegt hinter uns. Wir können Astrid ihre kindliche Ungestümheit ihren Eltern gegenüber nicht zurückgeben. Wir können Astrid die Mutter nicht zurückgeben, die sechs Wochen nach Astrids Geburt wieder im Geschäft stand und Astrid bei den Großeltern väterlicherseits untergebracht hat. Wir können Astrid die Wut auf ihre beiden Brüder nicht nehmen, die vieles nicht machen mussten, was Astrid musste. Wir können von niemandem, nicht von unserem Partner, unseren Kindern und unseren heutigen Eltern das bekommen, was wir von unseren *damaligen* Eltern nicht bekommen haben.

Fakt ist, dass wir das Damals überstanden haben, dass »aus uns etwas geworden ist«. Wenn du heute Unzufriedenheit, Wut, Schmerz, Trauer, Empörung über deine aktuelle Beziehung zu deinen Eltern wahrnimmst, bedeutet das, dass deine Eltern noch die gleichen sind wie damals. Auch von Astrid wird immer noch erwartet, dass sie endlich einen »netten und adretten« Mann findet. Astrid verschweigt ihren Eltern, dass sie schon längst eine Lebensgemeinschaft eingegangen ist: mit einer Frau.

Du kannst hier schon wahrnehmen, wie es sich immer weiter ausbreitet, welche immer weiteren Kreise es zieht, wenn sich Menschen nicht aus alten Dynamiken lösen. Es erzeugt Konfliktherde und Pulverfässer. Du kannst dir zum Beispiel vorstellen, wie es Astrids Partnerin geht, die von Astrid vor den Eltern verheimlicht wird.

Der dänische Familientherapeut Jesper Juul trifft es auf den Punkt, wenn er sein damaliges kindliches Aufwachsen als Schauspiel beschreibt, in dem Kinder auswendig Gelerntes zu reproduzieren und sich wie auf einer Bühne »gut aufzuführen« hatten, anstatt authentisch zu sein und sich selbst zu kennen: *Wenn man ein Weihnachtsgeschenk bekam, bedankte man sich artig, und etwaige Enttäuschungen mussten geflissentlich überspielt werden. Und erst wenn die Kinder sich vollständig hinter dieser Maske versteckt und den Kontakt zu sich selbst verloren hatten, konnten die Eltern im Bewusstsein, dass ihre Erziehung geglückt war, erleichtert aufatmen.*[1]

Es gibt sie nicht, die perfekte Kindheit mit den perfekten Eltern. Es gibt kein Leben ohne Trauma, es gibt kein Leben ohne Schmerz, Enttäuschung, Angst und Wut. Wir kennen das perfekte Leben nicht. Die perfekte Welt existiert nicht – wir können uns aber aufmachen, mit all dem, das uns begegnet, einen neuen Umgang zu finden. Auch mit unseren Eltern und all den anderen emotional nahen und wichtigen Menschen, die in unserem Leben von Bedeutung sind.

Du kannst als Erwachsene etwas tun: Du kannst die Veränderung sein, die du haben willst. Dabei werden wir dich begleiten.

Du kannst lernen, mit dem Verlust oder der Last umzugehen, und im heutigen Miteinander eine neue, erwachsene Zufriedenheit finden. Wir können lernen, im heutigen Miteinander unsere Grenzen zu wahren. Was es auch immer dafür braucht.

Du bist mit einem unendlichen Vertrauen in diese Welt gekommen, von deinen Eltern geschützt, geliebt, gehalten, genährt, gewollt und getragen zu werden. Möglicherweise wurden deine Erwartungen genau wie die von vielen anderen Kindern bitter enttäuscht, …

- ◇ weil alle Eltern einmal zum ersten Mal Eltern werden und Fehler dazugehören – diese Fehler aber nicht korrigiert werden.
- ◇ weil Eltern das machen, was sie schon von ihren Eltern kennen, das aber längst überholt ist und nicht zu ihrem gegenwärtigen Kind passt.
- ◇ weil Eltern gutgläubig dem Zeitgeist folgen.
- ◇ weil Eltern ihr Bewusstsein über den Effekt ihrer Handlungen nicht entwickeln wollen.
- ◇ weil es Eltern gibt, die selbst beeinträchtigt sind.
- ◇ weil einige Eltern ihre Kinder nicht wollen.
- ◇ weil manche Eltern ihren Kindern mit Absicht Schaden und Leid zufügen.
- ◇ weil es Eltern gibt, die ihre Macht und deine Abhängigkeit als Kind missbrauchen.
- ◇ weil es Eltern gibt, die ihr eigenes Wachstum und ihre eigene Entwicklung verweigern und somit eine Beziehung zu ihren Kindern fordern, die ihrem »Niveau« entspricht.
- ◇ weil manche Eltern ihre Kinder als psychisch-emotionale (Selbstwert-)Stütze brauchen.
- ◇ weil es Eltern gibt, die in der Beziehung zu dir rigide und stur im Damals stehen geblieben sind und sich in all der

Zeit nicht weiterentwickelt haben. Und damit es eine Beziehung zu ihnen gibt, glaubst du, dass auch du dich in eurem Miteinander in das Damals einfügen musst – und wirst wieder zum Kind.

Besonders von diesem letzten Punkt handelt dieses Buch.

Wenn du das liest, dann bist du jemand, der nach Antworten und Lösungen sucht, weil es so, wie es ist, nicht mehr weitergehen kann. Weil du dein Normal nicht mehr super findest. Weil alles in dir schreit – oder du schreist. Weil du zu jemandem geworden bist, den du selbst nicht mehr magst. Oder weil du selbst gerade Mutter oder Vater geworden bist und jetzt langsam dein eigenes Aufwachsen staunend hinterfragst.

Wir wollen dich mit diesem Buch daran erinnern, dass deine Kindheit längst vorbei ist – und ganz besonders dann, wenn du schon selbst Kinder hast. Elternschaft ist das Ende der eigenen Kindheit. Nun bist du gefragt, der oder die Große zu sein, anstatt dich als das verzweifelte, hilflose und trotzige Kind zu gebärden, das du schon lange nicht mehr bist. Nun bist du gefragt, zu gestalten anstatt zu reagieren – und das insbesondere, wenn der Stress steigt. Wir wollen dich einfach nur erinnern, dass du dir inzwischen die Schuhe anziehen darfst, die dir gefallen.

Auch wenn – oder gerade weil – du Kinder hast, musst du jetzt die Ärmel hochkrempeln und deine weitere »Erziehung« selbst in die Hand nehmen. Du bist nun der- oder diejenige, der oder die dich durchs Leben führt, dich selbst korrigiert, ermutigt und immer wieder aufrichtet. Du kannst dir als Erwachsene/r hilfreiche Guides und Mentor:innen aussuchen und zur Seite stellen. Wir wiederholen: Du bist nicht allein. Du kannst etwas tun.

Wir laden dich ein, deinen Weg parallel und gemeinsam mit Astrid, Christian, Lydia, Markus und vielen anderen mutigen Menschen zu gehen, die wir dir in diesem Buch vorstellen werden. Sie alle sind entschlossen, alles dafür zu tun, das Gefühl der Ohnmacht hinter sich zu lassen, um mutige Gestalter:innen ihres

Lebens zu werden. Mögen dich ihre Geschichten inspirieren, dir deinen weiteren Weg für dich maßzuschneidern.

Du bist jemand, der sich nicht leicht zufriedengibt und erst aufgibt, wenn es wirklich gut ist. Du bist jemand, dem Beziehung wichtig ist und der sich danach sehnt, die Beziehung zu seinen Eltern zufriedenstellend zu gestalten. Du bist jemand, der lernen, sich selbst weiter erziehen und führen will. Wenn du auch eine Suchende, ein Suchender bist, dann ist es uns eine Freude, dich ein Stück weiter auf deinem Weg zu begleiten.

Dein »Anders« ist nur eine Entscheidung weit entfernt. Niemand wird tot umfallen, wenn du dein wirkliches Selbst lebst – auch wenn du das befürchtest. Nur die Verdrängung richtet Schaden an. Wir glauben fest daran, dass deine Wahrheit bereits in dir ist – so wie sie es auch immer schon in Astrid war. Du wirst von uns nur daran erinnert, was du vergessen hast.

Wir schreiben über gelingende und ungesunde Beziehungen zwischen erwachsenen Menschen im komplexen emotionalen System »Familie«. Du wirst viel über die Wechselwirkungen von und in Beziehungen und Familie lesen. Das hat insofern etwas mit Entelterung zu tun, als dass sich in Interaktionen mit dem Partner oder mit dem Kind oftmals der aus der Kindheit importierte »Fehler«, das Hinderliche, zeigt: Sowohl Astrids Partnerin als auch Astrids Kinder werden später irritiert sein, wenn sie ihre Frau oder Mutter dabei beobachten, wie sie sich in jemanden verwandelt, die sie im Zusammensein mit ihrer jetzigen Familie nicht ist. So gesehen ist es egal, in welcher Beziehung du beginnst, dein erwachsenes Du zu sein.

Beziehungen in der Familie

Um gesunde Beziehungen zu anderen aufbauen zu können, ist es wichtig, sich selbst gut zu kennen und zu verstehen. Wie bist du zu dem geworden, was du heute bist? Welche Grenzen hast du und woher kommen sie?
Eine Möglichkeit, sich mit diesen Fragen auseinanderzusetzen, ist die Betrachtung der fünf Stufen der kindlichen Entwicklung: Willkommensein, Verstandenwerden, Exploration, Autonomie und Sexualität. Sie prägen uns in unserer frühen Kindheit und beeinflussen unser Verhalten und unsere Beziehungen im Erwachsenenalter.

Dein Kreis, deine Grenze, dein Garten

Damit du dich enteltern kannst, musst du entschleunigen. Entschleunigung bedeutet, immer wieder innezuhalten und bei dir anzukommen, dich mit dir selbst zu befassen, dir selbst Fragen zu stellen, dich immer wieder neu auszurichten. Entelterung ist deine Entscheidung für Selbst-Bewusstheit und bewusste Gestaltung deiner Beziehungen.

Wir empfehlen dir, für deine Arbeit an dir selbst – deine Gedanken, deine Fragen und später deine Mentaloge – ein Notizbuch anzulegen und alles aufzuschreiben. Lasse dich auf die vorgeschlagenen Erforschungen deiner selbst tatsächlich ein, denn durch diese Übungen kannst du Neues erfahren:

Entelterung ist nicht etwas, das einfach nebenher passiert, sondern ein aktiver Prozess.

Um Familiendynamiken gut darstellen zu können und als Orientierungshilfe für dich sichtbar zu machen, etablieren wir an dieser Stelle den Kreis als Symbol für dein Selbst, dein gegenwärtiges inneres »Zuhause«, deine Grenzen. Der Kreis ist ab jetzt der Ort, an den du immer wieder zurückkehrst, falls du dich im Gewirr der elterlichen Erwartungen (ihre Kreise) zu verlieren drohst. Du kannst dich dann immer fragen: In wessen Kreis bin ich eigentlich unterwegs? Vielleicht hilft es dir auch, dir deinen Kreis als deinen Garten mit einem Gartenzaun und einer Gartentür vorzustellen: Ist es dein Garten, in dem du alles anpflanzt, was dir gefällt, und in dem du staunst, was auch von selbst hier wächst? Ganz ohne dein Zutun? Hat dein Garten einen Zaun? Eine Tür? Ist es deine Wohnung, dein »Raum«, der nur dir gehört und den du einrichtest, wie es dir gefällt?

Wichtig ist uns, dass du im Laufe des Lesens ein Kreisgewahrsein entwickelst – und damit experimentierst und zu beobachten beginnst, wie du selbst und deine nahen Menschen mit deinem Kreis, mit deinen Grenzen umgehen und wie du mit den Kreisen, den Grenzen, der anderen umgehst. Werde dir bewusst darüber, für wessen Garten du dich zuständig fühlst und in wessen Garten du gerade den Rasen mähst. Schließlich wollen wir dich dazu ermutigen, allen voran deinen eigenen Garten nach deinen Vorstellungen zu gestalten und zu pflegen.

So wie du einen Kreis und eine Grenze hast, haben auch alle anderen Menschen einen Kreis und eine persönliche Grenze. Damit du deinen Kreis von den Kreisen deiner Eltern oder anderen nahen Menschen unterscheiden kannst, laden wir dich ein, den Kreisen gedanklich unterschiedliche Farben zu geben. Wir schlagen vor, die Kreise von Kindern kleiner zu denken.

Das führt uns zu einem wichtigen Punkt: Beziehungen zwischen heranwachsenden Kindern und Eltern haben andere Regeln und Vorzeichen als die Beziehungen zwischen einem erwachsenen Sohn, einer erwachsenen Tochter und ihren Eltern. Wenn wir über deine Entelterung sprechen, dann gehen wir davon aus, dass …

◇ dein Gehirn schon vollständig ausgereift ist und du es benutzt.

◇ es keine Abhängigkeiten und kein Machtgefälle zwischen dir und deinen Eltern gibt.

◇ du auch ohne deine Eltern leben kannst.

◇ du dich selbst regulieren kannst.

All das trifft auf Kinder nicht zu:
Kinder brauchen Eltern – Erwachsene haben Eltern.

Entwickle dein Kreisgefühl

Wir laden dich also gleich an dieser Stelle ein, ein Bild und ein Gefühl für dich und deinen Kreis zu entwickeln. Du wirst dich mit deinem Kreis befassen, während dir gleichzeitig bewusst ist, dass deine wichtigen, bedeutsamen, emotional nahen Menschen, deine Eltern, deine Partner:innen, deine Kinder, deine Geschwister, deine wichtigsten Freund:innen ebenso ihren Kreis haben. Sie alle haben eigene Gärten mit eigenen Zäunen.

Kreisgefühl – was ist das?

Ein Kreisgefühl zu entwickeln bedeutet, dass du …

- ◇ in deinem Körper ankommst.
- ◇ in der Gegenwart ankommst.
- ◇ den Raum um dich bemerkst und einnimmst.
- ◇ deine Grenzen wahrnimmst.

Erfahrung: Kreisvisualisierung

Visualisierungen werden in vielen Bereichen der Psychologie genutzt. Sportler nutzen diese Technik, um sich den Ablauf ihrer Bewegungen vorzustellen, sich diese einzuprägen und zu verbessern. Es hat sich gezeigt, dass diese Form des mentalen Trainings die Leistung immens steigert. Ray Floyd, ein US-amerikanischer Profigolfer, meint sogar, dass Visualisierungen möglicherweise der wichtigste Teil des Mentaltrainings sind.

In einer Visualisierung stellst du dir etwas so detailliert vor, dass es vor deinem geistigen Auge real wird. Es geht darum, dies nicht nur zu sehen, sondern zu hören, zu riechen, zu schmecken und auf deiner Haut wahrzunehmen – also mit möglichst allen Sinnen zu erleben. Dein Gehirn kann nicht zwischen einer gut gemachten Visualisierung und der Realität unterscheiden.

Probiere es aus und stell dir eine Zitrone vor, eine große, saftige, gelbe Zitrone. Du kannst auch gern daran riechen. Teile nun diese Zitrone gedanklich in vier Teile, schneide sie vor deinem inneren Auge auseinander. Siehst du das saftige, hellgelbe Fruchtfleisch vor dir? Nimm nun eins dieser Viertel deiner saftigen Zitrone, um in sie hineinzubeißen ... Beiße hinein! Jetzt! – Was passiert in deinem Körper? In deinem Mund? Fließt der Speichel, obwohl weit und breit keine Zitrone zu sehen, anzufassen, zu riechen oder zu schmecken ist?

Visualisierungen helfen dir, deine Wahrnehmung von dir selbst und deiner Umwelt zu schärfen und sie auszudehnen. Sie helfen dir, deinen Blick zu weiten, deine unwillkürlichen Reaktionen bewusst zu machen und damit zu experimentieren, diese in eine gewünschte Richtung weiterzuentwickeln.

In der folgenden Visualisierung geht es darum, dich selbst und deine Grenzen wahrzunehmen, also deinen Kreis, den Raum rund um dich. Dabei beginnst du damit, dich auf deinen Atem zu fokussieren, um deine Gedanken zu beruhigen. Atme dabei länger aus als ein. Das beruhigt dein autonomes Nervensystem.

Im nächsten Schritt lenkst du deine Aufmerksamkeit auf deinen Körper. Im Alltag nehmen wir unseren Körper oft gar nicht wahr, wir sind nur in unseren Gedanken und definieren uns nur über unser Denken. Jetzt nimmst du dir bewusst Zeit, deinen Körper wahrzunehmen und damit die Balance zwischen kognitivem Denken (linker Gehirnhälfte) und deinem Körper herzustellen. Nimm nun Schritt für Schritt die Grenzen wahr, die dich kreisförmig oder kugelförmig umgeben. Die erste wahrnehmbare Grenze deines Körpers und damit von dir selbst ist deine Haut. Dann die Luft, die deine Haut berührt. Dann der Kreis rund um dich, der deinen normalen und für dich angenehmen Gesprächsabstand anderen Menschen gegenüber definiert. Dann der Kreis rund um dich, ab dem du fühlst, dass jemand im Raum ist und dass du dich mit diesem Menschen verbinden kannst.

Diese Kreise sind kulturell und familiär geprägt und erlernt. Im Süden Europas ist der Abstand beim Sprechen geringer als im Norden Europas. Für manche Leser:in war es möglicherweise in der Kindheit und Jugend nicht möglich und nicht erlaubt, Grenzen zu haben und/oder zu setzen. Vielleicht bist du als Baby – egal, ob du geschrien und geweint hast – wie ein Paket von einer fremden Person zur nächsten gegeben worden. Wenn du etwas erforschen wolltest, wurdest du vielleicht mit einem ängstlichen elterlichen »Nicht so wild/hoch/weit!« gebremst. Eventuell hast du als Kind nicht einmal eine Schublade für deine privaten Sachen gehabt und deine Tagebücher wurden von deiner Mutter gelesen. In der Jugend war es dir vielleicht nicht erlaubt, dein Zimmer oder das Badezimmer abzusperren. Nein zu sagen oder über dich hinauszuwachsen war in unterschiedlichen Entwicklungsphasen deines Lebens nicht möglich und damit wurden deine Grenze buchstäblich mit Füßen getreten, ignoriert oder sogar zerstört. Dein »Gartenzaun« wurde ramponiert.

Bei dieser Erfahrung geht es darum, diese Grenzen wiederzuentdecken, zu entwickeln, wahrzunehmen und gegebenenfalls in angemessener Form zu verteidigen. Das bedeutet, früh genug klarzustellen, wo deine Grenzen sind, und nicht erst, wenn du bereits emotional überflutet bist und keine Kontrolle über dich und deine Grenzen mehr hast.

Visualisierung (drei bis vier Minuten pro Schritt)

1. Schließe deine Augen, richte deine Aufmerksamkeit auf deinen Atem und lass deine Gedanken ziehen.
2. Gehe mit deinem Fokus zu deiner Wirbelsäule und nimm sie wahr als Zentrum deines Körpers. Nimm wahr, wie alle Teile deines Körpers an der Wirbelsäule hängen und deine Wirbelsäule umgeben.
3. Geh mit deiner Aufmerksamkeit zu deiner ersten Grenze, zu deiner Haut, und nimm wahr, wie sie deinen gesamten Körper umschließt.
4. Nimm nun die etwa 5 bis 10 Zentimeter dicke Luftschicht um dich wahr, die du spürst, wenn sie sich bewegt.

5. Nimm dann den Kreis rund um dich herum wahr, der für dich der natürliche Sprechabstand zu einem Gegenüber ist.
6. Nimm den Kreis rund um dich wahr, in dem du spürst, dass jemand in deiner Nähe ist und du dich von diesem Menschen abgrenzen sowie Nähe und Distanz zu ihm steuern kannst.
7. Nimm den Kreis um dich wahr, in dem du spürst, dass jemand in deiner Nähe ist und du dich mit diesem Menschen verbinden kannst, sodass du dich nicht allein fühlst.
8. Komm nun in deinem Tempo wieder in den Raum zurück – in den Kreis rund um dich herum –, in deinen Körper. Öffne deine Augen und orientiere dich im Raum.

Wie hat es sich angefühlt, einen eigenen Raum mit eigenen Grenzen zu haben? Einen Raum, der nur dir gehört – der so einmalig ist wie du? Hast du einen Bewegungs- oder Handlungsimpuls in deinem Kreis? Willst du vielleicht sogar weg aus deinem Kreis, weil du dich allein und isoliert fühlst? Alles, was in dir entstanden ist, darf sein. Vielleicht hast du bemerkt, dass dein Kreis auch Ecken und Kanten hat – oder sich nicht ganz schließen lässt oder ramponiert ist. Mit all dem werden wir uns in den nächsten Kapiteln auseinandersetzen.

Auf ewig Kind?

Unser Leben zwischen Zeugung und dem dritten Lebensjahr ist die prägendste Zeit und trotzdem können wir uns nicht oder nur wenig konkret daran erinnern. Was aber in dieser Zeit festgeschrieben wird, sind die damals entwickelten Überzeugungen. Wir nehmen sie heute noch wie ein Echo aus dieser Zeit in uns wahr, denn sie beeinflussen unser Denken und Handeln stark.

Da unsere Eltern für das familiäre Klima und die Erfühlung und Erfüllung unserer Bedürfnisse zuständig waren und somit für eine Umgebung, in der wir uns entfalten konnten, bedeutet Elternschaft die ultimative Einladung und Selbstverpflichtung, sich mit sich selbst und dem eigenen Gewordensein auseinanderzusetzen. Tun Eltern das nicht, bleiben diese Entwicklung und die Schadensbegrenzung an der nächsten Generation hängen.

Sorgten deine Eltern – aus welchen Gründen auch immer – nicht für so ein Gedeihen und wurden diese Bedürfnisse nicht erfüllt, hast du dich als Kind angepasst und Strategien entwickelt, um die Beziehung zu deinen Eltern, also deinen überlebenssichernden Bindungspersonen, zu gewährleisten und zu schützen. Du hast dich eingefügt und hattest ein exzellentes Gespür dafür, was deine Eltern an dir mögen oder ablehnen. In der Psychologie nennt man das auch *adaptive Überlebensstrukturen*. Wir nennen sie Kreisverschlüsse oder gestopfte Löcher im Gartenzaun: Das sind all jene Strategien, die dir von außen nach innen ein Gefühl von Sicherheit, Stabilität und Halt geben. Sie halten deinen Kreis fest zusammen, weil er sich durch deine Anpassungsleistung verbogen und verschoben hat und vielleicht sogar an der einen oder anderen Stelle gebrochen ist. Der Kreisverschluss flickt den Zaun wieder zusammen. Irgendwie.

Diese erfolgreichen kindlichen Anpassungsvorgänge, dein »Dich einfügen«, deine Zugeständnisse werden im Erwachsenenalter leicht zu einem beengenden Korsett deines Selbst, das deine Kreativität und deine Möglichkeiten schmerzhaft beschneidet.

Wir laden dich im folgenden Abschnitt ein, zu erforschen, welches Korsett du dir möglicherweise angezogen hast. Erkenne deine Kreisverschlüsse oder deine Lösungen, deinen Gartenzaun aufrechtzuerhalten. Wir ermutigen dich mithilfe von Erfahrungen, dein Korsett Stück für Stück aufzuschnüren. Damit wollen wir dich in eine neue Aufrichtigkeit dir selbst und deinen Eltern gegenüber begleiten.

Ja, deine Eltern haben dir möglicherweise bei einigen Entwicklungsschritten nicht geholfen. Ja, es wäre schön, wenn sie die Verantwortung für ihr damaliges Tun übernehmen würden und wenn sie bereit wären, sich diesbezüglich heute anders zu verhalten. Aber was, wenn sie sich weiter so verhalten wie damals? Dann gilt es, der Realität ins Auge zu schauen, anstatt weiter zu hoffen, dass du endlich bekommst, auf was du schon seit deiner Geburt wartest. Dann ist es Zeit, dass du dich selbst aus diesem Grundgefühl herausarbeitest.

Der Einfluss der Eltern auf die kindliche Entwicklung

Übergänge von Lebensphasen (Pubertät, Adoleszenz, Berufseinstieg, Partnerschaft, Elternschaft, Midlife, Auszug der Kinder, Pensionierung, Tod von entscheidenden Menschen, Krankheit …) werden oft von einer Zeit der Krise eingeläutet. In dir entsteht vielleicht ein Gefühl festzustecken, wie gefangen in einer Sackgasse zu sein. Doch was ist es wirklich, was uns festhält?

Dabei spielen die »einprogrammierten« Überzeugungen aus den ersten drei Lebensjahren eine große Rolle. Um diese in ihrem vollen Umfang zu erkennen und dir darüber klar zu werden, woher sie kommen und ob sie heute noch hilfreich für dich sind, kannst du dich im Folgenden selbst befragen. Welche Entwicklungsstufen sind möglicherweise für dich nicht ausreichend gut gelaufen? Was kannst du heute tun, um sie zum Abschluss zu bringen, um ganz zu werden?

Wenn eine der Entwicklungsstufen nicht vollständig gelungen ist, sprechen wir von einem Entwicklungstrauma. Dieses Trauma, diese Verletzung, ist unterschiedlich tief, je nachdem wie sehr das kindliche Grundbedürfnis durch die Erziehenden unterdrückt und missachtet wurde.

Deine Entwicklung (und die aller anderen Menschen) lässt sich in fünf Stufen unterteilen, die zwischen deiner Zeugung und deinem dritten Lebensjahr liegen. Deine Entwicklung beginnt also schon vor deiner Geburt und entsprechend vorher beginnt bereits die Verantwortung deiner Eltern für dich. Der Zustand und das Mindset deiner Eltern während der Schwangerschaft und während deiner Kindheit, also ihre Einstellung und ihre Art, was und wie sie über dich dachten, sich auf dich bezogen haben, mit dir und der Welt umgegangen sind, dringt ganz tief in die Erde, in die Wurzeln deines Kreises ein.

Überlege dir beim Lesen der fünf Stufen, wie sie in deinem Leben verlaufen sind. Vielleicht weißt du über einzelne Stufen nicht Bescheid, hast zum Beispiel noch nie daran gedacht, mit deinen Eltern über dein In-die-Welt-Kommen zu sprechen und sie zu fragen, wie das damals war, wie ihre Beziehung war, ob sie sich über die Schwangerschaft gefreut haben. Möglicherweise ist jetzt eine gute Gelegenheit dafür, es anzusprechen.

Wenn allerdings unser Vorschlag ein »Das mach ich sicher nicht!« in dir auslöst, dann sehen wir genau das als Einladung, etwas über eure Beziehungskultur zu lernen und dich zu fragen, ob du hier über dich hinauswachsen kannst und willst. Wenn das für dich zu emotional überflutend ist, deine Eltern nicht mehr leben oder du sie gar nicht kennst, gibt es vielleicht Verwandte, Freunde, Geschwister, Organisationen, die dir weiterhelfen können.

Anhand der **Lebensgefühlsätze** im folgenden Abschnitt kannst du erahnen, wo du beginnen kannst, dein Korsett aufzuschnüren und deine Überzeugungen auf ihre heutige Gültigkeit zu überprüfen. Vielleicht taucht einer dieser Sätze gerade wieder in deiner Paarbeziehung auf und du versuchst, dort das nachzuholen, was dir als Kind verwehrt wurde: eine positive Spiegelung. Die Übungen nach jeder Stufe können dich dabei unterstützen, deinen Selbstwert wieder von innen zu stärken und dich von emotionaler Bestätigung und somit Abhängigkeit frei zu machen.

1. Stufe: Gewollt werden

Bereits kurz nach deiner Zeugung bemerkte deine Mutter und bald darauf auch dein Vater, dass du im Bauch deiner Mutter existierst. Der mütterliche Organismus schüttete während der Schwangerschaft einen Hormoncocktail aus und der wirkte direkt und ungefiltert auf dich. Auch nach der Geburt waren etwaige emotionale Belastungen deiner Eltern kontinuierlich für dich als Säugling zu spüren. Die Fähigkeit deiner Eltern, dich zu beruhigen, spielt eine maßgebliche Rolle für deine spätere Selbstregulation.

Warst du ein Wunschkind oder war einer der beiden ambivalent oder lehnte dich tatsächlich ab? War deine Mutter durch die Schwangerschaft überfordert, weil sie zum Beispiel in unsicheren finanziellen oder emotionalen Verhältnissen lebte? Ist die Schwangerschaft »passiert«? Musste deine Mutter aufgrund der Schwangerschaft und deiner Geburt ihren Job, ihre Ausbildung, ihre Karriere abbrechen? Bist du an ihrem Leben »schuld«?

Wie du in die Welt eingeladen worden bist, wie du neun Monate getragen worden bist und wie du in der Welt begrüßt worden bist, erzeugt ein nachhaltiges Lebensgefühl, etwa ein Wohl- oder aber ein Unwohlsein in Gruppen: *Niemand mag mich. Niemand freut sich, wenn ich komme. Ich gehöre nicht dazu. Ich bin allein.* Das sind entsprechende Lebensgefühlsätze und innere Überzeugungen, die sich in dir festigen können.

Esther ist ein Kind eines Urlaubsflirts ihrer Mutter. Niemand kennt den Vater, aber die Mutter wollte sie trotz dieser Umstände bekommen, obwohl sie niemanden hatte, der sie finanziell unterstützen konnte. Also musste sie bald nach der Geburt wieder arbeiten gehen.

Esther wurde in ihrem Bettchen entweder bei der Nachbarin oder bei der Großmutter abgestellt, die sie mit abgepumpter Milch fütterten. Darüber hinaus wurde Esther mit nichts genährt. Dieses Gefühl, allein zu sein, konnte Esther in dieser Zeit noch nicht aussprechen, es wurde nicht in Worten abgespeichert, sondern als Körperwahrnehmung, für die es keine Sprache gibt. Auch heute können Worte diese Körperwahrnehmung nicht wettmachen – egal wer es auch sagt, egal wie oft sie hört, dass sie nicht allein ist, es bleiben nur Worte. Esther vertraut sicherheitshalber nur sich selbst.

Erfahrung: Selbstbeeltern durch Umarmen

Umarmen bis zur Entspannung ist eine vom US-amerikanischen Therapeuten David Schnarch empfohlene Methode, um eine tiefere Verbindung zu deinem/deiner Partner:in aufzubauen und gleichzeitig dich selbst besser in den Griff zu bekommen. Es verwandelt eine einfache Umarmung in einen Zugang zu eurer Beziehung und in eine Möglichkeit, sie zu verbessern. (Wenn du Single bist oder sofort eine Umarmung brauchst, probiere den »Butterfly Hug« auf Seite 31.)

Bereitet euch beide auf die Erfahrung vor, indem ihr euch ein paar Minuten Zeit nehmt, zur Ruhe kommt und sich euer Herzschlag beruhigt. Stellt euch dann mit ein paar Schritten Distanz voreinander. Nehmt einen ausgeglichenen, sicheren Stand ein, bei dem ihr beide Füße gleichmäßig belastet. Schließt eure Augen, atmet tief ein und entspannt euch von Neuem. Öffnet eure Augen und, wenn ihr beide so weit seid, bewegt euch vorwärts, ohne eure entspannte Körperhaltung aufzugeben, bis ihr jeweils einen Fuß zwischen die Füße eures Gegenübers bewegt habt. Stellt euch dicht genug heran, damit ihr bequem eure Arme umeinanderlegen könnt, ohne das Gefühl, die Balance zu verlieren, und damit ihr euer Gegenüber nicht aus dem Gleichgewicht zieht oder schiebt. Verändert eure Haltung so, dass es für euch jeweils körperlich angenehm ist. Entspannt euch in die Umarmung hinein und vergesst nicht, zu atmen. Es werden sicher viele Gefühle in euch beiden auftauchen. Nehmt eure Widerstände wahr, aber gebt ihnen nicht unmittelbar nach. Sprecht danach miteinander über die Erfahrungen. Oftmals muss man dafür zwar an mehreren Tagen pro Woche über mehrere Monate hinweg üben, aber du wirst über die Verbesserungen verblüfft sein.[2]

2. Stufe: Verstanden werden

Nach der Geburt warst du darauf angewiesen, dass deine Mutter oder dein Vater dich versteht, obwohl du noch nicht sprechen, sondern nur schreien konntest. Wurde das deinen Eltern zu viel? Haben sie dich manchmal oder öfter einfach schreien lassen, bis du vor Erschöpfung eingeschlafen bist? Haben deine Eltern deine Bedürfnisse missverstanden oder gar ignoriert? (Je nachdem wie alt du bist, war das leider eine gängige Empfehlung an junge Mütter.) Dadurch bilden sich Lebensgefühlsätze wie: *Niemand versteht mich. Es hat alles keinen Sinn. Ich muss alles allein machen. Ich muss mich anstrengen und besser werden. Ich bin allein.*

Was daraus später werden kann, zeigt Josefs Beispiel:

Josef ist Geschäftsführer eines renommierten öffentlichen Unternehmens. Sein Leben ist geprägt von Ehrgeiz und Fleiß. Früh schon war er Klassensprecher, dann Schul- und schließlich Landesschulsprecher. Trotz seines äußerlichen Erfolges leidet Josef vermehrt unter seinen emotionalen Ausbrüchen. In seinem Büro schleudert er immer wieder in Wutanfällen etwas von seinem Schreibtisch an die Wand – Bücher, Bildschirme, Laptops, Mobiltelefone. Die Sekretärin im Vorzimmer seines Büros reagiert nicht einmal mehr darauf. Allerdings passiert ihm das auch in unterschiedlichen Sitzungen, in denen er sich unverstanden fühlt, und schreit dann Sätze wie »Warum versteht mich keiner? Sprech ich Chinesisch?«.

Erfahrung: Eine Bitte formulieren

Wandle deine Vorwürfe in Bitten um. Wie würdest du deine Eltern, deinen Partner, deine Mitarbeiter um etwas bitten? Achte dabei auf deinen inneren Zustand. Es kann hilfreich sein, wenn du dir vorstellst, dass du in einem Geschäft eine Verkäuferin um etwas bittest, also einen Menschen, zu dem du keinen emotionalen

Bezug hast. Die Wahrscheinlichkeit, dass du dann etwas bekommst, erhöht sich dramatisch. Später im Buch lernst du »Mentaloge« kennen, mittels derer du solche Situationen ausprobieren und dabei lernen kannst, deinen inneren Zustand zu regulieren.

Erfahrung: Butterfly Hug – sich selbst umarmen

Diese kleine Erfahrung kombiniert Achtsamkeit und Selbstwirksamkeit. 1997 setzten die Traumatherapeuten Lucina Artigas und Ignacio Jarero bei der Betreuung der Überlebenden des Hurricans Pauline in Mexiko erstmals den Butterfly Hug ein. Seitdem ist er fester Bestandteil in vielen Traumabehandlungen. Es ist eine immer zur Verfügung stehende Möglichkeit, sich selbst zu beruhigen und aus emotional überfordernden Situationen auszusteigen. Wichtig dabei ist die Kombination aus Berührung und gedanklicher Fokussierung auf den Körper.

Kreuze deine Arme vor der Brust, sodass deine Hände deine Schultern oder dein Schlüsselbein berühren. Schließe die Augen und atme tief. Bewege deine Hände sanft hin und her und streichle dich selbst oder klopfe sanft mit deinen Fingerkuppen auf dein Schlüsselbein, deinen Halsansatz und deine Schultern.

3. Stufe: Autonomie

Ungefähr mit dem zweiten Lebensjahr hast du erkannt, dass es einen Unterschied zwischen dir selbst, deiner Mutter und deinem Vater gibt. Du hast begonnen, Nein zu sagen und damit zum Ausdruck gebracht: »Ich bin nicht du.« Da du noch keine bewusste Idee davon hattest, wer du selbst bist, konntest du deine Autonomie zunächst nur über das Gegenteil deines Gegenübers definieren. Damit endete die Zeit, in der deine Eltern alles süß fanden, was du tust, und die Zeit ihres immerwährenden Ja – ein herber Verlust für dich als Kind.

Durftest du als Kind dein Selbst entdecken oder war das nicht oder nur eingeschränkt möglich? Haben dich deine Eltern (kennen-)»lernen« wollen, wenn du ihnen fremd warst? War dein eigener Kreis willkommen oder bedrohlich? Ist es deinen Eltern gelungen, sich mit dem »Fremden« anzufreunden, oder haben sie es bekämpft? Durftest du dich in die Autonomie bewegen? Wurdest du beschützt oder warst du familiärem Mobbing ausgesetzt, ohne dass ein Elternteil für dich eingetreten ist?

Hier entstehen Lebensgefühlsätze wie: *Ich muss alles richtig machen. Ich muss gefallen. Wenn ich mich zeige, wie ich bin, werde ich abgelehnt. Verheimlichen und Lügen ist eine gute Strategie. Ich muss brav sein. Wenn ich Nein sage, wird jeder mich hassen. Ich bin uninteressant. Meine Emotionen sind unwichtig. Ich bin unwichtig. Ich darf niemanden in die Nähe lassen, an mich ranlassen.*

In der Serie *Hillary* erzählt die einstige US-amerikanische First Lady, Außenministerin und Präsidentschaftskandidatin Hillary Clinton stolz, wie ihr Widerstandsfähigkeit eingeimpft wurde. Als Vierjährige wurde Hillary wegen einer Schleife im Haar von anderen Kindern in der Nachbarschaft gehänselt und gemobbt. Ihre Mutter reagierte auf ihre verängstigt ins Haus laufende Tochter mit den Worten: »In diesem Haus ist kein Platz für Feiglinge. Du gehst wieder nach draußen und überlegst dir, wie du mit dem umgehen willst, was diese Kinder tun.«[3]

So wird man nicht widerstandsfähig. So wird man kalt und distanziert und maskiert sich. So lernt man, dass es gut ist, unterschiedliche Gesichter für unterschiedliche Situationen zu haben, anstatt immer man selbst zu sein. So kann man vieles werden, nur nicht glücklich.

<u>Erfahrung:</u> Mutprobe

Mache etwas Positives, das für dich völlig untypisch ist, wenn du zu deinen Eltern gehst: Bringe ihnen etwas mit, das nur ihnen schmeckt. Oder lade sie zum Essen ein – anstatt immer deinen Vater bezahlen zu lassen. Oder überrasche deine Eltern mit einer innigen Umarmung – statt des üblichen Händedrucks. Achtung: Deine Absicht darf nicht sein, sie zum Narren zu halten. Es soll ein erster Schritt sein, der dir Mut gibt, nicht nur etwas untypisch Positives zu machen, sondern dich irgendwann tatsächlich so zu zeigen, wie du bist.

4. Stufe: Exploration

Diese Stufe setzt meist gleichzeitig oder kurz vor oder nach Beginn der Autonomiephase ein. Du entdeckst nun die Welt um dich herum. Du öffnest alle Schubladen im Zimmer, ziehst an der Tischdecke und steckst deinen Finger in die Steckdose. Oder du läufst plötzlich los, egal, ob da eine befahrene Straße oder ein Abgrund vor dir ist. Doch du prüfst als Kind mit einem Blick zurück, ob deine Eltern noch hinter dir sind. Wie war ihr Blick? Völlig geschockt? Vor Wut verzerrt? Dich bewertend? Oder einladend? Durftest du dich wegbewegen und die Welt entdecken oder wurdest du eingeschränkt, weil aus Sicht deiner Eltern die Welt voller Gefahr ist? Dann entstehen Lebensgefühlsätze wie: *Die Welt ist gefährlich. Ich schaffe das sowieso nicht. Ich werde scheitern. Das ist unerreichbar. Wenn ich etwas probiere, werde ich allein dastehen.*

5. Stufe: Sexualisierung

Zwischen dem zweiten und dritten Lebensjahr bemerkst du, dass es einen Unterschied gibt zwischen Mädchen und Jungs, und das erscheint dir interessant. War das erlaubt? Oder hast du jetzt schon erkannt, dass es besser ist, sich selbst zu verbergen? Oder wird deine Erkundung von Erwachsenen missverstanden? Oder gar missbraucht?

Dann entstehen Lebensgefühlsätze wie: *Alle Männer/Frauen sind schlecht. Ich bin selber schuld an meinen Beziehungsproblemen. Sich als sexuelles Wesen zu erleben ist verboten. Mein Körper ist falsch. Meine sexuellen Gelüste muss ich verstecken.*

Du hattest als Kleinkind keine Wahl

Es ist uns wichtig zu betonen, dass Schutzmechanismen und Strategien keine willentlichen Entscheidungen von Kindern sind, sondern eine unwillkürliche Reaktion des Gehirns auf wahrgenommene Unsicherheit. Es ist eine normale Anpassung auf abnormale Umstände, die versucht, das Überleben zu sichern – **und** gleichzeitig Schaden anrichtet, weil dein wahres Selbst darüber verloren geht und du den Kontakt zu dir verlierst. Im Sinne der Entelterung müssen wir, statt die Verantwortung für die Anpassung zu übernehmen und so zu tun, als ob wir als Kind eine bewusste Wahl gehabt hätten, etwas entschieden oder zugelassen hätten, uns fragen, wie und wodurch uns unsere Eltern dorthin gebracht haben. Wir müssen uns fragen, wie es unseren Eltern gelungen ist, uns *nachhaltig und bis heute* klein, brav, unsichtbar, trotzig oder wütend zu halten. *Diesen* Eltern gilt es zu begegnen, das zieht dir das Korsett aus und führt dich zuallererst in eine gewisse Haltlosigkeit und in einen gefühlten Kontrollverlust, weil dir deine alten Überzeugungen keine Stütze mehr sind und in sich zusammenfallen. Aus deinem alten Normal entwickelt sich dein neues Super.

Die Wut, die an dieser Stelle auf Eltern entstehen kann, ist nachvollziehbar und verständlich: *»Warum haben meine Eltern das neueste Handy, setzen sich mit den neuesten Technologien auseinander, sind also durchaus an Weiterentwicklung interessiert – in unserer Beziehung bleiben sie aber im letzten Jahrtausend stecken?«*

Es gibt eine schöne Geschichte über die Wut und die Traurigkeit, die sich an einem See zum Baden treffen. Die beiden legen ihre Kleider ab und steigen nackt in den See. Da es die Wut immer so eilig hat, hetzt sie auch ganz schnell wieder aus dem Wasser. Aber da die Wut bekanntlich »blind« ist, nahm sie sich die erstbesten Kleider, die sie finden konnte – und es waren die der Traurigkeit. Und so ging die Wut als Traurigkeit verkleidet davon. Und als nun die Traurigkeit ganz bedacht aus dem Wasser stieg, bemerkte sie, dass ihre Kleider verschwunden waren, und zog die Kleider an, die noch da waren. Und so sagt man, begegnest du immer wieder der grausamen, blind um sich schlagenden Wut. Doch wenn du genau hinschaust und dir Zeit nimmst, kannst du sehen, dass diese Wut, die du siehst, nur eine Verkleidung ist, eine Maske; und dass sich hinter der Maske der Wut in Wahrheit die Trauer verbirgt.[4]

Ein neues Denken

Erziehung und Sozialisation bedeuten, dass man ständig von anderen lernt und angeleitet wird, um die Herausforderungen des Lebens bewältigen und Verantwortung für das eigene Leben übernehmen zu können. Doch als Erwachsener liegt es an uns selbst, uns mit neuen, sinnvollen Dingen auseinanderzusetzen und uns weiterzuentwickeln. Wir sind für unseren eigenen Kreis verantwortlich. Wir möchten dich dabei unterstützen, deinen Platz im Kreis zu finden und als eigenständiger Mensch mit eigenen Vorstellungen, Gedanken, Meinungen und Werten in Beziehung zu deinen Eltern zu stehen.

Ich meistere mein Leben selbst – und nicht allein

Menschen kommen mit Grundbedürfnissen in diese Welt. Zwei dieser Bedürfnisse stehen einander scheinbar widersprüchlich gegenüber: Zum einen gibt es das Bedürfnis nach *Zwei*samkeit, Verbindung, Kontakt, Zugehörigkeit, Innigkeit: *»Ich will mit dir, mit euch in Beziehung sein und wir beeinflussen einander.«* Dem gegenüber steht das Bedürfnis nach *Ein*samkeit, für sich sein, nach Autonomie, Einzigartigkeit, Selbstständigkeit, Freiheit, Unabhängigkeit: *»Ich bin anders als du. Ich unterscheide mich von dir. Ich kann mein Leben selbstverantwortlich in die Hand nehmen.«*

Die Erfüllung dieser Grundbedürfnisse – verkürzen wir sie auf Verbundenheit und Autonomie – wird schon während der Schwangerschaft im Mutterleib gewährleistet: Der werdende Mensch wächst täglich über sich selbst hinaus, darf sich entfalten und entwickeln und ist gleichzeitig in enger Verbindung zu einer anderen Person.

Kommt ein Baby dann auf die Welt, erwartet es, dass dieser Zustand weiter fortbesteht, dass da jemand ist, der immer da ist und der seinem Kreis weiterhin kreatives Wachstum und individuelle Entwicklung in sicherer und zuverlässiger Verbundenheit garantiert. Was neun Monate ganz von selbst, ganz natürlich funktioniert, muss nach der Geburt immer wieder in eine gesunde Balance gebracht werden. Im Idealfall wird ein Kind in den Paarraum, in eine »äußere Gebärmutter«, hineingeboren, der sich um seine Eltern aufspannt, die beide einen eigenen, ganzen Kreis haben.

Wie in einer äußeren Gebärmutter wächst das Kind im Paarraum der Eltern auf.

Der US-amerikanische Therapeut Murray Bowen, der Begründer der differenzierungsbasierten Familientherapie, nennt als Ziel die lebenslange Ausbalancierung dieser beiden Lebenskräfte, *die Differenzierung des Selbst.* Ist ein Mensch gut differenziert, …

- ◇ ist er sich des Standorts seines Kreises bewusst.
- ◇ weiß er, dass er nicht allein auf der Welt ist und es in einer Beziehung eine realistische Einflussnahme aufeinander gibt.
- ◇ kann er während eines Konflikts, bei Kritik oder Ablehnung ruhig und klar genug bleiben, um ein rationales Denken, das in einer sorgfältigen Bewertung von Fakten verwurzelt ist, von einem durch Emotionalität getrübten Denken zu unterscheiden.
- ◇ stimmt das, was er entscheidet und sagt, mit dem überein, was er tut.
- ◇ kann er selbstlos handeln, während sein Handeln immer im besten Interesse der Gemeinschaft und eine wohlüberlegte Entscheidung ist und keine Reaktion auf emotionalen Beziehungsdruck.

- ◇ definiert er sich, ohne aufdringlich zu sein, und geht mit dem Druck auf ihn, doch nachzugeben, ohne Wischiwaschi um.[5]

Menschen mit hohem Differenzierungsgrad und hoher ermotionaler Reife haben ein gut entwickeltes Selbst(wert)gefühl (Kreisgefühl) und sind lebendige Menschen. Hochdifferenzierte Menschen geben ihr Bestes und sind auch bereit, Anstrengungen und Mühen für das Gedeihen der Gemeinschaft in Kauf zu nehmen.

Sie können …

- ◇ für ihre eigene emotionale Sicherheit sorgen, ohne dafür andere oder anderes zu brauchen.
- ◇ sich selbst trösten und beruhigen, anstatt dafür jemand anderen zu brauchen; sie müssen nicht immer gleich alles bereden oder mitteilen, was sie bewegt.
- ◇ Hilfe annehmen.
- ◇ im Sinne einer gelingenden Gemeinschaft zusammenarbeiten und alles tun, damit diese für sie selbst und alle anderen funktioniert.
- ◇ für andere ein sicherer Ort sein.
- ◇ ihren eigenen Körper wahrnehmen und in ihm zu Hause sein.
- ◇ gleichzeitig rational denken, während sie tiefe emotionale Verbindungen aufrechterhalten.
- ◇ sich selbst und ihren Weg wichtig nehmen, während sie die Auswirkung ihres Handelns auf ihre Mitmenschen mit in Betracht ziehen.
- ◇ ein eigenes Leben abgegrenzt von den ursprünglichen Familienverhältnissen aufbauen.
- ◇ Fragen stellen, anstatt Vermutungen anzustellen.
- ◇ ihre eigenen Gefühle wahrnehmen und mit ihnen der Situation entsprechend sozial angemessen umgehen.

- ihre Impulse gut kontrollieren.
- den Austausch mit anderen genießen, ohne ihre Wahrnehmung bedroht zu fühlen.
- sich für andere Menschen interessieren.
- den intimen Austausch mit anderen Menschen wertfrei genießen.
- Konflikte direkt und zeitnah ansprechen.
- realistisch und vorausschauend mit Stress umgehen.
- ihre Gedanken und Gefühle bewusst verarbeiten.
- ihren inneren Beobachter einschalten, wenn Emotionen hochsteigen.
- mit der Realität, den gegebenen Umständen klarkommen.
- Empathie und Humor in schwierigen Situationen einsetzen.
- sich selbst hinterfragen, sich selbst konfrontieren und ihre Fehler und Schwächen zugeben.
- den Raum zwischen Reiz und Reaktion immer weiter ausdehnen und ihn nutzen, um Alternativen zu finden.
- sich für neue Wege und Denkansätze öffnen.
- integer und ihren Werten gemäß bewusst handeln.
- Verantwortung übernehmen.
- Intimität zulassen.

Menschen, die ein niedrig differenziertes Selbst haben, erfüllen viele dieser Merkmale nicht. Sie haben ihren Kreis – so wie Astrid – in einen anderen oder in mehrere andere Kreise eingefügt (Überverbindung), sind nicht losgelöst. Sie sind davon abhängig, dass immer wieder jemand in ihren Kreis kommt, um ihn **gut** zu beurteilen. Befinden Astrids Eltern Astrids Kreis (ihre Kleidung) für nicht akzeptabel und stimmen ihrer individuellen Kreisgestaltung nicht zu, passt Astrid ihr Denken und Handeln schnell den Bewertern an, um ihnen zu gefallen und weiterhin ihre Zustimmung und »Liebe« zu bekommen. Astrids Eltern haben so eine enorme Macht über das Befinden ihrer Tochter – solange die erwachsene Astrid damit erpressbar ist und glaubt, die Liebe ihrer Eltern zum Überleben zu brauchen: *Wir lieben dich, wenn du so bist, wie wir dich haben wollen.*

Je weniger das Selbst eines Menschen entwickelt ist, desto mehr beeinflussen andere sein In-der-Welt-Sein. Um dazuzugehören, spart Astrid also etwas aus, schneidet sich sozusagen etwas weg vom eigenen Kreis und steckt den Teil in eine Schublade. Dort, wo vorher Astrids Einmaligkeit war, ist nun Mutters Anerkennung, die den Kreis zusammenhält. Astrid aber versteckt und verheimlicht, wer sie wirklich ist, und führt ein Parallelleben in der Schublade des Verborgenen.

Dieses Parallelleben jedoch widerspricht Astrids Werten von Ehrlichkeit und Transparenz und setzt sie zunehmend in ein inneres Gewissensdilemma (das ihre Partnerin weiter schürt, die ihre Sichtbarkeit zunehmend einfordert). Der Druck auf Astrid steigt, ihre kindliche Anpassung zu hinterfragen und neue mutige, zu ihr passende, erwachsene Entscheidungen zu treffen – und einen neuen Preis zu bezahlen als den der Selbstaufgabe. Notwendigkeit führt zu Differenzierung.

Die Alternative zu Astrids Anpassungsverhalten ist, dass Menschen mit einem niedrig differenzierten Selbst ihrerseits in anderen Kreisen begutachtend und bewertend unterwegs sind und bestimmen wollen, was andere tun sollten und sie so unter Druck setzen. Das ist das, was Astrids Mutter mit Astrid macht.

Menschen mit einem geringen differenzierten Selbst opfern demnach die Verbindung zu ihren Nächsten, geben sie auf, um ihren Kreis, ihre Autonomie und Eigenständigkeit zu retten, oder sie opfern ihr authentisches Sein, geben ihren Kreis quasi auf, opfern ihre Integrität, damit die Beziehung bestehen bleiben kann. Es ist ein kindliches Entweder-oder. Es ist keine erwachsene Balance.

Bist du also niedrig differenziert, gibst du dem Anpassungsdruck, den Erwartungen deiner Eltern (immer noch) nach, fügst dich ein und bekommst dadurch Anerkennung – zum Preis deiner Autonomie. Das ist auch der Preis für die familiäre Zugehörigkeit, den Astrid als Kind und bis heute als Erwachsene bezahlt.

Oder du sagst deinen Eltern, dass ***sie*** sich ändern sollen, und setzt sie so unter Druck, indem du deine Abgrenzung und Autonomie (über)betonst und an deine Eltern Beziehungsbedingungen stellst und damit forderst, dass sich deine Eltern einfügen. Es ist so, als ob du jetzt deinen Kreis über sie stülpen würdest und von ihnen verlangst, dass sie sich jetzt unterordnen, weil du endlich einmal an der Reihe bist. Kannst du hier einen trotzigen Unterton wahrnehmen?

Du bist auch wenig differenziert, wenn du die Verbindung zu deinen Eltern meidest, weil du meinst, ohne deine Eltern geht es dir besser als mit ihnen, weil du (nur) dann besser du selbst sein kannst. Wie gesagt: Differenzierung bedeutet, einmalig *du* zu sein *und* zugewandt in Verbindung zu bleiben, die Beziehung zu deinen Eltern den heutigen Umständen gemäß zu gestalten. Differenzierung bedeutet ein Aussteigen aus den Kreisen anderer, rein in deinen Kreis. Es bedeutet ein Loslösen aus einer Einfügung – um dann zu schauen, was *jetzt* mit den anderen möglich ist. Wenn du losgelöst und *eigenständig* bist.

Das gilt für die Beziehung zu deinen Eltern ebenso wie für die Beziehung zu deinen Geschwistern, Großeltern, deinem Partner und, falls du selbst Kinder hast, später auch in dieser Beziehung. Es gilt auch in engen Freundschaften und in der Arbeitswelt: Der Endpunkt von Differenzierung ist dein Wille und deine Fähigkeit, deine Angst vor dem nächsten Schritt zu überwinden, dir selbst zu vertrauen und demgemäß deine Entscheidungen zu treffen. Wir können deine bisherige Lebensgeschichte nicht ändern – wir können dich aber zu positiven Entwicklungen einladen.

Jutta erzählt: *Als ich geboren wurde, wohnten meine Eltern für ein halbes Jahr im Haus der Eltern meines Vaters. Aus der Sicht meiner Großmutter waren meine Eltern viel zu früh Eltern geworden. Meine Mutter, ihre Schwiegertochter, war ihr von Anfang an suspekt. Oder war sie gar schuld an allem? An mir? Jedenfalls gab es eine Situation, die die Dynamik zwischen meiner Großmutter und meiner Mutter sehr gut beschreibt: Als meine Mutter eines Tages mit mir spazieren war, räumte meine Großmutter den Schrank meiner Mutter um. Aufgebracht ging sie zu meiner Großmutter und fragte, warum sie das gemacht habe. Meine Großmutter sagte erstaunt: »Ich habe ihn dir doch nur richtig eingeräumt!«*

Kannst du den Kreisübertritt der Großmutter sehen? Wie sie versucht, ihre Schwiegertochter in die Einfügung zu manövrieren? Wie sie versucht, den Garten der Schwiegertochter umzupflanzen? Und wie sie es verkauft als *»Ich habe es ja nur gut gemeint!«*?.

<u>Erfahrung:</u> Wer ist in wessen Kreis unterwegs?

Du kannst jetzt beginnen, mit deinem Kreis und den Kreisen der anderen zu experimentieren. Du kannst die Erfahrung auch mit einer Freund:in machen oder mit deiner Partner:in. Wir arbeiten in unserer Praxis mit Hula-Hoop-Reifen. Du kannst aber auch ein Seil oder ein Klebeband verwenden, um deinen Kreis am Boden aufzulegen. Nimm deinen Platz ein.

Leg nun die Kreise eines Elternteils dazu. Du kannst in die Elternkreise jeweils ein Paar Schuhe stellen. Experimentiere nun damit, was in dir, in deinem Körper, passiert, wenn du etwa die Schuhe deiner Mutter in deinen Kreis stellst. Wie ist deine Reaktion darauf? Was passiert in deinem Körper? Hast du einen Bewegungsimpuls? Was denkst du?

Was sind die Worte deiner Mutter, wenn sie uneingeladen in deinen Kreis kommt? Mit welcher Absicht kommt sie ungefragt in deinen Kreis? Was will sie in deinem Kreis? Was passiert, wenn du ihren Kreis nun über deinen legst?

Stell nun die Schuhe und den Kreis wieder zurück. Nun kannst du ausprobieren, wie es sich anfühlt, wenn du in den Kreis eines deiner Elternteile steigst.

Wie fühlt es sich an, gemeinsam mit deiner Mutter in ihrem Kreis zu stehen? Ist sie gefühlt überhaupt anwesend – oder ist sie immer in anderen Kreisen unterwegs (im Kreis deines Vaters, in deinem, im Kreis ihrer eigenen Eltern oder Geschwister?) oder ist sie nie anwesend? Ist sie gefühlt immer außerhalb ihres Kreises irgendwo in der Vergangenheit oder in der Zukunft unterwegs? Wo stehen ihre Schuhe? Denkst du den Satz: »Meine Mutter sollte …!«, und willst ihr damit deinen Kreis, deine Vorstellungen überstülpen?

Geh wieder in deinen Kreis zurück. Stell nun als Experiment die Schuhe deiner Mutter außerhalb ihres Kreises hin. Nehmen wir an, sie ist gedanklich in der Zukunft und sorgt sich. Du kannst auch einen andern Kreis dazunehmen, vielleicht den Kreis deines Vaters, und die Schuhe deiner Mutter in seinen Kreis stellen. Das wäre ein Bild eines Elternpaares, in dem die Frau für ihren Mann denkt, sich sorgt: »Jetzt hast du heute schon wieder so viel Essen eingekauft! Du solltest wirklich weniger essen!«

Schau dir dazu auch folgende Abbildung an:

Die Mutter dringt in den Kreis des Sohnes ein.

Hier siehst du, wie sich eine Mutter in das Leben ihres Sohnes einmischt. Sie steigt in seinen Kreis, dringt damit gleichzeitig auch in seinen Paarraum ein und stellt eine besorgte Frage. Was in der Abbildung gut sichtbar wird, ist der leere Kreis rechts hinten im Bild: Die im Kreis ihres Sohnes anwesende Mutter ist in ihrer Paarbeziehung und in ihrem Kreis abwesend. Da ist niemand. Eine überanwesende Mutter, die gleichzeitig nicht wirklich da ist.

Achtung: Ob sich ein Kreisübertritt wie eine Grenzverletzung anfühlt, bewertet der Kreisinhaber! Es wird in ihm lesbar (dazu später noch), wie angenehm oder unangenehm der uneingeladene Besuch und die Frage der Mutter sind. Rollt er (innerlich) die Augen, weil in seinen Kreis eingedrungen wurde? Hört er einen Vorwurf oder fühlt er echte Anteilnahme und Interesse? Wie meint es seine Mutter?

Wenn ein »Du solltest …«, also die Aufforderung, dich zu verändern, und Angst oder hohe Emotionalisierung mitschwingen, ist es immer Ersteres und bedeutet: *»Mach was, iss was, damit es mir besser geht, damit ich mich nicht mehr fürchten muss.«* Dann ist es – so wie bei Astrid – ein Einfügungsversuch.

<u>Erfahrung:</u> Weißt du es für die anderen besser?

Wir sind sehr gerne Expert:innen für die Kreise anderer Menschen. Wir glauben auch daran, dass es in dir eine Liste mit guten Ideen für deine Eltern gibt: Wie sie damals hätten sein sollen, was sie hätten tun oder lassen sollen. Was sie heute anders machen sollten – oder verändern könnten. Schreib diese Liste in dein Notizbuch zur Entelterung:

- ◇ Mein Vater sollte …
- ◇ Meine Mutter sollte …

Wenn du damit fertig bist, tausche die Personen und nimm alle guten Ideen mit zu dir in deinen Kreis, in deinen Garten. Lebe das, was du anderen rätst. Sei Vorbild, be the change. Raus aus dem Kreis deiner Eltern – rein in deinen Kreis. Das ist schon der erste Schritt deiner Entelterung.

Sichere Eltern

Das Bedürfnis nach Sicherheit ist eines der Grundbedürfnisse, mit dem wir in diese Welt hineingeboren werden. Fühlt sich unser Nervensystem sicher, können wir uns ungestört um unser Werden und Wachsen kümmern, können uns in aller Ruhe entwickeln. Dafür begibt sich schon das Ungeborene in eine hingebende, vertrauensvolle, naive Abhängigkeit an seine Eltern. Neugeborene sind uns Schutzbefohlene. Ein Wort mit Wirkfaktor.

Um uns selbst, unsere Eltern und unser autonomes Nervensystem immer besser verstehen zu lernen, werden wir uns im weiteren Verlauf des Buches immer wieder auf die sogenannte Polyvagaltheorie beziehen. Sie kann dich bei der Entwicklung deines Zustandsbewusstseins und deiner Regulationsflexibilität unterstützen, indem sie als Instrument zur bildhaften und erlebten Orientierung und Unterstützung dient.

Polyvagaltheorie

Die Polyvagaltheorie beschreibt die Funktionsweise unseres autonomen Nervensystems (ANS). Das ANS besteht aus drei Nervensträngen: dem vorderen oder zentralen Vagus, dem Sympathikus und dem hinteren oder dorsalen Vagus. Der Nervus vagus ist der größte Nerv des Parasympathikus (= Teil des vegetativen Nervensystems) und mit fast allen unseren inneren Organen verbunden. Den drei Nervensträngen werden drei Reaktionszustände zugeschrieben:

◇ **ventral-vagal:** Wir sind sicher und sozial verbunden. Das ist die Basis für Gesundheit, Entwicklung, Regeneration, für individuelle und interaktive Regulation. Das Grundgefühl ist: »Ich kann.«

- **sympathisch:** Wir sind mobilisiert, aktiviert. Wir schützen uns durch Aktivität: Aggression, Kampf oder aktive Flucht. Das Grundgefühl ist: »Ich muss.«
- **dorsal-vagal:** Wir sind erstarrt, immobilisiert. Wir schützen uns durch Verschwinden, durch Konservierung von Energie und Ressourcen. Das Grundgefühl ist: »Ich kann nicht mehr.«

Wie du in die jeweiligen Zustände hinein- und auch wieder hinausgelangst, ist vorhersehbar. Die US-amerikanische Therapeutin Deb Dana hat diese Hierarchie der Zustände in die Metapher der polyvagalen Leiter übersetzt, auf der du dich auf- und abwärts bewegst.

Aufgabe des ANS ist es, unser Überleben zu sichern, indem es immerzu Signale in uns, aus der Umgebung und von anderen Menschen in Bezug auf unsere Sicherheit interpretiert – ohne dass wir darüber nachdenken müssen. Dieser Vorgang des Aufspürens von Signalen der Gefahr oder Sicherheit durch Körper und Sinnesempfindungen heißt Neurozeption. Sie läuft um ein Vielfaches schneller ab als unser bewusstes Denken und kann diesem auch widersprechen: Auf scheinbar harmlose Situationen wie Kaffeetrinken mit deinen Eltern reagiert dein Körper individuell mit Stress, weil das ANS sie als Gefahr interpretiert. Da dein Nervensystem einmalig ist, bewertet es die eingehenden Signale aufgrund deiner Prägungen und Erfahrungen. Aus der Perspektive deines ANS ist deine automatische körperliche Reaktion vernünftig. Deine Eltern versetzen dich aufgrund eurer Vergangenheit und Beziehung in Stress, während dein Partner mit ihnen ganz entspannt Zeit verbringen kann.

Veränderungen des autonomen Zustandes als Reaktion auf die Herausforderungen des Alltags sind normal. Manche Menschen finden aber den Weg aus einem Zustand sympathischer oder dorsal-vagaler Dysregulation nicht mehr heraus und bleiben in einer chronischen Dysregulation stecken. Das ist ihr Normal.

Ziel der Arbeit mit dem ANS ist es, deine drei Zustände kennenzulernen, dich mit ihnen anzufreunden und zu lernen, dich in ihrer Hierarchie flexibel aufwärts und abwärts zu bewegen und immer rascher wieder einen Zustand der Sicherheit in dir herzustellen. Diese Fähigkeit heißt Resilienz. In diesem zentralen vagalen Zustand kann auch dein Verstand wieder arbeiten und neue, der Situation angemessene Entscheidungen treffen.

Wie schön ist es, wenn du nach deinem anstrengenden Weg ins Leben von freundlichen Gesichtern empfangen wirst, die sich über deine Ankunft freuen und dich feiern. Dann kannst du – ganz nah am Körper deiner Mutter – entspannen und in der Welt ankommen. So schaut ein idealer Start ins Leben aus. Auch wenn dir so ein Start nicht gegeben war, weil medizinische Umstände ein Andocken an deine Mutter erst lange zeitverzögert möglich machten – es wird immer um die Frage gehen, wie diese Herausforderungen damals von anderen begleitet und aufgefangen wurden beziehungsweise heute von dir selbst integriert werden können.

Um ein solches Ankommen, Aufwachsen und Gedeihen möglich zu machen, braucht es Eltern und eine Umgebung, die dramafrei sind, und Eltern, die ihre inneren Zustände wahrnehmen und gut regulieren können. Diese Eltern kennen Stress – finden aber rasch wieder in eine innere Balance. Dabei hilft ihnen eine gute Verankerung in ihrem Körper. Sie spüren die Veränderungen. Je nachdem, welchen Belastungen sie ausgesetzt sind, ändern sich Herzschlagfrequenz, Atmung, die Körpertemperatur insbesondere in unseren Händen und Füßen und im Gesicht. Bei Stress wird zum Beispiel die Durchblutung deiner Gliedmaßen reduziert, um alle Energie einzusparen, die nicht unbedingt notwendig ist, um sie für dein Überleben zur Verfügung zu haben – das führt dann zu kalten Füßen und Händen. Auch die Verdauung wird durch Stress beeinflusst. All diese Veränderungen werden bewusst und unbewusst wahrgenommen und interpretiert. Hauptverantwortlich dafür sind unser Stammhirn und unser Vagusnerv, der alle autonomen Funktionen in uns steuert. Bei Bedrohung versetzt er unser gesamtes System in Alarmbereitschaft und ermöglicht uns damit Verteidigung oder Flucht. Er kann auch erkennen, dass wir in Sicherheit sind und uns in einem ruhigen Zustand stabilisieren. Wenn wir jedoch kontinuierlich in einem Gefühl der Bedrohung stecken und damit in einem chronischen Abwehrmodus, sind wir nicht mehr in der Lage, adäquat auf unsere Umwelt zu reagieren. Indem wir lernen, unser ANS zu beruhigen, können wir neue Verhaltensmuster etablieren und die Herausforderungen des Lebens meistern. Erst damit ist wahre Verbundenheit ohne Selbstaufgabe möglich.

Um ein bewusstes inneres Bild davon zu bekommen, wie dein Zustand oder der Zustand deiner Eltern gerade ist, hat Deb Dana das Bild der polyvagalen Leiter entwickelt.[6] Ganz oben auf der Leiter ist der Zustand von Sicherheit und sozialer Verbundenheit. Im mittleren Teil der Leiter ist der Zustand der Mobilisierung und im untersten Teil der Leiter befindet sich der Zustand der Immobilisierung.

Die polyvagale Leiter nach Deb Dana

Wie du vielleicht hier schon erkennen kannst, bestimmt dein jeweiliger Zustand deine Sicht auf die Welt: Die Welt und die Menschen in dieser Welt sind so, wie ich mich gerade fühle oder – wie es in der Polyvagaltheorie heißt: *State creates story*. Der Zustand erschafft die Erzählung. Bist du also emotional oder getriggert und gestresst, gilt einmal mehr der Satz: »Glaub nicht alles, was du denkst!«

Wir verwenden in unserer Kommunikation auch gern das Bild eines Brunnens, in den wir hineinfallen:

»Ich bin in den Brunnen gefallen!« Das war der Anfang eines Kindergarten-Kreisspiels aus Sandras Kindheit. Ein Kind saß in der Mitte und sagte diesen Satz. Darauf die anderen Kinder im Chor: »Wie viele Meter tief?« Das Kind in der Mitte sagte etwas wie: »24 Meter.« Dann der Chor: »Und wer darf dich herausholen?« Worauf das Kind in der Mitte antwortete: »Der, der am besten Zähne putzen kann!« Oder auf einem Bein hüpfen, sich im Kreis drehen, Schuhe binden und so weiter. Das Kind wählte den Talentiertesten aus, der- oder diejenige kam in die Mitte, streckte die Hand aus, half dem Kind auf, und die beiden tauschten die Plätze. Dann ging das Ganze von vorn los.

Wenn du heute »in den Brunnen fällst«, wird niemand kommen und dich herausziehen. »Erwachsen zu sein heißt: Keiner kommt!« Das ist ein Zitat des Autors Reinhard Sprenger – und es stimmt. Wir müssen das selbst können. Uns gefällt dieses Bild vom Brunnen, weil es ein Ausdruck dafür sein kann, wenn wir uns verlieren, von einer Emotion überflutet werden und nicht mehr rauskommen. Es erklärt ohne komplizierte Fremdwörter, was gerade los ist.

Wir können so Menschen, mit denen wir zusammenleben, darüber informieren, dass wir gerade mit uns zu kämpfen haben und damit beschäftigt sind, irgendwie wieder aus dem verdammten Brunnen rauszukommen. Wir erkennen also unseren Zustand, benennen ihn für uns und übernehmen Verantwortung dafür.[7]

Alle drei Zustände können verschiedene Ausprägungen haben und in unterschiedlichen Situationen auftreten. Wir wollen dich im Laufe des Buches dazu motivieren, ein Bewusstsein für deinen Zustand zu entwickeln und die Qualitäten dieser Zustände zu erforschen.

Der Zustand von Sicherheit und Verbundenheit

Wer sagt: »Ich kann …!«, ist im grünen Bereich, oben auf der polyvagalen Leiter. Der Zustand der Sicherheit und Verbundenheit hat für alle Menschen viele verschiedene Ausprägungen. Wir können uns auch in einer hitzigen Debatte sicher und verbunden fühlen, in erotisch sexuellen Momenten oder auch in sehr ruhigen stillen Zeiten, wenn wir gemeinsam schweigend durch einen Wald spazieren und unseren Gedanken nachhängen.

Wir wollen dir mit diesen Bildern eine Orientierungshilfe an die Hand geben und dich einladen, deine eigenen Bilder zu entwickeln, die dir dabei helfen und dich motivieren, innerlich nach Hause zu kommen. In deine Mitte. In deinen Kreis. Um diesen Kreis wahrzunehmen und zu gestalten.

Erfahrung: Einen Anker oben auf der Leiter entwickeln[8]

Wir möchten dich einladen, einen Anker zu entwickeln, der dich in einem guten Zustand hält und der dir hilft, in diesen ventralvagalen Zustand zurückzukehren, sobald du ihn verloren hast. Der Anker ist eine Situation, eine Zeit, in der du dich wirklich wohl- und sicher gefühlt hast, gut verbunden mit anderen Menschen, entspannt warst und trotzdem energiegeladen, alle Möglichkeiten in dir gefühlt hast und auch die Welt voller Möglichkeiten gesehen hast. Dieser Anker besteht aus vier Ws: mit wem, mit was, wo, wann? Es geht darum, die vier Ws für dich zu finden und in der nächsten Zeit immer weiter auszubauen.

1. W: mit wem?

Mit welchem Menschen fühlst du dich wohl und sicher? Partner:in, Familie, Freunde? Partner:in und Eltern sind aber oft auch ein Konfliktherd und dann brauchen wir eine andere Person, bei der wir uns sicher fühlen. Es kann eine Person sein, die gar nicht mehr in eurem Leben ist, auch eine verstorbene Person. Falls dir niemand einfällt, überlege dir ein anderes Lebewesen. Es kann auch ein Haustier oder ein anderes Tier sein, mit dem du dich verbunden fühlst. Und es können auch mehrere Personen oder Lebewesen sein. Schließ deine Augen und sieh diese Menschen oder Tiere vor dir. Spüre die Verbindung zu ihnen und nimm wahr, was dabei in deinem Körper geschieht.

2. W: mit was?
Bei welcher Tätigkeit, mit welchem Ding fühlst du dich gut? Lesend mit einem Buch? Mit einer Schaufel den Garten umgrabend? Mit einer Hantel beim Trainieren? Beim Putzen deiner Schmuckstücke? Liegend in der Hängematte? Was ist es für dich? Was tust du gern? Mit welchen Dingen umgibst du dich gern? Schließ wieder deine Augen und sieh dich selbst bei dieser Tätigkeit. Nimm wieder wahr, was dabei in deinem Körper geschieht.

3. W: wo?
Wo fühlst du dich sicher? Zu Hause? Im Wald? In der Bibliothek? Am Wasser? Es kann ein bestimmter Ort sein, aber auch das Meer an sich. Wenn du jetzt kurz die Augen schließt, nimm möglichst viele Details dieses Ortes wahr und nimm wieder wahr, was dabei in deinem Körper geschieht.

4. W: wann?
Wann fühlst du dich gut? In der Früh? Am Abend? Am Wochenende? Im Urlaub? Wenn es keine solche Zeit für dich gibt, überlege, wann du eine solche für dich in deiner Realität schaffen könntest. Schließ wieder deine Augen und versetze dich in diese Zeit und nimm wieder wahr, was dabei in deinem Körper geschieht.

Entwickle in den nächsten Tagen diesen Anker immer weiter, indem du weitere Details zu den jeweiligen Ws hinzufügst. Wenn du diesen Zustand von Sicherheit und Verbundenheit verlierst, denk an diese Ws und nutze sie, um wieder oben auf der Leiter anzukommen.

Erfahrung: Aktivitäten zur Regulierung des Nervensystems

Im folgenden Abschnitt zeigen wir dir einige Möglichkeiten, um dein Nervensystem immer wieder zu regulieren und in dir das Gefühl von Sicherheit und Verbindung herzustellen.[9] Probiere aus, womit du am besten innerlich sicher wirst. Je öfter du diese Aktivitäten in deinen Alltag integrierst und den Zustand innerer Ruhe trainierst, umso rascher werden sie dir fast automatisch zur Verfügung stehen, wenn du bemerkst, dass du – zum Beispiel im Kontakt mit deinen Eltern – den sicheren Boden unter deinen Füßen zu verlieren drohst. Dann kannst du innerlich sagen und spüren: »Ich bin sicher.«

Orientierung mit all deinen Sinnen

Orientierung heißt, sich mit allen Sinnen mit seiner inneren und äußeren Umgebung zu verbinden. Das zu üben hilft, die Aufmerksamkeit auf den gegenwärtigen Moment zu lenken, weg von störenden oder verdrängten Gedanken, hin zu angenehmeren Empfindungen im Körper.

Lenke deine Aufmerksamkeit zunächst auf deinen Körper, dann in deine unmittelbare Umgebung: Nimm deine Füße auf dem Boden wahr. Spüre dein Gewicht auf dem Sitz oder dem Sofa. Wo und wie liegen deine Arme und deine Hände? Sind sie warm oder kalt? Spürst du den Stoff deiner Kleidung auf deiner Haut? Gurgelt dein Magen? Was kannst du sehen, wenn du dich im Raum umschaust? Nimmst du Geräusche um dich herum und in dir wahr? Was riechst du? Wechsel zwischen innen und außen hin und her.

Visualisierung: Du selbst in der Natur

Zeit in der Natur zu verbringen ist ein Ansatz, der nachweislich angstlösend wirkt. Der Aufenthalt in der Natur ist jedoch nicht immer möglich. Alternativ dazu hat sich gezeigt, dass auch naturbasierte geführte Bilder Angst verringern.

Nimm eine bequeme Position ein und erlaube deinem Körper, sich in diesem Raum sicher und geerdet zu fühlen. Atme tief ein und fange beim Ausatmen an, dich selbst in der Natur zu visualisieren. Was siehst du? Vielleicht siehst du die Herbstblätter im Wind rascheln. Vielleicht siehst du das Meer und seine Wellen oder einen Berggipfel. Was siehst du sonst noch an diesem sicheren Ort? Sei dir bewusst, dass dies ein Ort nur für dich ist. Es ist eine sichere, warme und friedliche Umgebung, die dir innere Ruhe bringt. Hierher kannst du über deinen Atem jederzeit zurückkehren.

Singen und Chanten

Singen erhöht die Durchblutung des Gehirns und unterstützt die Regulierung von Herz und Nervensystem. Vor allem Singen in der Gruppe erhöht den sozialen Zusammenhalt – dies führt zu positiver Stimmung, fokussierter Aufmerksamkeit und verringert somit Gedankenspiralen. Singen stimuliert den Hirnnerv Glossopharyngeus und den Vagusnerv.

Wähle ein Lied oder einen einfachen Gesang oder atme auf den Klang von Om aus. Achte auf Veränderungen in deiner Stimmung und deinem Fokus. Nimm deine Atmung während des Singens wahr – spüre, wie sich deine Lungen mit Luft füllen. Lass dich für rund drei Minuten von deinem eigenen Singen anregen.

Summen

Da der Vagusnerv durch unsere Stimmbänder verläuft, ist es möglich, unser autonomes Nervensystem nicht nur über die Atmung, sondern auch mittels unserer Stimmbänder zu stimulieren – die einfachste Form ist Summen.

Summe einfach einen Ton oder eine Melodie. Spüre die Vibration in Kopf, Hals und Brust. Experimentiere mit deiner Lautstärke, Tonhöhe, Mundöffnung und Länge des Tons. Du kannst allein oder auch in der Gruppe summen.

Resonanzatmung oder kohärentes Atmen

Die Resonanzatmung erhöht die Stressresistenz und unterstützt beim Abbau von Stress.

Finde eine bequeme Position. Nimm dir mindestens fünf Minuten Zeit. Atme zunächst in deinem eigenen Rhythmus. Dann atme fünf Sekunden lang ein und danach fünf Sekunden lang aus, bis die fünf Minuten vorbei sind. Mach keine Pause zwischen den Atemzügen und atme etwa 60 bis 70 Prozent deines Atemvolumens pro Atemzug ein und aus. Du kannst den Rhythmus auch auf jeweils sechs Sekunden verlangsamen.

Schultern fallen lassen

Evolutionär bedingt gehört zur Stressreaktion, dass wir unsere Schultern in die Höhe ziehen, um unseren Kopf und Hals bei Angriffen zu schützen. Die Schultern verharren oft oben, selbst wenn die stressige Situation vorbei ist. Diese angezogenen Schultern informieren unser System, dass die stressige Situation noch besteht. Das bewusste Absenken der Schultern signalisiert unserem Körper, dass wir in Sicherheit sind.

Achte darauf, wo sich deine Schultern befinden. Kannst du sie ein Stück senken? Dann lass sie los. Senke deine Schultern bewusst fünf- bis zehnmal am Tag. So signalisierst du deinem Organismus einen entspannteren Zustand.

Lächeln

Lachen, heftige Lachanfälle, aber auch dezentes Lächeln senken den Stresspegel. Ein heftiger Lachanfall ist oft nicht angebracht oder passt nicht zu unserem aktuellen Gefühlszustand. Ein Lächeln ist fast immer möglich, selbst wenn wir uns nicht danach fühlen. Es signalisiert unserem Organismus, dass das Leben leicht sein kann und wir uns beruhigen dürfen. – Dein Gegenüber kannst du mit einem Lächeln ebenfalls erfreuen.

Ohrmassage

Der Vagusnerv verzweigt sich bis in die Haut des Außenohrs. Durch eine sanfte Massage dieses Körperteils wird der Vagus stimuliert und eine Entspannungsreaktion ausgelöst.

Spüre nach, wie weit du Verspannungen in deinen Ohren wahrnehmen kannst. Ziehe deine Ohren einzeln sanft von deinem Körper weg und nimm dabei die Verspannungen in ihnen wahr. Ist eines steifer oder elastischer als das andere?

Massiere nun dein Ohr, indem du mit dem Zeigefinger unterschiedlich große Kreise rund um deinen Gehörgang ziehst. Dann stecke den Finger oberflächlich in den Gehörgang und dehne ihn in alle Richtungen aus. Wiederhole die Massage am zweiten Ohr. Zum Schluss teste die Elastizität deiner Ohren erneut, indem du zart an ihnen ziehst.

Ein sicheres Miteinander schaffen

In einem funktionalen Miteinander gelingt es dir immer wieder, in einen ruhigen Zustand zurückzukommen, nachdem du das Gefühl von Unsicherheit, Angst, Stress oder Wut bewältigt hast. Du kannst deinen Zustand wahrnehmen und deine Bedürfnisse, Gefühle und Gedanken benennen – aber auch den Zustand anderer Menschen. Man nennt das in der Psychologie »Mental Talk«. Dieser innere Dialog hilft, sich über sich selbst bewusster zu werden und sich dadurch regulieren zu lernen: *Ich bin gerade durch den Wind und brauche ein wenig Zeit für mich, um runterzukommen. Kannst du die Kinder solange übernehmen?*

Du hast ein stabiles Selbstbild, das du von innen heraus nährst, indem du deine Dilemmata löst. Du bist mit dir selbst zufrieden und offen für den Input von außen. *Ich weiß, wie sehr du dir wünschst, dass ich Weihnachten gemeinsam mit dir und deinen Eltern feiere. Und ich werde dieses Weihnachten nicht mit deinen Eltern verbringen. Das ist mir zu viel. Es tut mir leid, dass du allein hinfahren musst.*

Du kannst die Sichtweise deiner Eltern, deines Partners oder deiner (erwachsenen) Kinder gelten lassen und fühlst dich dadurch inspiriert: *So habe ich das noch nicht gesehen. Jetzt kann ich die Angelegenheit noch mal ganz neu überdenken! Danke!*

Gleichzeitig zeichnest du dich durch Veränderungsbereitschaft und Offenheit für Neues aus: *Das kenne ich nicht. Ich probiere es gern aus.*

Du kannst aufrichtig Nein sagen und deine Grenzen deutlich machen: *Ich werde mit jemandem, der sich mir gegenüber so verhält, keine Kinder haben.*

Nichts wirft dich so schnell die Leiter hinunter und wenn doch, beruhigst du dich und findest rasch wieder in deine Mitte und nimmst von dort die unterbrochene Verbindung wieder auf. Diese inneren Prozesse sind dir bewusst und du kannst sie gegenüber deinen nahen Menschen (Eltern, Partner:in, Kindern …) auch benennen. Es herrscht ein allgemeines Einverständnis und Versprechen, Brüche zeitnah durch Beziehung und in Beziehung zu reparieren. Du kannst dich entschuldigen. *Es tut mir leid, wie das vorhin gelaufen ist. Ich habe wirklich überreagiert. Können wir noch mal darüber reden? Jetzt kann ich wieder zuhören.*

Wirst du von Emotionen überflutet oder getriggert, gelingt es dir, den rationalen Teil deines Gehirns weiterhin auf »On« zu schalten und kreativ zu nutzen. Du über- oder unterreagierst nicht. Du kannst den Abstand zwischen Reiz und Reaktion nutzen, um das der Situation Angepasste zu tun. Während du emotional bist, arbeitet dein Frontalhirn weiterhin aktiv an prosozialen Lösungen. Wenn sich etwa ein Elternteil in einer stressigen Situation »verliert«, kann er das benennen und vielleicht sogar noch aktiv den gerade laufenden Prozess übergeben und der andere Elternteil übernimmt die Funktion des Leuchtturms – egal, ob die Kinder klein sind oder schon erwachsen. Ein Elternteil, der in dieser Art den Tisch verlässt, weil er oder sie gerade emotional überwältigt wird, ist ein Segen für alle: *Das ist mir jetzt gerade zu viel. Ich merke, dass ich mich gerade in jemanden verwandle, der ich nicht sein will. Ich spüre schon Wörter auf meiner Zunge, die ich bereuen würde. Ich komme wieder, wenn ich mich gesammelt habe.*

Gute Beziehungen zeichnen sich also dadurch aus, dass die Beteiligten trotz ihrer momentanen Gefühle funktionieren können und nicht sofort nach außen bringen, was sie gerade denken und fühlen. Stattdessen können sie mit einer Emotion »sitzen«, bevor sie sich mitteilen. So viel Zeit muss sein. Wenn dir das gelingt, machst du deinen Job. Gelingen kann dir das, indem du dich dafür entscheidest – und auch danach handelst.

Vielleicht brauchst du über dieses Buch hinaus – so wie wir auch – Unterstützung durch Therapeut:innen, Coach:innen oder

Mentor:innen – und **beständiges Training**. Das ist wahrscheinlich, wenn du selbst keine Eltern hattest, die dir so ein Miteinander vorgelebt haben, also differenzierte, gütige, geduldige, einander zugewandte, reflektierende, wohlwollende, konfrontierbare Eltern, die dich in ausreichender Sicherheit auf die Unsicherheiten der Welt vorbereiteten. Wachsen Kinder so auf, ist Entelterung ebenso wenig ein belastendes Thema wie Nachbeelterung oder Selbstbeelterung. Beides sind normale, herausfordernde, aber dramafreie Entwicklungsprozesse des Menschseins. Wachsen Kinder so auf, sind sie gut ausgestattet, sich selbst und dann wiederum ihre eigenen Kinder zu beeltern. Für sie ist Elternschaft ein positiv besetzter Zustand in alle Richtungen: Hin zu den eigenen Eltern, hin zum Du in der Paarbeziehung – und hin zu unseren Kindern. Das Leben mit seinen Höhen und Tiefen ist dann spektakulär unspektakulär. Genau dorthin wollen wir dich ein Stück begleiten.

Die eigenen Eltern erkennen

Wie gut kennen wir unsere Eltern wirklich? Welche Beziehungsdynamiken aus unserer Herkunftsfamilie beeinflussen unser heutiges Leben? Um diese Fragen zu beantworten, ist es wichtig, die eigenen Verhaltensmuster zu durchschauen und zu lernen, wie wir uns selbst regulieren können. Nur so können wir den Raum zwischen Reiz und Reaktion weiten und vom Autopiloten zur Gestalterin unserer eigenen Beziehungen werden. Doch oft sind wir gefangen in kollusiven Bündnissen wie Mental Load, Dramasucht, Parentifizierung und Triangulierung. Erkennen wir diese Dynamiken, können wir uns aus diesen Mustern lösen und zu einer aufrichtigen und integren Beziehung zu uns selbst und unseren Nächsten finden.

Selbstmanagement lernen

Für den Prozess der Entelterung und der Differenzierung ist deine Zustandsregulation ein wesentlicher Bestandteil. Anders als als Kind musst du als Erwachsene in der Lage sein, dich selbst allein zu regulieren und dich immer wieder in einen Zustand von Sicherheit in deinem Kreis bringen. Das ist der Zustand, in dem bewusstes Handeln erst möglich wird.

Die folgenden Kapitel widmen sich diesen Teufelskreisen, um diese Unruhe zu erkennen und aus ihnen auszusteigen. Wir wollen dich dabei begleiten, dich in radikaler Akzeptanz der Realität zu stellen. Anzuerkennen, dass vieles nicht zu ändern ist – du dich aber neu entscheiden kannst.

Radikale Akzeptanz bedeutet auch anzuerkennen, dass deine Beziehung zu deinen Elternteilen vielleicht auch so bleibt, wie sie ist: unrund, unaufgelöst, unfertig.

Im Folgenden steigen wir die polyvagale Leiter einige Stufen weiter nach unten, tiefer hinein in den Brunnen, und werden dort Eltern und Familien begegnen, die dich während des Lesens emotional aus der Bahn werfen könnten. Solltest du in einer dieser Familien dein Normal wiedererkennen, dann bist du auf einen blinden Fleck gestoßen, mit dem du weiterarbeiten kannst.

Wir werden uns anschauen, wie diese Art des Aufwachsens auf Kinder wirken kann, welche unbewussten Sicherheitsmuster und Identitäten sie etablieren und wie ihnen diese Funktionsweisen im späteren Beziehungsleben hinderlich im Weg stehen können. Im letzten Teil des Buches werden wir diesen Menschen wiederbegegnen, wenn sie alles daransetzen, in ihren Verhaltensmustern flexibler zu werden, um ihre Fähigkeiten zu verbessern und ihre sozialen und emotionalen Kompetenzen zu erweitern.

Zwei Arten von Trauma in der Psychologie

Etwas geschieht und es ist: zu viel, zu schnell, zu plötzlich. Damit ist der Begriff »Trauma« kurz und treffend beschrieben.

Ein **Schocktrauma** ist eine einmalige überwältigende Situation, die unser Nervensystem und Organismus nicht bewältigen können und zum Kollaps des emotionalen Systems führt. Je nach Bewältigungskapazität (Resilienz) des Betroffenen können die Folgen eines einmaligen traumatischen Ereignisses von keinerlei Nachwirkungen bis hin zu posttraumatischen Symptomen reichen.

Im Gegensatz dazu entsteht ein **Entwicklungstrauma** aufgrund von wiederkehrenden überwältigenden Situationen. Besonders in unserer frühen Kindheit prägen wiederholte traumatische Erlebnisse unser weiteres Leben.

Eine gängige Auswirkung, die traumatische Erfahrungen auf uns haben können, ist der Verlust von Interozeption. Das ist die Wahrnehmung muskulärer und organischer Vorgänge in unserem Körper. Praktisch bedeutet das: Du spürst dich nicht.

In einer unsicheren Umgebung aufzuwachsen ist hinderlich und schädlich und auf lange Sicht gesehen traumatisierend. Kinder brauchen Eltern, die große, überwältigende kindliche Gefühle halten können, diese gleichsam in sich aufnehmen und mittragen. Du kannst dir das berühmte Fass vorstellen, das gern mal voll ist. Eltern haben die Aufgabe, ihr Fass nicht überlaufen zu lassen, sondern den Platz in ihrem Fass zu lassen, der auch noch den kindlichen Überschwang an Emotionen fassen kann. Dieses gute innere Verhältnis zu schaffen wird mit jedem weiteren Kind aufs Neue eine elterliche Herausforderung.

Fehlen Eltern, die verlässlich die inneren Zustände des Säuglings coregulieren und das entdeckende Kleinkind liebevoll begrenzen, sind das kindliche Gehirn, sein autonomes Nervensystem, sein gesamter Organismus in Unruhe und damit beschäftigt, mit dieser Unruhe irgendwie umzugehen. Fühlen sich Eltern also durch das normale Entwicklungsverhalten des Säuglings oder Kleinkinds provoziert oder irritiert und werden wütend, fühlt sich das für die Kleinsten lebensbedrohlich an.

Co-Regulation

Die Steuerung psychisch emotional angespannter Zustände mithilfe anderer heißt Co-Regulation. Sie erfolgt im Kindesalter idealerweise vor der Selbstregulation. Auch wenn schon Babys zur Beruhigung am Daumen lutschen, brauchen kleine Kinder ein reguliertes erwachsenes Nervensystem, um mit ihrem Nervensystem in Ruhe und Balance zu kommen. Dann entwickeln sie eine gute Selbstregulation.

In einer aufeinander abgestimmten, eingeschwungenen Eltern-Kind-Beziehung erkennen Eltern die wechselnden Bedürfnisse des autonomen Nervensystems ihres Kindes und beantworten sie entsprechend. Sie coregulieren autonome Zustände und es gibt eine miteinander geteilte emotional-autonome Erfahrung und eine miteinander geteilte Erfahrung von Sicherheit. Die aufeinander abgestimmte Zweierbeziehung erschafft einen biologischen Gleichklang (Synchronizität), der die Basis für zwischenmenschliche Beziehungen schafft. Laut Deb Dana muss diese Übereinstimmung nur für ungefähr ein Drittel der Zeit stattfinden. Wesentlich ist aber, was nach einem »Mismatch«, einer Nicht-Übereinstimmung, passiert und ob Elternteil und Kind wieder in das Zusammenspiel zurückfinden. Die Verantwortung dafür obliegt im Kindesalter immer den Eltern.

An dieser Stelle ist es immens wichtig, noch mal an die Unterschiede zwischen Kindern und Erwachsenen zu erinnern: Kindern steht eine Co-Regulation, ein emotional zugewandtes Begleiten hinein in einen Zustand der Sicherheit und des Vertrauens bedingungslos zu. Leider werden Kinder aber oft mit ihren für ihren Organismus überwältigenden biologischen Reaktionen, also mit ihren Emotionen, allein gelassen oder sind einer ungesunden elterlichen Dysregulation schutzlos ausgeliefert. Oder das Familiensystem dreht sich um und Kinder beginnen, das Nervensystem ihrer Eltern durch Anpassung oder »Bravsein« zu regulieren – oder versuchen, es durch »Schlimmsein« noch mehr ins Wanken zu bringen, in der unbewussten Hoffnung auf Kurskorrektur seitens ihrer Eltern.

Erwachsene sind demnach verpflichtet, Verantwortung für ihr eigenes Nervenkostüm (ihr Fass, ihren Kreis, ihren Garten) zu übernehmen und es in Ordnung zu halten. Sie müssen sich bereit erklären, das Notwendige zu lernen.

Das autonome Nervensystem und die Fähigkeit, sich selbst in einen entspannten Zustand zu regulieren, ist bei einem Säugling und Kleinkind nicht vollständig ausgeprägt. Babys können sich schon in geringem Maß regulieren – drehen den Kopf weg, wenn ihnen der Kontakt zu viel wird, oder lutschen zur Beruhigung am eigenen Daumen. Helfen diese Maßnahmen nicht, wird sich das Baby hoffnungsvoll bemerkbar machen und nach einem coregulierenden Nervensystem suchen. Meist heißen diese Nervensysteme Mama oder Papa. Sie sind hoffentlich selbst angstfrei, zuversichtlich und geduldig, außerdem wach für das Geschehen um ihr Kind herum und gleichzeitig ihm zugewandt. Irgendwann ist es in der Lage, selbst auf die Signale in sich und in der Umgebung zu achten.

Eine gelungene Co-Regulation zwischen Eltern und Kind hat zum Ziel, das Kind eines Tages in die Eigenständigkeit zu entlassen mit der Zuversicht, dass der nunmehr Erwachsene sich selbst regulieren und selbstständig runterfahren kann und seine Herausforderungen des Alltags meistert.

Zum Leben gehört eine ständige Abfolge von Herausforderungen, Bedrohungen und Gefahren, und die Regulierung ist *ein fortwährender Prozess, bei dem die nächste Schwierigkeit erfolgreich in Angriff genommen werden muss, sobald sie auftaucht.*[10]

Das Faszinierende ist, dass du alle Situationen schaffst – egal, wie gut oder wie schlimm deine Kindheit war! Auch wenn deine Eltern komplett unfähig waren. Die Frage ist nur: Welcher Mensch bist du geworden, nachdem dir deine Eltern einiges nicht beigebracht haben? Welche Auswirkungen hat es auf dich und dein Leben, dass sie dich durch manche oder alle Entwicklungsstufen nicht gut begleitet haben? Vielleicht hat es dazu geführt, dass du zum Beispiel nur wenig Verbundenheit spüren kannst. In einer Partnerschaft führt das dann dazu, dass du deinem Partner die Aufgabe übergibst, für Verbundenheit zu sorgen: Er ist dann der Fels in der Brandung, der für Stabilität sorgt und die Familie zusammenhält – zumindest in der Verliebtheitsphase. Dieses »Abgeben« nennt man im Fachjargon dann »Funktionsausleihung« oder »Funktionsübertragung«.[11]

Viele Eltern wirken dysregulierend, verstörend, schaffen keine Sicherheitsumgebung und keine gedeihliche Atmosphäre oder eine gute Lernumgebung. Wenn du mit deinen Eltern traumatische Erfahrungen gemacht hast, dann hat das Folgen für deinen Zustand: Er wird chronisch, wird normal und du steckst entweder in einer beständigen Kampf- und Flucht- oder Unterwerfungsreaktion – in der Mitte der Leiter. Oder unten auf der Leiter in einem Zustand des Rückzugs oder Dichtmachens. Vielleicht schwankst du auch zwischen diesen beiden Zuständen hin und her. Beide Zustände jedoch verhindern die Wiederherstellung von Nähe, Kontakt und Kommunikation. Du lebst ein verbindungsloses Normal, der Zaun deines ist Gartens ramponiert oder sogar dein Kreis gesprengt.

Wenn du letztere Erfahrungen gemacht hast, dann kannst du etwas tun: Du kannst dich auf neue Erfahrungen mit deinen Eltern einlassen. Du kannst deinen Umgang mit ihnen ändern. Du kannst verlernen und neu lernen. Du kannst ein kompetenter, sicherer Mensch werden, der zuversichtlich und mit Freude durchs Leben navigiert. Dazu musst du dich aber noch mal zuerst geistig zurückversetzen und dich trotz der Erinnerungen, die dich möglicherweise einholen werden, immer wieder fassen, bis du bereit bist, mit deinen Eltern umzugehen.

Wenn du dich immer wieder selbst stabilisieren kannst, auch wenn es emotional schwierig wird, wird etwas Großes passieren: Menschen werden dir sehr gern coregulierend zur Seite stehen! Du bist also nicht allein. Denn diese Menschen wissen, dass du sicher bist und dass du sie nicht beständig als Stütze, sondern nur ab und an als zeitweilige Unterstützung brauchst: Du meisterst dein Leben selbst und nicht allein.

Du kannst dir aber die Hilfe von psychologisch geschulten Fachleuten suchen, die dich ermutigen, auf deinen Kompetenzen als erwachsene Person aufzubauen. Sie unterstützen dich dabei, dich deinen alten Mustern neu zu stellen, damit sie dich nicht mehr in deinem alltäglichen Leben behindern. Sie zeigen dir, wie es dir gelingen kann, dich in einem entspannt-gefassten Zustand in Beziehung zu begeben.

Sind Eltern nicht in der Lage, sich selbst zu regulieren, und/ oder sind sie selbst in einem unbewältigten Trauma gefangen, können sie ihre Kinder nicht »artgerecht« begleiten. Viele junge Eltern von heute haben große Sorge, in der Erziehung mit ihren Kindern etwas falsch zu machen, sie zu traumatisieren. Was sich traumatisch und entwicklungshinderlich auf Kinder auswirkt, sind Eltern, die dauerhaft emotional unreif und nicht reguliert bleiben und sich dem Lernen und Entwickeln verschließen. Diese Eltern erfüllen nicht die Bedingungen für das Aufwachsen eines Kindes. Für Kinder, deren Eltern – aus welchen Gründen auch immer – nicht in ihrem Kreis sind, nicht immer wieder präsent oben auf der Leiter, ist es, als hätten sie keine Eltern. Sie fühlen sich haltlos und verloren – und reagieren auf ihre Art auf diese Rahmenbedingungen. Wir sprechen dann von einer Atmosphäre der Angstempathie, in der Kinder aufwachsen: »Was muss ich tun, damit du mir nichts tust?« Die Gefahr wird zum Gewohnten.

Sobald Eltern erkennen, wo sie selbst Entwicklungsbedarf haben, können sie parallel mit ihren Kindern wachsen. Egal, wie alt beide sind. Es ist nie zu spät.

Geh den Weg, den deine Eltern nicht gegangen sind

Auf deinem Weg wollen wir dich dabei unterstützen, dich mit deinem Nervensystem anzufreunden, es besser kennenzulernen, um mit dem Feedback, das dir dein Körper liefert, bewusst umgehen zu können.

Wir laden dich in der folgenden Erforschung ein, deinen mobilisierten Zustand kennenzulernen, um einen Wiedererkennungseffekt herzustellen: So fühlt es sich in meinem Körper an, wenn ich …

- ◇ gestresst,
- ◇ getriggert,
- ◇ genervt,
- ◇ wütend,
- ◇ mobilisiert,
- ◇ im Gefallmodus,
- ◇ im Kampfmodus,
- ◇ im Fluchtmodus bin.

Sobald du bemerkst, dass du die oberen Sprossen der Leiter verlassen hast und in der Mobilisierung gelandet bist, hast du schlichtweg vergessen, dass dir im Wohnzimmer »nur« deine Eltern gegenübersitzen und nicht ein bewaffnetes Überfallkommando. Ab sofort weißt du, dass in diesem Zustand jeder inhaltliche und rationale Austausch keinen Sinn mehr ergeben wird. Alles, was du im mobilisierten Zustand wahrnimmst, nimmst du durch eine Kampf- oder eine Fluchtbrille wahr: Die Welt ist in diesem Zustand kein sicherer Ort mehr, deine Gegenüber er-

scheinen als bedrohliche Feinde. Alles, was du jetzt aus so einem emotional aufgewühlten Zustand entscheidest, endet höchstwahrscheinlich im Fiasko.
Wir erinnern dich: Der Zustand erzählt die Geschichte! Wenn du weißt, wo du bist, kannst du auf der polyvagalen Leiter den Weg nach oben einschlagen und zum Beispiel mithilfe deines Ankers (Seite 50 f.) in den regulierten Zustand zurückkehren, um dann Worte dafür zu finden, was gerade in dir vorgegangen ist. Dann kannst du Worte für deine Emotionen finden und angemessen reagieren und gestalten. Nimm dir die Zeit, die es dafür braucht.

Die Auslöser von Emotionen zu benennen (Trigger), deine Reaktion zu kennen und in dir halten zu können, helfen dir, Kontrolle über dich und deine Gefühle zu gewinnen, anstatt abhängig von anderen und deren Handlungen zu sein.

Erfahrung: Erforsche deinen mobilisierten Zustand

Wir laden dich ein, eine Situation, eine Begegnung (egal mit wem) zu erforschen, die dich aufwühlt. Nimm eine entspannte Sitzposition ein und richte für einen Moment deine Aufmerksamkeit auf deinen Atem. Frage dich nun selbst: Was wühlt dich auf, macht dich wütend? Was macht eine Situation für dich unangenehm? Was macht eine Begegnung mit Menschen schwierig? Was tun sie: Behandeln sie dich ungerecht, machen sie dich lächerlich, missachten sie dich, lassen sie dich allein, verstehen sie dich falsch oder ist es etwas anderes?

Finde eine Beschreibung für den Auslöser deiner Emotionen. Spüre dieser Emotion nach und erforsche, wie oft du dies bereits erlebt hast. Möchtest du in dieser Situation eher davonlaufen, aufstehen und die Tür hinter dir zuknallen oder möchtest du lieber deinem Gegenüber ins Gesicht springen? Oder hast du eher den Impuls, verschwinden zu wollen, dich unsichtbar zu machen? Möchtest du eher fliehen oder angreifen?

Lass diese Emotionen und die dazugehörigen Impulse in dir aufsteigen, ohne sie auszuagieren. Richte deine Aufmerksamkeit auf deinen Körper und nimm wahr, wie sich deine Atmung verändert, dein Herzschlag, die Temperatur in deinen Füßen und Händen … Nimm wahr, wie die Emotion wie eine Welle durch deinen Körper fließt und wieder abebbt, wenn du sie nicht weiter mit deinen Gedanken befeuerst. Wenn die Welle abgeklungen ist, komm in deinem Tempo in den Raum zurück und schau dich um, orientiere dich, lande im Hier und Jetzt.

Notiere dein Resümee in deinem Notizbuch:

Ich werde wütend (emotionalisiert, mobilisiert, aufgewühlt …), wenn …

Darauf reagiert mein Nervensystem automatisch mit …

Es ist der Versuch meines ANS, mich in Sicherheit zu bringen.

Jetzt, wo ich wieder rational denken kann, kann ich mir eine neue Lösung der Situation vorstellen, und zwar könnte ich anstatt automatisch ………………………… mich bewusst für ………………………………………… entscheiden.

Vielleicht gibt es auch gar nichts neu zu entscheiden – vielleicht geht es einfach nur darum, wieder elegant in die Balance zu gleiten, nachdem du auf den oberen Sprossen der Leiter den Halt verloren hast und erschrocken bist.

Stell dir eine Schneekugel vor, die du schüttelst. Genauso, wie die Schneeflocken nach einer gewissen Zeit der Unruhe wieder zu Boden fallen, genauso sanft legen sich deine Wut, deine Trauer, deine Angst und andere unangenehme Gefühle wieder – sofern du nicht wieder geschüttelt wirst oder selbst schüttelst, indem du immer wieder gedanklich in ein Drama gehst. Unangenehmes zu fühlen, gehört zum Leben dazu – Leiden ist optional.

Wir glauben, dass dein Menschsein dauerhaftes Dranbleiben und unaufhörliches Investment in dich selbst, in deinen Kreis bedeutet. Gut in deinem Körper zu Hause sein, gute soziale Kontakte, Teil einer Gemeinschaft zu sein, wenig Stress – erzeugt das, was wir als Lebensqualität kennen. Was gehört für dich noch dazu? Schreib es dir auf:

Meine Lebensqualität setzt sich zusammen aus:

◇ ....

◇ ....

◇ ....

Den Raum zwischen Reiz und Reaktion weiten

Erwachsen sein bedeutet, dass du trotz deiner momentanen Gefühle noch geradeaus denken und handeln kannst. Beobachte, ob du zwischen dir und unangenehmen Gefühlen, die du wahrnimmst, einen Abstand herstellen kannst, eine Distanz, als gingen sie dich gar nichts an, als seien es nur biologische Veränderungen in deinem Körper. Eine emotionale Blähung sozusagen. Nimmst du eine emotionale Blähung wahr, versuche, im familiären Umfeld ebenso bedacht damit umzugehen, wie du es mit körperlichen Blähungen tun würdest, wenn du in Gesellschaft wärst: Zu pupsen wäre dir unangenehm. Du würdest dich zurückhalten und deinen Schließmuskel kontrollieren. Kontrolliere dich also, wenn es emotional drückt, und sag erst dann etwas, wenn du mehr als ein toxisches, beleidigendes, abwertendes »Pfffffff« herausbringst.

Es ist wichtig, wenn du unter Druck stehst und Dampf ablassen musst, dass du diesen Dampf nicht auf dein Gegenüber richtest. Stattdessen kannst du Zeit gewinnen, indem du zum Beispiel laut über dich selbst in der dritten Person sprichst und so etwas sagst wie: »Sandra ist wütend.« »Martin ist besorgt.« Du kannst auch die Fäuste ballen und laut AAAAAH! sagen. Dies mag für dein Gegenüber befremdlich wirken, aber es hilft dir dabei, deine Energie nicht gegen sie zu richten und einen besseren Umgang mit deinen Emotionen zu finden. Dadurch schaffst du eine innere Distanz zwischen dir und deiner Emotion und verschaffst dir ein wenig Zeit, die Leiter wieder hochzukommen.

Deine Aufgabe ist es zu lernen, still zu werden, dich selbst wahrzunehmen und deine Wahrnehmungen zu tolerieren, zu »halten«, bevor du über sie sprechen kannst. Je mehr traumatische Erfahrungen du gemacht hast, umso schneller wirst du dich mobilisieren, umso kleiner ist der Raum zwischen Reiz und Reaktion. Den Raum zu finden und ihn auszubauen ist Teil der Entelterung und bedarf der Erfahrung und Übung – und es ist möglich.

Vom Autopiloten zum absichtsvollen Gestalten

Um dir einen Eindruck von dem zu vermitteln, worum es in diesem Abschnitt gehen wird, beginnen wir mit der Beschreibung einer Situation aus Astrids ganz normalem Familienalltag.

Als mein Vater nach Hause kam, war mir sofort klar, dass er einen miserablen Tag hinter sich hatte und nicht mehr ganz nüchtern war. Sein Gesicht war knallrot und sein Blick starr. Er schien wie ein Roboter durch den Raum zu wandern, ohne jegliche Emotionen. Ich hatte gelernt, seine Stimmungen zu deuten. Ich konnte jede noch so kleine Veränderung in seinem Gesicht und seiner Haltung erkennen. Sein Zustand bestimmte über unser Familienklima.

Was Astrid hier »deuten« und »erkennen« nennt, hat den wissenschaftlichen Namen »Theory of Mind« oder »Mindmapping« (David Schnarch) und beschreibt den Prozess, die mentalen Zustände anderer zu erschließen und über diese nachzudenken. Es beschreibt die angeborene Überlebensfähigkeit des Menschen, im »Geist« (Mind) eines anderen Menschen dessen Befinden zu erfassen, »wie in einem offenen Buch zu lesen«, was er im Sinn hat, wie er »tickt«, was er will, plant, glaubt, weiß und mag.

Wir nutzen unsere Lesefähigkeit in sozialen Kontexten, um *Ironie, Small Talk, Taktgefühl* zu verstehen und um Beziehungen zu gestalten. Ist jemand ironisch, muss ich verstehen, dass er etwas anderes denkt, als er sagt. Beim Small Talk muss ich verstehen, dass mein Gegenüber nicht das Ehrliche, sondern das Einfache und Unterhaltsame auf seine Frage erwartet. Unser

Taktgefühl lässt uns im anderen »lesen«, worüber er lieber nicht sprechen möchte oder lieber nichts hören will. Und in Beziehungen ist es wichtig, etwa das Verhalten unserer Eltern zu verstehen und nachzuvollziehen, um ihre Einstellungen und Absichten zu erkennen. Gleichzeitig sollten wir uns bewusst sein, welchen Effekt unser eigenes Verhalten auf unsere Eltern hat.

Wir laden dich ein, während des Lesens der folgenden Fallbeispiele bewusst zu entschleunigen und deine Wahrnehmung zu schärfen für alles, was *nicht* gesagt wird, was aber *zwischen den Zeilen* zu lesen ist und wahrgenommen wird. Was ist die Botschaft hinter den Worten oder hinter dem Verhalten? Was wird beabsichtigt? Wofür wird etwas gesagt?

Wir laden dich auch ein, gleichzeitig *dein* Absichts- und *dein* Effektbewusstsein zu schärfen, also das Wissen darüber, dass wir einen Effekt auf andere haben. Stelle dir während des Lesens der Gespräche immer wieder die Fragen:

- ◇ Wofür tun die einzelnen Menschen in den Beispielen das, was sie tun?
- ◇ Was wollen diese Menschen damit erreichen? Gelingt es ihnen?
- ◇ Wofür tun diese Eltern, was sie tun? Welche Absicht verfolgen sie?
- ◇ Wofür tun die Kinder, was sie tun? Was wollen sie dadurch für sich selbst erreichen? Was will wollen sie in den Eltern erreichen?

Du wirst genau diese Fragen und die Theory of Mind brauchen, um deine innere Beziehung zu deinen Eltern neu gestalten zu können.

- ◇ Wofür tun meine Eltern, was sie tun? Welche Absicht verfolgen sie?
- ◇ Wofür tu ich, was ich tue? Was will ich dadurch für mich erreichen? Was will ich in den anderen erreichen?

So wie du deine Eltern liest, lesen sie auch dich, haben eine Landkarte von dir, die sie auf altbekannten Wegen befahren – bis du Schranken einbaust, Bäume pflanzt, also etwas veränderst.
Im Kapitel »Mentalog – schreib dich erwachsen« (ab Seite 153) werden wir im Detail zur Theory of Mind und Mindmapping zurückkehren und sie vertiefen, um sie für die Neugestaltung deiner Landkarte, deines Gartens, zu nutzen.

Kollusive Bündnisse in der Familie

Kollusive Bündnisse sind all jene Beziehungen, die einander stabilisieren, die sich über eine natürliche Co-Regulation hinaus emotional regulieren. Es ist ein dauerhaftes gegenseitiges (emotionales) Stützen und Stabilisieren – kein punktuelles Einander-Unterstützen. Wie Bierdeckel eines Bierdeckelkartenhauses lehnen zwei Menschen, Mutter und Vater, Mutter und (erwachsenes) Kind, Vater und (erwachsenes) Kind aneinander. Wenn Astrid, die du schon kennengelernt hast, das anzieht, was ihrer Mutter gefällt, dann fühlt sich Astrids Mutter sicher. Der Umkehrschluss trifft auch zu: Entspricht Astrid nicht den Erwartungen, wird ihre Mutter emotional, bekommt Angst und wird alles daransetzen, Astrid wieder in die »richtige« Bahn zu lenken. Weiten wir das Bild aus auf die erweiterte Familie, deine Geschwister, deine Eltern. Familie ist ein elegantes, emotionales, stabiles Konstrukt, in dem jeder Bierdeckel seinen unverrückbaren Platz, seine Rolle einnimmt. Du siehst es vor dir?

Bekennen sich zwei Menschen zu einer Partnerschaft, treffen unweigerlich (mindestens) zwei gut erprobte gelernte Identitäten, zwei Strategien, zwei Korsetts, aufeinander – die sich einige Zeit tatsächlich gut ergänzen können, jedoch ein Ablaufdatum haben, weil das Leben vorwärtsdrängt und nach Selbsthalt und Differenzierung strebt. Die wichtigen Fragen lauten: Wer hört damit auf und bewegt sich? Wer wird zuerst wieder aufrecht und aufrichtig? Können sich bestenfalls beide und auch ihre Beziehung weiterentwickeln?

Differenzierung ist die Fähigkeit, innere Spannungsfelder in dir selbst, in deinem Kreis, auszubalancieren und Bewegung und

Flexibilität beizubehalten. Dagegen bedeutet Kollusion Stillstand im wechselseitigen Anlehnen und Festhalten: Keiner darf sich bewegen. Alle Bierdeckel balancieren einander gegenseitig. Es gibt keine Autonomie mehr. Es gibt nur noch ein dauerhaftes, starres, bewegungsloses – aber vorhersagbares – emotionales Wir. Aufgaben und Funktionen, die wir selbst nicht so gut können oder auf die wir keine Lust haben, geben wir an den/die andere ab. Und plötzlich ist der eine zuständig für Autonomie und die andere zuständig für Verbundenheit. Wir verlassen uns nun aufeinander, glauben, einander zu brauchen, anstatt voneinander das zu lernen, was wir selbst noch nicht können.

Besteht deine Familie aus ganzen Menschen, die einander begegnen, oder nur aus besseren Hälften?

Mental Load als Beispiel eines kollusiven Aufwachsens

Es ist wenig beziehungserhaltend und -förderlich, wenn nur einer für das Familien- und Beziehungsklima Verantwortung übernimmt. Trotzdem ist es in vielen Familien der Alltag – und wir sprechen jetzt nicht über alleinerziehende oder getrennt lebende Eltern, die das so handhaben müssen. Wir sprechen über Elternpaare, die unter einem Dach wohnen.

Wer die Kontrolle übernimmt und den Raum in seinem Sinn gestaltet, hat zwar die ganze Arbeit, weiß aber gleichzeitig, dass es so ist, wie er es will: Ein Kreis liegt über dem anderen. In vielen Ehen entscheidet sich der Mann, in der Raumgestaltung seiner Frau zu leben. Der Kreis »Frau« liegt über dem Kreis »Mann«, einer lebt in den Begrenzungen der anderen. Er passt sich an und bringt sich nur noch helfend oder zuarbeitend, aber nicht verantwortlich und gedanklich ein. Das sorgt zwar für die Bierdeckelstabilität – ist aber auf Dauer ungesund, weil es Bewegung und Entwicklung durch gemeinsame Gestaltung und Planung verhindert. Ein Gegenüber fehlt. Das ist die kollusive

Dynamik der Mental Load, die vor allem Frauen zugeschrieben wird. Diese Dynamik erzeugt im Mann das Gefühl, nicht mehr in ihrem Leben vorzukommen. Darüber beklagen sich dann viele Männer. Und dann wird es eng. Die Beziehung wird zum goldenen Käfig, aus dem beide nur wegwollen, ohne ihn zu verlassen. Ein Widerspruch, der sich nicht ausgeht.

Um diese Dynamik noch besser zu verdeutlichen, haben wir einer vierköpfigen Familie zugesehen: Wir beobachten Lydia und Rolf sowie ihre Kinder Franz und Julius. Vielleicht erkennst du anhand des Beispiels von Lydia und Rolf deine Eltern und dein eigenes Aufwachsen wieder. Vielleicht findest du dich aber auch selbst in deren Dynamik wieder oder von dieser Dynamik ertappt.

Wir bitten dich, beim Lesen Folgendes zu beobachten:

- ◇ In welchem Zustand ist Lydia?
- ◇ In welchem Zustand ist Rolf?
- ◇ Wie geht es den Kindern?
- ◇ Was lernen die beiden Jungs über Liebe und Partnerschaft?
- ◇ Wie haben deine Eltern die Verantwortung aufgeteilt? Wie tun sie es heute?
- ◇ Was passiert während des Lesens in deinem Körper?

Lydia hat ihre Kinder Franz und Julius vom Kindergarten abgeholt. Die Zwillinge wollen sich nach einem langen Tag noch austoben. Lydia geht auf den Spielplatz. Dort schreibt sie eine Einkaufsliste und vereinbart die nächste Untersuchung beim Kinderarzt. Ihre beste Freundin Anna gesellt sich mit ihrer Tochter Maria dazu und Lydia und Anna überlegen, wie sie Marias Kindergeburtstag am Wochenende gestalten können, welche Spiele den Kindern gefallen könnten und welche Geschenke sie kaufen könnten. Anna erinnert Lydia daran, auch noch den Babysitter zu organisieren, da sie nach dem Geburtstag noch unter Erwachsenen ausgehen wollen. Auf dem Weg vom Spielplatz nach Hause geht Lydia »noch schnell« etwas fürs

Abendessen einkaufen. Die Kinder werden hungrig und quengelig: »Gleich gibt es Essen!« Zu Hause angekommen, parkt sie ihre Kinder mit schlechtem Gewissen vor einer Folge »PAW Patrol«, um den Einkauf zu verstauen und das Essen vorzubereiten. Da fällt ihr auf, dass sie den Parmesan für die Nudeln an der Kasse liegen gelassen hat. Und Nudeln ohne Parmesan geht gar nicht für Julius. Vor ihrem geistigen Auge spielt sich schon die emotionale Eskalation ab. Da hört sie den entlastenden Schlüssel in der Tür. Rolf kommt nach Hause. Er begrüßt Lydia mit den Worten: »Hallo, mein Schatz! Wann gibts Essen?« Rolf versteht die Welt nicht, als Lydia ihn anschreit, ihm um die Ohren wirft, aufrechnet, was ***sie*** *alles heute schon getan hat und dass seine einzige Sorge wäre, wann* ***er*** *Essen bekommt!*

»Aber … du hättest was sagen sollen! Ich hätte dir doch geholfen!« Das kann Rolf jetzt leicht sagen, weil Rolf ***weiß****, dass seine Frau so ist, wie sie ist. Diese Landkarte hat er von ihr. Sie hat die Mental Load schon längst übernommen. Er weiß, dass sie nicht fragen wird. Weil sie ohnehin alles allein kann. Oder weil sie hofft, dass* ***er*** *fragt – oder noch besser: einfach mitdenkt. Fakt ist: Lydia tut, was sie tut. Von Anfang an hat sich das so etabliert. So muss Mutter. So muss Familie. So muss ich.*

Du erinnerst dich an das Korsett? Das ist Lydias Korsett.

Wenn Rolf davon ausgeht, dass seine Frau ihn bittet, Dinge zu tun, hat er diese Dinge nicht im Kopf und er sieht sie als Haushaltsmanagerin. Sie hat diesen Job schon angenommen. Sie ist die Chefin in Haushalts- und meistens auch in Kindererziehungsbelangen. Sie hat die Verantwortung und hat diesbezüglich alles im Kopf (Mental Load). Je mehr Kinder, umso mehr Gedanken für andere, umso mehr Load.

Rolf auf der anderen Seite ist ein Listenabarbeiter. »Sag mir, was zu tun ist – ich mach es!«, lautet seine Botschaft! Der Unterschied besteht darin, dass Listen abgearbeitet werden können und Rolf dann frei hat. Lydia nicht. Die Mental Load bleibt rund um die Uhr.

Der größte Denkfehler ist, dass sich Lydia für Rolf mitverantwortlich fühlt. Auch für sein Glück, seine Arzttermine, seine Freizeit, seine Eltern, seine Gesundheit. Weil Rolf das alles eigentlich nicht kann, denkt Lydia. Ebenso wenig können das Rolfs Vater und Lydias Vater kann das sowieso nicht. Alle brauchen eine Frau, die für sie denkt, denkt Lydia. Und dafür will Lydia natürlich Anerkennung. Die sie nicht bekommt. **Das** ist der Beginn der Fusion, der wechselseitigen Abhängigkeit: Ich habe entschieden, etwas zu tun, für etwas Verantwortung übernommen, und dafür erwarte ich Anerkennung, will gesehen werden. Aber was sieht Rolf? Eine Frau am Rande des Nervenzusammenbruchs – und **dafür** gibt er keine Anerkennung.

Lydia wird noch einen oder mehrere Auslöser brauchen, um ihr Korsett aufzuschnüren und um zu erkennen, dass ihr »Ich muss!« und die Mental Load nicht das Problem sind – sondern ihr Versuch einer Lösung eines Problems, ein Kreisverschluss.

Um das Bild wirklich abzurunden: In einer Beziehung gleicht sich eine Dynamik wie diese immer aus. Es gibt dazu immer die Kehrseite der Medaille: Einmal hat die eine die Macht – und dann der andere:

Geht es nämlich um Geld, fliegt Rolf ganz oben, sitzt Rolf obenauf und bestimmt, wo es langgeht, wohin die Reisen gehen. Und er genießt es, genießt es, zu bestimmen und sich durch seine Leistung im Job wertvoll zu fühlen – und leidet unter seiner Einsamkeit in der Beziehung. Er fliegt allein mit seiner Frau als Anhängsel. Das ist der Preis, den er für seine Machtposition bezahlt. Hauptverdiener zu sein, ist sein Kreisverschluss: *»Lydia hat mich am Anfang unserer Elternschaft entmannt, indem sie alles im Haus erledigte und ich keine Verantwortung übernehmen musste. Das hat mir einfach gefallen und ich bin in dieser Bequemlichkeit hängen geblieben. Ganz offen gesagt, fühle ich mich immer noch nicht bereit, zu Hause die Verantwortung zu übernehmen. Geld verdienen sollte doch eigentlich reichen, oder? Ich denke mir, dass alles gut läuft und Lydia mit den Kindern ihr eigenes Paralleluniversum hat. Wenn ich Lust habe, kann ich mich anschließen oder auch draußen bleiben. Trotzdem bin ich mir bewusst, dass ich meine Verantwortung als Vater übernehmen muss, wenn ich Teil der Familie sein will.«*

Drama als Beispiel für kollusives Aufwachsen

Wie oft rollst du eigentlich innerlich die Augen im Sinne von »*Ich sage nichts. Aber was ich (über dich) denke ist grausam*«. Wie oft gehst du ins Drama und »machst Theater« nach einem genau vorgegebenen Skript, zu dem abwertendes Augenrollen und ein leicht genervtes »Pfff!« gehören? Ein Drama hat aber noch nie eine Not gewendet. Es ist nicht not-wendig. Es ist vielleicht deine – erlernte – Art, dich bei emotionaler Aufwühlung zu beruhigen und dein Gegenüber aus seiner Inszenierung herauszuholen. Das ist allerdings so, als ob du versuchen würdest, ein Feuer mit Benzin zu löschen. Drama bedeutet unregulierte Emotionen, Stress.

Aber warum entscheiden wir uns immer wieder für das Drama, anstatt Alternativen zu suchen, zu finden und zu leben, die uns zurück in einen guten Zustand bringen? Antwort: Weil es sich so gut und so vertraut anfühlt. Weil es für uns normal ist. Und weil Drama hochgradig nach körpereigenen Stress- und Feel-Good-Hormonen süchtig macht: ein Cocktail aus Cortisol, Noradrenalin, Adrenalin und Dopamin, Endorphinen und Histamin, von dessen Rausch du abhängig wirst. Da du gerade im Kampfzustand bist, fühlt sich die Ruhe, nach der du dich eigentlich sehnst, tatsächlich unangenehm an. Paradox, oder?

Wer würdest du ausgeruht sein?

Lass uns Zeuge eines Gesprächs sein. Anwesend sind Mutter Hermi und Vater Hans und die erwachsene Tochter Moni. Moni besucht ihre Eltern und es kommt zu folgender Situation:

Hermi (zu ihrem Mann Hans): »Jetzt hast du schon wieder die falsche Wurst eingekauft! Ich hab dir doch schon hundertmal erklärt, dass du die Wiener und nicht die Pariser Wurst kaufen sollst! Wien – Paris! Was ist denn da bitte so schwer?! Eiffelturm – Riesenrad! Rad – Eselsbrücke – Wurstrad? Weißt du, ich mach den ganzen Tag nichts anderes, als hier alles in Schuss zu halten. Da kann ich doch wenigstens von dir verlangen, dass du ***einmal*** *mitdenkst! Alles muss ich im Kopf haben. Es ist doch auch dein Essen!«*

Hans: (versucht, etwas zu sagen)

Hermi: »Nein, bitte, sag nichts. Ich kenne deine Ausflüchte. Es ist einfach immer das Gleiche.«

Obgleich Hermi aufhört zu sprechen, geht es in ihrem Geist so weiter. Weil aber heute ihre Tochter Moni da ist, hat sie ein Gegenüber, das ihr zuhören und auch zustimmen wird: *»Ich bin hier wirklich der Trottel vom Dienst. Steht das irgendwo auf meiner Stirn geschrieben? Dienstbotin? Warum nimmt der Papa sich so viel heraus? Meine Kinder sind groß, aber dein Vater ist immer noch wie ein kleines Kind!«* Hans sitzt während des Gesprächs auch am Tisch und isst ein Wurstbrot.

Moni nickt beipflichtend und findet sich in den Beschreibungen ihrer Mutter auch selbst gleich wieder. Ihre Schwester Brigitte hingegen würde antworten: *»Da bist du selbst schuld! Mit dir ist das auch der helle Wahnsinn! Siehst du das nicht? Immer ist nur der Papa der Böse. Überleg dir doch einmal, was du machst! Dir und deinem Gejammere kann man wirklich nicht zuhören!* Änder *was! So ein Verhalten ist grauslich!«*

Wird sich nach solchen Gesprächen irgendetwas in eine neue Richtung bewegen? Drama ist nicht hilfreich.

Wenn du ins Drama gehst, zum Beispiel in ein endloses Vorwurfsdrama deinen Eltern gegenüber, dann greifst du immer wieder zu deinem Hormoncocktail im Gehirn. Dieser Cocktail ist ursprünglich dazu da, keinen Schmerz mehr zu fühlen. Keinen körperlichen – und keinen emotionalen. Das macht Sinn, wenn wir zum Beispiel einen Schock haben, wir uns erschrecken. Dann können wir immer noch funktionieren, statt uns dem Schmerz zu widmen. Wenn du dich aber über deine Eltern ärgerst oder deine Eltern sich über dich, dann ist es nicht hilfreich, sich zu betäuben. Dann musst du etwas finden, das die Not wendet – anstatt ihr auszuweichen.

Bist du in einer Familie aufgewachsen, in der das Klima sehr angespannt war, voller (unausgesprochener) Konflikte, du elterlichem Stress ausgesetzt warst, in der du zu viel oder zu wenig oder unangemessene Beachtung bekommen hast, in der deine emotionalen oder physischen Grenzen missachtet wurden, wurde dein Gehirn mit diesem Cocktail dauerüberflutet und hat dich im Gefahrenmodus gehalten. Dann hast du keine Alternativen auf deiner Festplatte gespeichert.

Die schlechte Nachricht ist, dass dieser Cocktail süchtig macht, weil Endorphine körpereigene Morphine sind (das Heroin des Körpers sozusagen). Eine Sucht manifestiert sich in jedem Verhalten, in dem du vorübergehend Erleichterung findest und das dir die »Droge« (den Kreisverschluss) bringt. Obwohl die Sucht negative Auswirkungen hat (Stagnation der Beziehung), gibst du sie nicht auf. Die Sucht ist nicht das Problem – das Problem ist dein Versuch, mit dem Drama eine Lösung zu erreichen, anstatt das Problem bei den Wurzeln zu packen. Frage dich also beim Weiterlesen: Was macht Drama kurzfristig mit dir? Wovon schafft es Erleichterung? Was oder wem müsstest du dich stellen, wenn du nicht ins Drama einsteigen würdest? Und bist du bereit für den Entzug, für ein anderes Verhalten? Welche Nebenwirkungen haben diese Handlungen und Aussagen? Wie fühlst du dich danach? *Das* ist die wichtigste Frage!

Wenn du also immer wieder verkatert bist, dich schlecht fühlst, es keine Lösungen gibt und Konflikte sich ständig wiederholen (oder du sie stetig re-inszenierst), dann musst du dich entscheiden. Für den Entzug. Vom Kick. Von **diesem** Kick. Von Situationen, Menschen, Orten, Verhaltensweisen, die dir dabei helfen, diesen Kick zu erzeugen. Du wirst Alternativen schaffen und zulassen müssen, zum Beispiel: Stolz- und Glücksmomente, Freude, Vorfreude, Momente der Begegnung, gemeinsames Spielen, wahrhaftiges Mitteilen, Stille halten lernen, Mut, Neues zu erfahren. Das sind andere Formen von Kick. Das mag jetzt vielleicht absurd klingen, weil wir uns doch genau danach sehnen. Aber wenn uns das nicht vertraut ist, dann gehen wir auch nicht so einfach hin. Es ist leichter, in der bekannten Hölle zu leben, als im unbekannten Himmel. Oder anders: Zufriedenheit ist nichts für Feiglinge.[12]

Erfahrung: Raus aus dem Drama

Achtung! Diese Verhaltensweisen sind dann ungesund, wenn sie Drama erzeugen, Stress auslösen, beziehungsverhindernd und (selbst)zerstörerisch sind! Du darfst die Liste gern ergänzen!

Was erhoffst du dir oder welchen Effekt willst du erzeugen, wenn du …

- ◇ tratschst und lästerst?
- ◇ dich als Opfer präsentierst?
- ◇ jemanden verrätst, der dir nahesteht?
- ◇ über jemanden in seiner Anwesenheit schlecht sprichst?
- ◇ einen Streit vom Zaun brichst?
- ◇ provozierst?
- ◇ gehässig oder schnippisch bist?
- ◇ sarkastisch oder zynisch bist?
- ◇ nachtragend bist?
- ◇ perfektionistisch bist?
- ◇ leistungsorientiert bist?
- ◇ jemanden anschnauzt?
- ◇ dir körperliche Gewalt im Fernsehen ansiehst?
- ◇ »laut« schweigst?

Schreibe deine Ergänzungen der Liste und deine Antworten in dein Notizbuch. Suche auch nach Alternativen:

Wenn ich … erhoffe ich mir, dass …
Wenn ich …, will ich mich als … darstellen.
Wenn ich …, will ich … erreichen.
Ich …, um nicht wahrzunehmen, dass ich jetzt gerade …
Ich werde dem Impuls zu … widerstehen und stattdessen …

Das Dramadreieck: Täter – Opfer – Retter

Wo es Drama-Abhängige gibt, gibt es auch Co-Abhängige. Ist eine Person im System von dieser Sucht betroffen, dann gelingt das nur, wenn alle anderen mitmachen und das Suchtverhalten tolerieren. Sucht – das Wort stammt übrigens von »siechen« ab – erzeugt kollusive Bündnisse.

Wie reagiert Hans, wenn sich Hermi am Familientisch in seiner Anwesenheit bei ihrer Tochter Moni über seine Faulheit beschwert und Moni verständnisvoll nickt, während sie ihrem Vater nur ein leichtes Kopfschütteln mit hochgezogenen Augenbrauen schenkt? Er hat verschiedene Möglichkeiten:

Zieht sich Hans geknickt und schuldig zurück? Tut er sich leid? Tut ihm Hermi leid? Gelobt er Besserung? (Opfer)

Geht er sich wortlos ein Bier holen und pflaumt dabei den Hund an, warum dieser schon wieder so doof im Weg herumliegt? (Opfer wird zum Täter)

Moni tröstet ihre Mutter (Retterin) und schimpft (wird zur Täterin) ihren Vater (Opfer).

Durch ihr Jammertal, durch ihr Drama, macht Hermi sich zum ohnmächtigen Opfer und ihre Tochter zur kollusiven Verbündeten – gegen Hans, Monis Vater. Die beiden Frauen sitzen gemeinsam in ihrem Loyalitätsboot und haben den Partner/Vater rausgedrängt.

In einem Dramadreieck wechseln sich die Positionen Täter:in – Opfer – Retter:in ab und bedingen einander: Es gibt kein Opfer ohne Täter:in und wo es kein Opfer gibt, gibt es auch nichts zu retten. Ist dir diese Dynamik einmal bewusst, kannst du sie in deiner Familie erkennen, kannst du derjenige sein, der aussteigt, und somit das Konstrukt, die Kollusion, beendet. Die beiden Verbleibenden müssen sich nun entweder jemand Neuen suchen – oder sich etwas Neues einfallen lassen.

Gestaltung statt Ohnmacht

Hans kann eine bewusste neue Wahl treffen. Hermi hat eine Wahl, Moni und Brigitte auch.

»Weißt du, Hermi, ich bin auch hier am Tisch und höre, was du über mich zu unserer Tochter sagst. Ich meine, das geht nur uns beide etwas an – und wenn ich tatsächlich so ein Trottel bin, dann sagt das doch wohl mehr über dich und deine Männerwahl aus als tatsächlich über mich. Trottel bin ich nur dann einer, wenn ich mich auch so behandeln lasse. Aber der Preis ist mir mittlerweile zu hoch. Ich bin Teil der Familie, ich lebe auch hier und ich werde das Projekt Ehe nicht gegen dich, sondern mit dir gemeinsam meistern.«

Hans gelingt es, sich aus der Opferrolle zu befreien und somit aus dem Dramadreieck auszusteigen. Sobald Hans Gestalter wird, fallen die beiden anderen Rollen in sich zusammen. Hermi kann nicht mehr Opfer sein, Moni hat niemanden mehr, den sie retten kann. Dass sich ein Elternteil wie Hans differenziert, sehen wir in unserem Berufsalltag immer wieder und wir werden im Kapitel »Entkinderung – Entschwisterung« (ab Seite 188) noch genauer darauf eingehen.

Traust du dich, der Stein des Anstoßes zu sein und etwas Neues zu tun? Wie werden deine Lieben reagieren?

Differenzierung bedeutet nicht, das Verhalten von anderen Menschen auszuhalten oder zu ertragen. Differenzierung bedeutet, den richtigen Abstand zu unserem Gegenüber zu finden und aus der ewigen Wiederholung der immer gleichen Situationen auszusteigen, indem man klare Bedingungen für ein Zusammenleben definiert und gestaltet.

Ein »Wir« vereinnahmt. Ein »Wir« hebt die Zweisamkeit auf – und macht mitunter einsam.

Das Ende der Kindheit ist dann erreicht, wenn du die vollkommene Verantwortung für dich übernommen hast: deine Emotionen, dein Auskommen, dein »In-der-Welt-Sein«. Du kannst selbstständig leben und bist nicht erpressbar. Du bist frei. Du brauchst niemanden – du willst jemanden. Erwachsen sein bedeutet, alte Autobahnen im Gehirn zu verlassen und neue

Wege zu bahnen. Das ist richtig schwierig – aber nicht unmöglich. Du hast die Wahl, ob du gegen deine Eltern und die Realität kämpfst – oder gegen dich selbst, gegen deine schlechten Angewohnheiten und Automatismen. Das Paradigma der Differenzierung bedeutet, deine Autonomie im Kontext einer Beziehung mit jemand anderem zu bewahren.

Von oben herab – von unten hinauf: Gut eingespielte Familienpositionen

Sich als distanziert-überlegen von oben herab zu präsentieren ist eine weitere Reaktion auf ein elterliches Drama.

Wie fühlt es sich an, von unten hinauf zu sprechen, sich kleinzumachen? Wie fühlt es sich an, jemanden von oben herab zu behandeln, sich übermächtig zu präsentieren und den anderen kleinzumachen, einzuschüchtern? Findest du mit Thomas den Weg in seine Mitte?

Version 1: Von unten hinauf

Mutter: Wollt ihr uns nicht zu den Feiertagen besuchen, Kindchen?

Thomas: Diesmal nicht, Muttilein. Dein Sohn möchte mal mit seiner Familie feiern. Aber wir kommen dann ganz bestimmt bald nach den Feiertagen bei euch vorbei, nicht wahr?

Mutter: Warum wollt ihr denn heuer nicht kommen?

Thomas: Natürlich würde ich sehr gern kommen, aber glaubst du nicht, dass ihr diesmal ein bisschen für euch sein könntet? Nur ihr beide? Das wolltest du doch immer, Muttilein. Du und der Papi, zu zweit. Und dann, am zweiten Feiertag, sind wir – schwupp – schon alle zusammen wie immer!

Mutter: Warum willst du ausgerechnet heuer nicht kommen? Wo Papa doch so krank war im Herbst!

Thomas: So krank war er nun auch wieder nicht.

Mutter: Aber es könnte das letzte Mal sein!

Thomas: Lass mich noch mit Sonja und den Kindern reden. Vielleicht können wir ja schon am ersten Weihnachtstag kommen – da hätten wir ein wenig Zeit für uns, und ihr für euch und dann könntest du mit Papa doch schon alles für uns vorbereiten! Hm? Oder wir kommen doch schon an Heiligabend?

Version 2: Von oben herab

Mutter: Wollt ihr uns nicht zu den Feiertagen besuchen, Schätzchen?

Thomas: Nein! Wirklich nicht! Siehst du nicht, wie viel ich mit den Kindern um die Ohren habe?

Mutter: Warum denn nicht?

Thomas: Geh, bitte! Das habe ich doch schon gesagt. Lad doch Tante Elisabeth und Onkel Hartmut ein!

Mutter: Ach, bitte …

Thomas: Jetzt stell dich nicht so an! Dir muss ich auch alles dreimal sagen! Ich kann ja keinen klaren Satz denken. Du benimmst dich wie ein kleines Kind!

Version 3: Auf Augenhöhe

Kannst du Thomas helfen, auf Augenhöhe standhaft bei seiner Entscheidung zu bleiben, zu Weihnachten nicht zu kommen und seiner Mutter zuzutrauen, dass sie mit seiner Entscheidung umgehen kann, dass sie es schaffen wird? Kannst du ihn dabei unterstützen, sich selbst und seine Mutter ernst zu nehmen und von Erwachsenem zu Erwachsener sprechen lassen? Stell dir dabei vor, du würdest einer wirklich guten Freundin absagen. Wie würdest du es ihr gegenüber formulieren?

Mutter: Wollt ihr uns nicht zu den Feiertagen besuchen?

Thomas: …

Wie sich Thomas weiterentwickelt, liest du im Kapitel »Beziehungen auf Augenhöhe führen« (ab Seite 197).

In Loyalitätskonflikte geraten

Jeden Sonntagmittag ist Markus mit seiner Frau Sonja und seinen Kindern bei seinen Eltern, Rosa und Herbert. Rosa mag ihre Schwiegertochter nicht sonderlich. Sie hätte lieber eine andere Frau an Markus Seite gesehen. Rosa versucht immer wieder, Sonja das Gefühl zu vermitteln, nicht zur Familie zu gehören. Am allerliebsten wäre es ihr, wenn Markus wieder nur ihr gehören würde. Markus sitzt umgangssprachlich »zwischen zwei Stühlen«: Sonja oder seine Mutter?

Beobachten wir folgende Szene: Markus sitzt mit Sonja bei seinen Eltern am Esstisch beim sonntäglichen Mittagessen. Die beiden Kinder Emil (7) und Lotte (5) sitzen auch am Tisch.

Markus: Mama, kannst du mir den Salat geben?

Mutter: Möchte Sonja auch noch Salat?

Markus: Ja, bitte. Ich geb ihn ihr auf den Teller.

Mutter: Das ist nicht so gescheit. Nimm doch einen Extrateller.

Markus: Das passt schon.

Mutter: Du bist nur zu faul, um aufzustehen. Immer muss ich alles machen. Ich bring dir einen Teller. Das gibts doch nicht!

Markus: Warum regst du dich so auf?

Mutter: Ich reg mich gar nicht auf! Ich bin ganz entspannt! Nur du denkst immer nur an dich!

Markus: Ich denke nicht nur an mich!

Mutter: Warum machst du das?

Markus: Ich hab doch gar nichts gemacht.

Mama: Du machst nichts. Das ist ja genau das Problem.

Der Vater beginnt irgendetwas Belangloses zu erzählen.

Für Markus gilt es, zu erkennen, dass er sich nicht zwischen Mutter und Ehefrau entscheiden muss. Er kann sich einen eigenen Stuhl nehmen und den beiden Frauen ihre jeweiligen Stühle lassen. Eine mögliche Entscheidung werden wir später zeigen (im Kapitel »Eigene Grenzen wahrnehmen und sichtbar machen« ab Seite 201).

Häufige Dynamiken in Familien

Wir steigen nun immer tiefer ein in die Dynamiken zwischen erwachsenen Söhnen und Töchtern und ihren Eltern. Im Folgenden wirst du Beispiele lesen, die eine Beziehung auf Augenhöhe verhindern. Später werden wir dir zeigen, wie diese erwachsenen Kinder mithilfe ihres Mentalog-Trainings erste Differenzierungsschritte gehen und beginnen, ihre blinden Flecken sichtbar mit Farbe zu füllen. Wir werden auch dich Schritt für Schritt anleiten, deine nächstmöglichen Schritte zu gehen.

Wir laden dich ein, während des Lesens sowohl deinen Zustand im Auge zu behalten als auch ein Bewusstsein für den Zustand der Menschen in den Beispielen zu entwickeln: Sind diese Eltern oder Großeltern selbst dysreguliert? Und wie oder durch welches Verhalten dysregulieren sie die Menschen rund um sich? Dieses Bewusstsein wird dir bei deiner eigenen Entwicklung und deinen Gesprächen helfen, notwendige Pausen einzulegen, um dich immer wieder selbst zu beruhigen und dich zu regulieren, damit du sagen kannst: Ich bin sicher.

In meiner Familie darf ich so sein, wie ich bin

In manchen Familien werden Autonomie, Authentizität und Integrität mit schlechtem Benehmen verwechselt. Hier muten sich Menschen zwar zu, werden sichtbar, aber sie zeigen sich nur von ihrer schlechtesten Seite. Nicht das Gute steht auf, sondern es zeigt sich die Faulheit: Sich so zu verhalten, als wäre ich allein bei mir zu Hause, ist schlichtweg weniger anstrengend. In diesen Handlungen geht es nicht darum, etwas zum gedeihlichen Zusammensein beizutragen. Machtanspruch verkleidet sich als ein

»So bin ich eben«: Entweder du nimmst mich, wie ich bin, oder du kannst gehen. Alles hat nach meiner Pfeife zu tanzen – wenn meine Vorstellung von gemeinsam essen, furzen, rülpsen, schlürfen ist, dann darf ich das und auch alle anderen. Nur eines muss bleiben: Ich bestimme die Regeln.

Situation: Ein gemeinsames Familienessen zum Muttertag. Es versammeln sich im Haus des erwachsenen Sohnes Ben und seiner Frau Ivana deren Eltern sowie Bens Schwester. Dabei sind auch die beiden Kinder von Ben und Ivana, Franziska und Saskia, vier und sechs Jahre alt. Ivana hat festlich gedeckt und ein feines Menü zusammengestellt. Nach dem Hauptgang – es gab Reh in Rotweinsoße – nimmt Bens Vater den Teller in die Hand, hebt ihn hoch, führt ihn zum Gesicht und schleckt genüsslich die Saucenreste ab. Er stellt den Teller wieder zurück, breit grinsend mit den Worten: »Den braucht ihr jetzt nicht mehr abzuwaschen!« Die restliche Familie schaut ihn erstaunt an, dann entspinnt sich folgendes Gespräch:

Ivana: Sag, Opa, gehts noch? Das kannst du doch nicht machen!

Opa: Was meinst du?

Ivana: Na, du kannst doch hier nicht einfach den Teller ablecken!

Opa: Kann ich! Hast du ja gesehen! Und überhaupt: Wo soll ich ihn denn sonst abschlecken?

Ivana: Na, von mir aus bei euch zu Hause.

Opa: Aber geh, wir sind doch hier unter uns! Das ist die engste Familie: Da kann jeder so sein, wie er eben ist! Das ist Vertrautheit, Gemütlichkeit. Verstehst du?

Ivana: Nein, so seh ich das nicht! Ich furze ja auch nicht, wenn ich mit euch am Tisch sitze. Und das ist mein Zuhause.

Opa: Na, von mir aus kannst du auch gern furzen. Ich rülps ja auch, wenns mir geschmeckt hat!

Ivana: Und wenn du im Restaurant bist?

Opa: Wie gesagt: Wir sind hier ja eine Familie! Ich bin nur authentisch.

Wie gelingt es Opa, so zu bleiben, wie er ist?

Was kann Ivana tun, um aus dieser Dynamik zu entkommen? Wir treffen Ivana wieder auf Seite 209.

Zu den Fragen nach diesem und den folgenden Dialogen erinnern wir dich nochmals an das Kapitel »Vom Autopiloten zur absichtsvollen Gestalterin« (ab Seite 70) und laden dich ein, in den Geist der Protagonisten einzusteigen und deren Motive und verbalen Schachzüge zu erkunden.

Die ungerechten Eltern

Dass ein Elternteil ein Lieblingskind hat, geschieht oft, doch dies muss nicht direkt zu einer ungerechten Behandlung führen. Aber manche Elternteile leiten aus ihren Emotionen auch ihre Handlungen ab und stellen daher ihren Kindern unterschiedliche Ressourcen und damit unterschiedliche Chancen im Leben zur Verfügung. Oft leiden Kinder daran ihr Leben lang und warten bis zum Tod der Eltern vergeblich darauf, dass diese ein solches Unrecht endlich ausgleichen. Wenn dann das Lieblingskind auch noch mehr erbt als die anderen Kinder, verlängert sich der Schmerz und die von den Eltern gesäte Zwietracht.

Die nicht eingestimmten Eltern

Nicht eingestimmte Eltern sind Eltern, denen es nicht gelingt, die gleiche oder die zweite Stimme zum gleichen Lied ihres Kindes zu finden. Sie »singen das Lied« entweder falsch – oder im schlimmsten Fall ein ganz anderes Lied. So wie diese Vorstellung in unseren Ohren wehtut, schmerzt diese emotionale Disharmonie unsere Kinder. Eine Reaktion auf Uneingestimmtheit ist, die eigene Musik noch lauter zu drehen, in der Hoffnung, die Eltern mögen noch in die Harmonie finden. Kinder werden lauter, um gehört zu werden und Kontakt herzustellen. Fälschlicherweise werden oft diese Kinder als Tyrannen bezeichnet, die »ja nur ihren Willen durchsetzen wollen«. Dass sich dahinter das Gefühl des Alleinseins und der Kontaktlosigkeit verbirgt, kümmert nur wenige. Wir erinnern an dieser Stelle: Ausgrenzung, Ablehnung, Abwertung tut weh und das menschliche Gehirn aktiviert bei sozialem Schmerz die gleichen Regionen wie bei physischem Schmerz. Autsch!

Eine andere Möglichkeit, mit der emotionalen Unstimmigkeit umzugehen, ist, die eigene Melodie zu vergessen und das Lied der Eltern zu singen. Diese Eltern stehen nur zum Preis der Selbst-Aufgabe des Kindes zur Verfügung

In einer nicht eingestimmten Familie sind alle anwesend, aber unerreichbar. Es herrscht eine ausgesprochene Unverbindlichkeit, ein emotionales Nebeneinander. Die einzelnen Familienmitglieder bewegen sich wie Trabanten im Weltraum. Jede/r ist für sich, es gibt keinen Kontakt – nur manchmal heftige Zusammenstöße. Die inneren Erfahrungen der Eltern und die inneren Erfahrungen des Kindes bleiben im Verborgenen.

Obwohl diese Eltern äußerlich normal erscheinen und sich um die physische Gesundheit und das Wohlergehen ihres Kindes kümmern, ihm Essen bereiten und Geburtstage ausrichten, bleibt bei mangelnder emotionaler Verbindung ein tiefes Loch in der Seele des Kindes, wo eigentlich wahre Sicherheit hätte sein sollen.

Bärbel berichtet: *Meiner Mutter ist es unendlich wichtig, eine bessere Mutter zu sein als die, die sie hatte. Meine Mutter hat sich geschworen, eine gute Mutter zu sein und zu helfen, wo ihr selbst nicht geholfen wurde. Meine Mutter hilft mir wirklich viel mit meinen drei Kindern. Sie bringt sie in den Kindergarten, holt sie von der Schule, macht Hausaufgaben und Ausflüge, kocht Essen. Und doch fühlt es sich für mich nicht an, als hätte sie mir »geholfen«. Warum? Weil meine Mutter das alles nach* ***ihrem*** *Stundenplan und* ***ihren*** *Vorstellungen macht. Was ich wirklich brauche, ignoriert sie. Wenn ich sie bitte, am Wochenende auf die Kinder zu schauen, damit ich mit meinem Mann Zeit verbringen kann, empört sie sich über meine Dreistheit. Sie leiste doch ohnehin schon so viel, was ich mir einbilden würde! Mein Vater regt sich dann auch auf über mich. Und ich fühle mich noch schlechter. Das Verrückte ist, dass sie faktisch recht hat – aber es fehlt mir was! Bin ich wirklich undankbar?*

Bärbels Beispiel ist so verrückt, weil es von außen betrachtet – und aus der Perspektive von Bärbels Eltern – eine engagierte, nimmermüde Großmutter gibt, der gegenüber eine unzufriedene, sich nach Hilfe sehnende erwachsene Tochter steht. Auf den ersten Blick braucht Bärbel ihre Mutter. Bei genauerem Hinsehen kann Bärbel aber all das, was ihre Mutter jetzt für sie tut, auch allein regeln. Was wäre, wenn sie das tun würde? Würden wir erkennen, dass die Abhängigkeit genau umgekehrt ist? Wie kann es Bärbel gelingen, das zu erkennen und dazu Stellung zu beziehen? Wir treffen sie wieder auf Seite 210.

Schauen wir uns die Auswirkungen dieses Aufwachsens auf Bärbels Elternsein und ihre Partnerschaft an. Bärbels Partner Ludwig ist privat ebenso unerreichbar wie ihre Mutter. Im familiären Umfeld präsentiert sich Ludwig als braver Befehlserfüller, um nach Abarbeiten der von Bärbel erstellten Listen seiner eigenen Freizeitgestaltung zu frönen.

Ludwig ist über die Absenz von gemeinsamen Wochenenden nicht traurig – dann kann er das machen, was ihm wichtig ist: Er geht in seine Werkstatt und tischlert für die Nachbarn. Wenn Bärbel etwas wirklich wichtig ist, sie mit Nachdruck und kindlichem Trotz einfordert, Ludwig möge doch bitte endlich auch ihre Küche reparieren, wird Ludwig richtig wütend: Er mache sowieso schon alles, was **sie** wolle! Er werde das schon machen. Jetzt wäre aber mal Zeit für ihn. Nach solchen Gesprächen ist Bärbel ebenso wenig die Partnerin als auch die Mutter, die sie sein will. Ihr Schmerz findet Ausdruck in der Gereiztheit den Kindern gegenüber – die sie sich so sehr gewünscht hat. Wollte sie doch endlich nicht mehr allein sein!

Zeit für sich hat Bärbel keine. Obwohl sie so viel Hilfe hat. Bärbel ist allein.

Das Effektbewusstsein, das Wissen darüber, dass wir einen Effekt auf andere haben, ist bei uneingestimmten Eltern entweder getrübt, sie blenden es aus oder aber sie haben die Erfahrung gemacht – so wie Bärbels Mutter –, dass sie mit dem, was sie tun, weitermachen können. Es gibt zwar Widerworte und Trotzreaktionen – das nehmen sie aber in Kauf. Ihr Selbstwertgefühl geht vor. Sie stellen sich selbst an erste Stelle – obwohl es von außen anders aussieht. Sich selbst sehen sie als selbstlos, immer im Dienst von anderen.

Aufwachsen mit sich aufopfernden Bezugspersonen

Eine anschauliche Geschichte, die wir im Rahmen unseres Entelterungskurses immer wieder erzählen, ist die Krapfengeschichte von Ruth, die sich zugetragen hat, als ihre drei Kinder noch recht klein waren. Ruth wohnt 250 Kilometer weit von ihrer Großmutter entfernt, die bei ihrem Aufwachsen eine tragende Rolle als Bindungsperson eingenommen hatte. Ihre damals schon recht betagte und gesundheitlich angeschlagene Großmutter rief sie an, um ihr mitzuteilen, dass sie beim Bäcker Krapfen gekauft hätte, »die besonders guten!« Sie hätte diese dann zu Hause verpackt, das Paket dann zur Post getragen und an sie geschickt. Wieder ein langer Fußweg. Für Ruth bedeutete das: zwei Tage später ein gelber Benachrichtigungszettel im Postkasten und die Logistik, sich mit drei kleinen Kindern auf den Weg zur Post zu machen, um die nun zwei Tage alten Krapfen abzuholen. Für sie bedeutete es, auf einen Anruf ihrer Großmutter zu warten, in dem sie fragen würde, wie ihnen denn die Krapfen geschmeckt hätten. Ob sie *»eh gut«* gewesen wären.

Bitte stell dir jetzt Krapfen vor, die zwei Tage lang im Paket unterwegs waren.

An dieser Stelle schieben wir auch einen kurzen Kreis-Reminder ein: Wer ist ungefragt in wessen Kreis mit welcher Absicht unterwegs? Kannst du es schon sehen?

Ruth hat versucht, die Krapfen aufzubacken, um sie genießbar zu machen – trotzdem, keiner wollte sie. Das Dilemma, sich zwischen der Wahrheit und dem Glück ihrer Großmutter zu entscheiden, fiel zugunsten der Großmutter aus. Sie hat sie beim nächsten Telefonat angelogen:

Oma: Und, haben dir die Krapfen geschmeckt? Die waren vom Bäcker, weißt eh …

Ruth: Ah … mmmm … ja …

Oma: Ja?

Ruth: Ja, gut waren sie. Ich hab sie dann etwas aufgebacken.

Oma: Ja, aufbacken, dann sind sie auch noch so gut warm.

(Ruth wird innerlich auch schon sehr warm.)

Es hat gedauert, bis Ruth sich ein Herz gefasst hat und die Krapfen mit der ernst gemeinten, an sie selbst gestellten Frage: »Ruth, was erlaubst du dir?«, schließlich in den Müll geworfen hat. Ihre Oma hat das nie erfahren.

So war sie, Ruths Großmutter, deren Lebensleitsatz war: »Glücklich sind die Menschen, die nie geboren wurden.« Ruths Großmutter wusste es immer für alle besser und wurde nicht müde, ihre Ratschläge, neben Unmengen von Essen, auf den Tisch zu bringen. Beides ungefragt in der Erwartung, dass Ruth zugreifen und schlucken würde. Ruth verbindet mit ihrer Großmutter die wunderbarsten Kindheitsmomente: Johannisbeertrauben von den Beeren befreien und Marmelade einkochen, Feuer im Holzofen anzünden, Rhabarber schneiden und Kompott machen, Nüsse mit der Handmaschine reiben; Apfelstrudelteig am Küchentisch über einem weißen Leintuch hauchdünn ausziehen, mit Heizdecken vorgewärmte Betten im Winter, Salamibutterbrote mit Paprika und süßer Himbeersaft. Aber diese Beschreibung einer schönen Kindheit ist – wie viele Bilderbuchkindheiten – unvollständig: Sämtliche Krapfengeschichten und andere Übergriffe werden einfach überblättert.

Die 80-jährige Oma wird ihr Verhalten vermutlich nicht mehr anpassen wollen, vielleicht sogar nicht können. Daher hätte direktes Ansprechen wirklich hier vermutlich nicht geholfen. Was wäre möglich gewesen? Die eigene Einstellung anzupassen – es also gelassener zu nehmen? Vielleicht zu lügen und die Krapfen gar nicht abzuholen? Wir treffen Ruth wieder im Kapitel »Selbstmitgefühl entwickeln« (Seite 217).

Retraumatisierende Eltern

Im folgenden Dialog kannst du die permanente Wiederholung der Traumatisierung sehen. Die Situation wirkt so normal und doch wird spürbar, dass Mira hier wieder erlebt, was sie schon tausendmal erlebt hat: Ihr Vater ist nicht für sie da. Einerseits reinszeniert sie die Situation, andererseits ist ihr Vater tatsächlich nicht bereit, einen Schritt zu gehen.

Solange wir hoffen, dass sich unser Gegenüber ändert, sind wir nicht bereit, uns selbst zu ändern. Für Mira könnte hier ein erster Schritt sein, die Hoffnung aufzugeben und dem Vater zu sagen, dass ihr klar geworden ist, dass er sich nicht ändern wird und sie alles daransetzen werde, den richtigen Abstand zu finden, um nicht weiter traumatisiert zu werden. Mira will den adäquaten Kontakt finden, der mit ihrem Vater möglich ist.

Mira: Papa, ich finde unsere Beziehung sinnlos. Das stell ich mir anders vor, als es bei uns läuft. Warum können wir nicht einfach unbeschwert miteinander reden, interessieren uns füreinander und wissen, was wir aneinander haben. Stattdessen habe ich Angst vor dir, überlege mir sehr genau, was und wie ich dir etwas sage. Ich bekomme Bauchschmerzen, wenn ich denke, dass du von mir erwartest, dass ich dich mal wieder anrufen sollte, nur um mich bei dir zu melden. Das kostet mich teilweise große Überwindung und oft bin ich auch danach enttäuscht, weil du über das Wetter, die Nachbarn oder sonst etwas Belangloses redest. Willst du wirklich wissen, wie es mir geht – oder auch wie es deinem Enkel geht? Ich denke, er interessiert dich gar nicht. Dabei bist du für ihn so wichtig, weil du sein einziger Großelternteil bist. Ich glaube, er ist auch von dir enttäuscht, obwohl er es nicht sagt. Ich jedenfalls bin von dir enttäuscht.

Vater: Was hast du dir erwartet?

Mira: Dass du dich für mich interessierst und nicht, kaum erzähl ich etwas, was nicht gut läuft, du sofort das Thema wechselst.

Vater: Du bist alt genug. Ich kann ja sowieso nichts machen.

Mira: Mir scheint es eher, du willst nichts machen. Dich interessiert einfach nicht, was mit mir los ist.

Vater: Das versteh ich nicht. Du brauchst doch nur was sagen. Ich will nur, dass es dir gut geht.

Mira: Du kennst mich nicht und ich kenn dich nicht. Du sagst nie, was dich beschäftigt. Die wirklich wichtigen Themen, wie deine Entscheidung, ob du die Krebstherapie nun machst oder nicht, hast du nicht mit mir besprochen.

Vater: Das sind doch keine schönen Themen.

Mira: Es ist wie eine Mauer rund um dich. Du bist unerreichbar für mich. Du funktionierst einfach nur. Das hast du mir beigebracht. Das hat mich fast ruiniert. Ist dir das klar?

Vater: Woher soll ich das wissen? Ich seh dich ja kaum.

Mira: Das war, als ich noch zu Hause gewohnt habe.

Vater: Da ist es dir immer gut gegangen.

Mira: Die meiste Zeit war ich nur traurig, ich war einsam und allein. Aber niemand wollte das sehen. Und deine zweite Ehefrau war eine Schlange. Hat mir meine Kinderbeihilfe gestohlen und du hast nichts dazu gesagt.

Vater: Sie hat mich ausgetrickst.

Mira: Jeder hat über sie geredet, du hast einfach die Augen verschlossen, nur um nicht ohne Frau zu sein.

Vater: Was bringt das jetzt, darüber zu reden?

Mira: Es war die Hölle für mich und ich will, dass du es weißt. Ich hab die Nacht durchgeweint und bin danach mit verquollenen Augen in die Schule gegangen. Jeder Schultag war eine Qual für mich. Ich hab nur gehofft, dass der Tag vorbeigeht, damit ich mich endlich ins Bett legen konnte, um dort wieder nur zu weinen. Mit Beginn meiner Pubertät hab ich dann eine Essstörung entwickelt, die auch wieder keiner sehen wollte. Ich hab nur überlebt, weil ich nach der Schule sofort in die Stadt gezogen bin. Das war meine Rettung.

Vater: Das ist aber jetzt schon sehr übertrieben.

Mira: So war es und wenn du ehrlich wärst, dann würdest du zugeben, dass du es weißt. Wir waren beim Psychiater und beim Esscoaching. Als sie dich über meine Selbstmordgedanken informierten, hast du zu mir gesagt, an so etwas dürfte man nicht einmal denken.

Vater: Über deine Probleme konntest du doch besser mit dieser Frau reden.

Mira: Du hast mich entweder ignoriert oder kritisiert – du hast mir das Gefühl gegeben, ein Stück Scheiße zu sein.

Vater: Ich hab doch nie etwas gesagt.

Mira: Ich bin nur faul, hast du gesagt.

Vater: Ich wollte immer nur, dass es dir gut geht.

Mira: Ja, wenn es mir gut geht, dann ist alles gut. Wenn es mir schlecht geht, bist du weg.

Vater: Weißt du, ich bin jetzt ein alter Mann, was soll ich denn jetzt noch machen? Du musst jetzt auch allein zurechtkommen.

Mira: Ja, ich komme zurecht.

Mira kennt die Unfähigkeit oder das Desinteresse ihres Vaters, mit ihr in Verbindung zu gehen. Jeder Kontakt mit ihm bestätigt dieses Wissen, fühlt sich nicht wie Kontakt an und schmerzt jedes Mal wieder aufs Neue.

Wie gelingt es dem Vater, sich aus der Affäre zu ziehen? Versuche, die verbalen Schachzüge des Vaters zu erkennen.

Elterlicher Perfektionismus und zwanghaftes Verhalten

Du erinnerst dich noch an Astrid vom Anfang des Buches? Stell dir nun vor, Astrid ist eine erwachsene junge Frau und lädt ihre Eltern zu sich nach Hause ein. Eigentlich hat sie vor, ihren Eltern endlich ihre Lebensgefährtin Tanja vorzustellen, sich zu outen und ihnen reinen Wein einzuschenken.

Die Eltern läuten, Astrid öffnet und hört als Erstes ein leise geseufztes »*Ach!*«. Die Enttäuschung über Astrids Aussehen ist ihrer Mutter ins Gesicht geschrieben. Noch vor dem Mantelausziehen findet Astrids Mutter Susanne eine Unmenge an Fehlern, Kritik- und Verbesserungspunkten: »*Warum stellst du denn die Garderobe hierher? Schön schaut das nicht aus. Hast du heute gesaugt? Das Katzenkisterl solltest du aber schon öfter ausleeren. Na geh …!«* Astrids Mutter ist wie aus dem Ei gepellt. Da sitzt alles, wo es hingehört. Susanne ist die gelebte Makellosigkeit. Astrid beschließt, sich heute – wieder – nicht zu outen.

Vor allem viele Frauen haben an sich selbst den überhöhten Anspruch, perfekt zu sein in dem, was sie tun. Oft scheitern sie aber an ihrem Selbstanspruch, denn sie legen die Latte sehr hoch: im Beruf, in der Partnerschaft, bei den Kindern, den Hobbys und beim eigenen Körper. Über diese Selbstoptimierung vergessen diese Mütter leider, was wirklich wichtig ist – oder: Wer wirklich wichtig ist! Perfektionismus ist eine gute Gelegenheit, vor mir selbst und meinen Nächsten davonzulaufen. Da bin ich so mit mir selbst beschäftigt, mir selbst hinterherzulaufen, dass ich dabei genau das Gegenteil davon erreiche, was ich eigentlich anstrebe! So gesehen verhindert Perfektionismus, dass diese Frauen und Mütter, aber auch viele von Perfektionismus getriebene Männer und Väter wirklich mit sich selbst oder mit anderen in Kontakt sind. Es ist ein Dauerstress, ein physisches und mentales Dauerflüchten vor der Wahrnehmung von (emotionalen) Schmerzen. Es ist ein Hetzen von hier nach da, eine innere Unruhe und Getriebenheit, eine schier nie enden wollende Reihe von Aufgaben perfekt zu erledigen: *Solange ich in Bewegung bin, muss ich nicht fühlen.* Perfektionismus lenkt vom Gegenwärtigen ab. Von einer Auseinandersetzung, vom Umgang mit dem, was tatsächlich ist. Der Drang, etwas perfekt zu machen, ist der Versuch des Nervensystems, dich vor Angst zu bewahren. Es ist ein weiterer Kreisverschluss, ein von außen nach innen erzeugtes Sicherheitsgefühl, dem immer hinterhergeputzt oder -gelaufen oder -gehungert oder -gestylt werden muss.

Beobachte die Sprache: Sagt jemand sehr oft »muss«, kann das ein Zeichen dafür sein, dass er oder sie im mittleren, mobilisierten Bereich auf der Leiter ist: »Ich muss noch schnell …!« Der grüne Bereich sagt: »Ich kann!«

Wer als Eltern perfekt sein will, zwingt seine Kinder, in den elterlichen Zwängen und Begrenzungen zu leben, denn Mutter oder Vater definieren, was perfekt, was richtig ist und was nicht.

Das ist genau das Gegenteil von dem, was Kinder brauchen, nämlich einfach Kind sein und kennenlernen. Perfektionismus zwingt Kinder in Schablonen und Schubladen hinein. Sie bezahlen den Preis, den die Erwachsenen auch schon als Kinder bezahlt haben: den Preis der Anpassung und Begrenzung.

Perfektionismus gibt Astrids Mutter im Moment die Illusion von Kontrolle und nimmt ihr momentan die Angst. Habe ich den perfekten Körper, den perfekten Mann, den perfekten Job und die perfekten Kinder – dann ist alles gut. Aber nur Märchen enden mit dem »Glücklich bis ans Ende ihrer Tage«. In der Realität hechelt Astrids Mutter von einer Baustelle zur nächsten und verpasst ihr Leben – oder glaubt, das wäre ihr Leben.

Du hast Astrids Mutter nun schon ein wenig kennengelernt. Wie tickt sie? Wie versucht sie, Astrid in die Rolle der braven Tochter zu drängen? Wie gelingt es Susanne, Astrid »brav« zu halten? Was weiß Astrid über ihre Mutter, das es ihr schwer macht, sie selbst zu sein? Auch Astrid werden wir auf Seite 141 wieder begegnen, wenn sie sich ein Herz fasst und, gestärkt durch ihr Mentalog-Training, ihren Eltern ihre Wahrheit zumutet.

Die streitenden Eltern

»Wir müssen streiten lernen!«, ist oft ein Wunsch von Paaren bei uns im Coaching – dem wir so nicht nachkommen. Was bedeutet »streiten«? Welche Bilder löst dieses Wort bei dir aus? **Das** ist es, was wir zuerst klären möchten. Haben sich deine Eltern »leidenschaftlich gestritten« oder tun das immer noch, ist das oft ein Versuch des Gehirns, eine toxische Atmosphäre zu beschönigen und die Auswirkungen auf die Kinder zu vernebeln.

Die streitenden Eltern, die schon in der Kindheit permanent ein unerträgliches Klima für die Kinder geschaffen haben, streiten einfach immer weiter. Diese Eltern streiten sich in unserem Kopf oder in der Realität. In der Realität gehen sie dann manchmal so weit, dass sie den erwachsenen Kindern verbieten, einem Streit Einhalt zu gebieten, und weiterhin fordern, dass sich die erwachsenen Kinder diesem Klima immer wieder aussetzen.

In diesem Klima können sich Kinder nie sicher fühlen. Hier kann man nicht ankommen. Oft fällt es diesen Kindern auch als Erwachsene schwer, ein Gefühl der Sicherheit zu entwickeln oder sichere Situationen herzustellen. Wie schwer es ist, auch als Erwachsener endlich eine Situation herzustellen, die sich sicher und angenehm anfühlt, zeigt sich dann oft wieder im Kontakt mit den eigenen Eltern.

So auch bei Robert, der am Vortag tatsächlich gewagt hat, die Unerträglichkeit der Streitereien seiner Eltern anzusprechen. Das führte dazu, dass seine Mutter beleidigt den Raum verließ. Am nächsten Tag spricht sie ihn darauf an:

Mutter: Das, was du gestern gesagt hast, geht gar nicht. Ich fordere von dir Respekt deinen Eltern gegenüber. Das kannst du nicht machen, das lass ich nicht zu.

Robert: Nicht ich habe euch nicht respektiert. Ihr habt euch gegenseitig nicht respektiert. Ihr habt euch wie zwei kleine Kinder aufgeführt und euch gegenseitig immer wieder beleidigt.

Mutter: Das schlägt ja dem Fass den Boden aus. Das lass ich mir nicht von dir gefallen. Das ist mein Haus und hier bestimmst du nicht, wie wir uns zu benehmen haben, sondern wir bestimmen, wie du dich zu benehmen hast. Das lass ich mir nicht bieten. Wir sind deine Eltern.

Robert: Okay. Es wird nicht mehr vorkommen. Es tut mir leid.

Was tut Roberts Mutter, damit Robert klein beigibt?

Gefühle vom Tisch wischen

Manche Eltern bestimmen über die Wahrnehmung ihrer erwachsenen Kinder und kontrollieren ihr Tun. Jans Vater macht das zum Beispiel sehr subtil und doch steigt dieses unangenehme Gefühl des schlechten Gewissens in Jan auf. Aber sein Vater wischt es vom Tisch und Jan kann sich nicht dagegen wehren. Durfte Jan sich jemals aus dem Bereich des Vaters wegbewegen, ohne dass ihm sein Vater gezeigt hat, dass ihm das nicht recht ist?

Vater: (am Telefon) Meldest dich auch wieder einmal.

Jan: Ich hab doch erst letzte Woche angerufen.

Vater: Schön, dass du deinen langweiligen alten Vater anrufst.

Jan: Jetzt bekomme ich wieder ein schlechtes Gewissen.

Vater: Vergiss es. Was tust du so die ganze Zeit? (lange Pause)

Jan: Ich muss jetzt Schluss machen.

Vater: Musst du noch arbeiten?

Jan: Ja, ich hab noch einen Termin.

Vater: Ja, es gibt halt immer etwas Wichtigeres als mich.

Jan: Das nervt so, Papa.

Vater: Das verstehst du nicht.

Jan: Was?

Vater: Egal. Machs gut.

Jan: Ciao.

Wie gelingt es Jans Vater, Jans Wahrnehmung unter den Tisch fallen zu lassen? Wir treffen Jan wieder im Kapitel »Den Dialog suchen« (ab Seite 222).

Die Tochter als beste Freundin – Triangulierung

Eine Mutter fordert Aufmerksamkeit, Schutz und eine fusionierende Beziehung: Es gibt nur einen wichtigen Kreis – den der Mutter!

Nachdem sich Veronika mit ihrer Mutter Sabine zum Shoppen getroffen hatte, war sie leer, als sie wieder nach Hause kam. Und das, obwohl sie sich diese Zeit, die nur für sie sein sollte, wirklich abgerungen hat. Ihr Jüngster kränkelt und wollte sie gar nicht weglassen, ihre Tochter hat sie an ihr Versprechen erinnert, mit ihr Kuchen für das Schulfest zu backen. Ihr Mann Thomas hatte sie aber mit den Worten »Geh jetzt! Mach was für dich und tu dir was Gutes! Ich mach das hier schon!« liebevoll hinauskomplimentiert. Und jetzt kommt sie nach Hause und ist gereizt – obwohl alles so fein sein könnte. Die Kinder schlafen, Thomas hat aufgeräumt, es duftet nach Kuchen. Veronika setzt ihren inneren Rotstift an und sucht nach Fehlern, um doch noch einen triftigen Grund zu haben, sich zu entladen.

Was war passiert? Veronika war vom ersten Moment ihres Treffens von ihrer Mutter buchstäblich zugetextet worden. Sabine holte kaum Luft zum Atmen, redete ohne Punkt und Komma, jammerte und beschwerte sich, stellte Fragen, die sie auch gleich selbst beantwortete. Für Veronika war kein Raum – an Veronika war es, Sabines Erwartungen zu erfüllen, ihr zuzustimmen, zu nicken, sie in ihrer Aufregung und Meinung zu spiegeln, sie zu regulieren. Das waren die – unausgesprochenen – Regeln ihrer langjährigen Beziehung: »Und wenn du meine Feinde nicht auch blöd findest, nicht meiner Meinung bist, dann bist du nicht mehr meine Freundin!«

Beim Nachhausekommen hat Veronika jetzt die Wahl: Wird sie die unangenehme, aufgestaute Energie automatisch und unreflektiert in ihren Familienraum hineintragen und Thomas zum Sündenbock machen? Oder wird sie in Bezug auf ihre Beziehung zu ihrer Mutter neue Entscheidungen treffen, wie künftige Treffen ablaufen werden? Drama – oder Dramaentzug?

Veronika enttäuscht ihre Mutter nur äußerst ungern – eigentlich will sie ihre Mutter gar nicht enttäuschen. Seit Veronikas Vater vor fünf Jahren verstorben ist, hat ihre Mutter niemanden mehr zum Reden! *»Wem sollte ich denn sonst alles erzählen, wenn nicht dir!«* Veronika fühlt sich in der Pflicht – ihre Mutter tut ihr leid. Fahren Veronika, Thomas und die Kinder in den Urlaub, ist schlechtes Gewissen mit im Gepäck: *»Warum fahrt ihr denn schon wieder weg? Ihr habt es doch so schön hier! Und ich bin auch ganz allein, wenn ihr weg seid. Was, wenn mir was zustößt, während ihr weg seid?«*

Die Enkelkinder verweigern zunehmend den Kontakt und verziehen das Gesicht, wenn es heißt: Die Omi kommt. Mit zunehmendem Alter ziehen sie ihr Zimmer der großmütterlichen

Gesellschaft vor. Die Situation spitzt sich zu – Veronika findet keine Aufgaben mehr für ihre Mutter, die sich bis jetzt gegen alle Alternativen wie Singletreffen, Sportklubs, Vereine, Trauergruppen, Therapie, Selbsterfahrung … gewehrt hat. Veronika will den Kontakt nicht abbrechen – sie will mehr Distanz und mehr Raum für sich selbst. Ein Gesprächsausschnitt:

Sabine: Ich habe gesehen, dass du dir einen Thermomix gekauft hast.

Veronika: Ja! Den hab ich mir schon immer gewünscht – und jetzt hab ich diese Prämie …

Sabine (unterbricht, vorwurfsvoll): Warum hast du mir das nicht gesagt?

Veronika: Was?

Sabine: Dass du dir den Thermomix kaufst! Da fühl ich mich jetzt schon ein wenig verraten.

Veronika: Aber Mama, ich …

Sabine: Ich weiß schon, dass ich dir eine Last bin, seit der Papa gestorben ist! Aber das hab ich doch nicht verdient! Mich so außen vor lassen! Wo soll ich denn hin? Ich hab ja niemanden!

Veronika: Es tut mir so leid, Mama! Da hab ich wirklich nicht nachgedacht! Komm, ich zeig dir, wie er funktioniert.

Wie gelingt es Sabine, Veronika »stabil« und zur Verfügung zu halten?

So zu sein, wie dich jemand haben will, ist ein Kindheitsmuster, eine Anpassung. Als Erwachsene kannst du Wünsche gern aus Liebe erfüllen – oder auch nicht: aus Liebe, Achtung und Respekt vor dir selbst. Nehmen wir einander ernst.

Kreisübertritte – gärtnern im Garten der Kinder

Tatjanas Mutter übertritt dauernd und jeden Tag die Grenzen ihrer Tochter. Sie erklärt ihr, dass sie die falschen Fliesen gekauft hat, weil man auf diesen Fliesen den Schmutz zu sehr sieht. Sie erinnert sie daran, die Tür abzuschließen, damit keine Einbrecher reinkommen. Sie drängt sie, endlich die Bäume und Hecken zu schneiden. Meint, dass sie den Rasen öfter mähen und die Zimmerpflanzen näher zum Fenster stellen sollte. Tägliche SMS, Anrufe und unangekündigte Besuche zermürben Tatjana.

Ein Gesprächsausschnitt:

Mutter: Stellst du eh die Zimmerpflanzen näher zum Fenster? Die muss man schon pflegen, die brauchen mehr Licht im Winter.

Tatjana: Meine Pflanzen wachsen und gedeihen. Warum also glaubst du, dass du mich daran erinnern musst, dass ich meine Zimmerpflanzen näher zum Fenster stellen muss?

Mutter: Ich weiß ja, dass du es weißt.

Tatjana: Warum sagst du es mir dann? Bemerkst du nicht, dass du mich als inkompetent darstellst, wenn du mir das sagst? Oder hast du Angst, dass andere denken, dass du bei meiner Erziehung versagt hast? Was möchtest du erreichen? Du tust so, als wolltest du mir nur helfen, du sagst immer »Ich meins ja nur gut«. Alles muss so gemacht werden, wie du es willst. Nur damit du dich gut fühlst.

Tatjanas Tirade an Vorwürfen geht noch lange weiter und trotzdem wird sie das Gefühl nicht los, klein zu sein. Die entscheidende Frage wird mit all diesen Vorwürfen überdeckt und nie beantwortet. Warum sagst du es mir dann?

Wie kann es nach dieser Frage weitergehen? Tatjanas derzeitige Strategie ist: Solange sie mit ihrer Mutter allein ist, bleibt sie in der Mutter-Kind-Rolle, sobald sie mit Freundinnen auf die Mutter trifft, schließt sie die Mutter aus (Dramadreieck). Das wird im folgenden Dialog sehr klar:

Mutter: Irritiert dich, dass ich auch im Tennisklub bin?

Tatjana: Eigentlich nicht, du bist ja meistens zu anderen Zeiten dort.

Mutter: Aber wenn wir uns über den Weg laufen, bist du immer so abweisend zu mir.

Tatjana: Eigentlich will ich nicht abweisend sein, aber wahrscheinlich bin ich es. Wenn ich dich dort sehe, entsteht so ein Druck in mir. Ich versuche einfach, Distanz zwischen uns herzustellen.

Mutter: Das verstehe ich nicht. Ich rede ja nur mit dir. Kannst du nicht einfach freundlich zu deiner Mutter sein?

Tatjana: Du möchtest im Tennisklub nicht auch das Mutter-Kind-Spiel abziehen. Du erwartest von mir ein Verhalten, das ich dir im Tennisklub nicht geben möchte und kann.

Mutter: Aber grüßen könntest du schon.

Tatjana: Ich grüße dich. Aber ich bin im Tennisklub, um zu spielen und meine Freundinnen zu sehen. Es ist okay für mich, wenn du auch da bist, aber ich will da einfach nicht deine Tochter sein. Du bist da, ich bin da und das wars. Danach können wir wieder übers Wäschewaschen oder Rasenmähen reden, nur im Tennisklub möchte ich das nicht.

Mutter: Schämst du dich für mich?

Tatjana (völlig entnervt): Nein. Warum auch? Meine Freundinnen kennen dich ja schon lange. Ich möchte mich im Tennisklub nicht gezwungen fühlen, deine Erwartungen zu erfüllen. Das Gefühl, dass du was von mir erwartest, macht mich verrückt, ich kann mich nicht entspannen, wenn du da bist. Deine Blicke machen mich wütend und eigentlich lass ich mir von dir den Spaß verderben, weil du all over my head bist.

Mutter: Aber ich erwarte gar nix von dir und ich werfe dir keine Blicke zu.

Wie gelingt es der Mutter, Tatjana aus der Fassung zu bringen? Was genau tut sie, das Tatjana so emotionalisiert? Welche Absicht verfolgt Tatjanas Mutter damit? Was will sie erreichen?

Die Rollenumkehr zwischen Kind und Eltern: Parentifizierung

Oft wirken erwachsene Töchter oder Söhne sehr vernünftig und sogar ihren Eltern überlegen. Es entsteht der Eindruck, als würden sie nicht unter den Verstrickungen mit den Eltern leiden. Aber dieser Dynamik zu entkommen ist noch schwerer, weil sie beinahe unsichtbar ist. Die Eltern wirken wie Kinder, gehen gern in die Rolle des Opfers und unterstreichen diese Position noch mit Krokodilstränen.

Auch diese Dynamik besteht meist schon seit jüngster Kindheit. Diese Kinder hatten nie erwachsene Eltern – sie hatten damit nie Eltern, an denen sie sich orientieren konnten. Wie sollen solche Eltern Autonomie und Exploration der Kinder unterstützen? Jede Regung in diese Richtung bedeutet eine massive Gefahr. Diese Eltern werden möglicherweise nie erwachsen.

Für Lara geht es darum zu erkennen, dass sie ihre Eltern heute nicht mehr braucht, dass sie aber auch nicht mehr auf ihre Eltern aufpassen muss. Alle sind erwachsen und alle können auf sich selbst aufpassen. Die Eltern innerlich auf die Position der Älteren zu stellen und sich so auf sie zu beziehen und nicht wie auf kleine Kinder, auf die man aufpassen muss, kann ein erster Schritt aus dieser Dynamik sein.

Lara beschließt, das Unausgesprochene, das in der Luft liegt, anzusprechen. Sie hat in unserem Entelterungskurs vom »blauen Elefanten im Raum« gehört. Das Bild des blauen Elefanten beschreibt ein Problem, das zwar für alle Anwesenden sichtbar und wichtig ist, aber von niemandem angesprochen wird. Lara hat sich sofort in das Bild verliebt: »Bei meinen Eltern zu Hause ist der blaue Elefant so groß, dass mir kaum mehr Luft zum Atmen bleibt! Ich muss ihn jetzt ansprechen, sonst erdrückt er mich!« Laras Eltern übernehmen keine Verantwortung für ihr Tun, sie benehmen sich wie kleine Kinder – das ist der blaue Elefant, der seit Laras Kindheit immer größer geworden ist.

Lara: Ich muss das jetzt nochmals ansprechen, weil es wie ein blauer Elefant im Raum steht. Ich weiß, dass du dich schon wieder sehr fit gefühlt hast. Trotzdem hat dir der Arzt nach der Hüftoperation für vier Wochen das Fahrradfahren verboten. Da hättest du ja nicht nach drei Wochen für eine Woche mit dem Fahrrad die Donau entlangfahren müssen. Das werde ich doch wohl ansprechen dürfen und dass ich mir da Sorgen mache, ohne dass du gleich ausflippst.

Mama: Die ganze Woche nur rumsitzen – verstehst du nicht, wie es mir da geht?

Lara: Ja, ich weiß. Warum hast du auf meine Frage, was ihr in eurer Urlaubswoche macht, nur die halbe Wahrheit erzählt? Auf mein Nachfragen hast du einfach nicht reagiert. Als ich dann herausgefunden habe, was du gerade machst …

Mama (weint): Ich weiß schon, was ich tu. Ich brauch mir in meinem Alter nichts mehr von dir sagen lassen. Wir machen das schon richtig. Dass wir uns da in unserem Alter so von euch anreden lassen müssen.

Lara: Mama, ihr macht es in dem Fall einfach nicht richtig. Man durfte es nicht! Es würde ja reichen, mal einzulenken, indem ihr sagt, dass es nicht ganz astrein war, aber dass es keine Möglichkeit gab, zu stornieren. Aber einfach immer zu behaupten, es wäre so richtig, geht einfach nicht. Es geht nicht um euer Alter oder Ungehorsam oder Aufbegehren oder sonst was! Es geht darum, dass ich es nicht in Ordnung finde.

Mama: Wir sagen schon gar nix mehr.

Lara: Darum geht es auch nicht!

Papa: Ja und wie sollen wir jetzt weitermachen?

Lara: Keine Ahnung. Ich hab jedenfalls keine Lust mehr drauf, dass man rein gar nichts sagen darf, ohne dass wieder Riesenchaos ist. Es ist nicht meine Aufgabe, immer für Frieden zu sorgen! Ich habe keinen provoziert, beleidigt, sonst was! Ich habe nur gesagt, dass ich es nicht in Ordnung finde.

Mama: So hätten wir mal mit unseren Eltern reden müssen. Also ich muss echt schlucken!

Lara: Mama, jetzt geht das wieder los. Ich kann mich nicht am Ende immer entschuldigen, das geht einfach nicht.

(Die Mutter weint, der Vater ist hilflos.)

Lara: Es ist wie beim letzten Mal. Ich kann das nicht. Ich fahr jetzt heim und dann können wir uns die Tage ja mal hören …

Wie gelingt es Laras Eltern, den blauen Elefanten am Leben zu halten? Kannst du dir vorstellen, wie diese Eltern mit Lara gesprochen haben, als sie vier Jahre alt war?

Du findest eine Fortsetzung des Mentalogs auf Seite 198.

Im nächsten Beispiel lernst du Luises Beziehung zu ihrer

Mutter Melanie kennen. Auch hier wird Parentifizierung sichtbar. Obwohl diese Beziehung nachhaltig gestört ist, bleibt diese Mutter in ihrer Rolle.

Ein Telefonat:

Luise: Hallo, Melanie, hier ist Luise.

Melanie: Hallo.

Luise: Es ist lange her.

Melanie: Ja.

Luise: Ich würde gern so vieles wissen.

Melanie: Aha.

Luise: Kannst du mir weiterhelfen?

Melanie: Wie kommst du auf die Idee, dass ich mit dir reden möchte?

Luise: Ich erwarte nichts. Ich frage – wärst du bereit, mit mir zu reden? Vielleicht würden wir beide durch das Reden mehr verstehen, was damals passiert ist, und das könnte für uns beide gut sein.

Melanie: Ich will davon nichts mehr wissen. Als ich das letzte Mal etwas von dir gehört habe, hast du dich sehr klar erklärt. Du wolltest keinen Kontakt. Du wolltest mich nicht in deinem Leben. Ich erfüllte deinen Wunsch und verschwand aus deinem Leben. Was willst du mehr von mir?

Luise: Ich will es nur verstehen, Mama. Das letzte Mal, als du von mir gehört hast, war ich ein zehnjähriges Kind. Du hast immer geheult, wenn wir uns gesehen haben, und ich musste dich trösten. Und dann bist du wieder wochenlang nicht mehr zu den Verabredungen gekommen und ich habe allein im Kindercafé gesessen und auf dich gewartet. Du warst das Opfer. Wie es mir dabei ging, war dir egal. Das war schon immer so, seit ich denken konnte. Ich konnte nicht mehr. Deshalb habe ich die Treffen beendet. Ich musste mich schützen.

Melanie: Schützen vor mir? Haben die dir das gesagt, dass ich diejenige bin, vor der du beschützt werden musst?

Luise: Wenn du meine Pflegeeltern meinst, dann nein, haben sie nicht.

Melanie: Nun, du würdest es mir nicht sagen, wenn sie es getan hätten. Du hast immer versucht, sie zu beschützen.

Luise: Sie haben damit nichts zu tun. Es ist zwischen dir und mir. Ich habe mich entschieden, mich zu schützen, als ich gesehen habe, dass sich bei dir nie etwas geändert hat. Jeder Hoffnungsschimmer, dass du dich wirklich um mich sorgen würdest, wurde ausgelöscht. Ich wurde jedes Mal im Stich gelassen. Ich lebte dummerweise in der Hoffnung, dass du mich eines Tages lieben würdest. Dass es eines Tages ein Happy End geben würde, du mich so akzeptieren würdest, wie ich war. Aber es kam nie. Es fing an, mich krank zu machen. Egal ob du gekommen bist oder nicht – ich war immer allein. Es ging immer nur um dich. Danach konnte ich tagelang nicht wirklich schlafen. Ich weinte und weinte. Auch tagsüber, stundenlang. Niemand konnte mich trösten.

Ich hab das Gefühl, dass auch jetzt du die Einzige bist, die mir helfen kann. Wirst du mir ein paar Fragen beantworten?

Melanie: Ich bin fassungslos, dass du mir das alles gerade jetzt an den Kopf wirfst. Hast du mich gerade kontaktiert, um mir nur Vorwürfe zu machen?

Luise: Ich will dir keine Vorwürfe machen. Ich will nur verstehen. Warum hast du diese Dinge getan? Es gab gute Momente. Ich habe einige glückliche Erinnerungen an dich. Wo fing alles an, schiefzugehen?

Melanie: Es war nie wirklich richtig. Ich war nie wirklich glücklich mit Friedrich, aber ich dachte, ich würde ihn lieben. Wir waren so jung. Als ich herausfand, dass ich mit dir schwanger war, wollten sie alle mitreden, aber es war meine Entscheidung, unsere Entscheidung. Ich hab die Schule abgebrochen. Wir waren entschlossen, es allen zu beweisen.

Luise: Was wolltest du beweisen?

Mama: Sie sagten, unsere Beziehung würde nicht halten, dass wir zu jung seien. Oma wollte dich wie ihre eigene Tochter erziehen und ich hasste sie dafür.

Luise: Also musstest du allen beweisen, dass du es ohne ihre Unterstützung schaffen kannst, dass du sie nicht brauchst?

Melanie: Ich war schwanger und wollte unbedingt eine glückliche Familie gründen.

Luise: Warum hat es nicht funktioniert?

Melanie: Weil Friedrich ein Feigling war. Er hatte kein Rückgrat. Er redete nur und tat nichts. Er war ein verdammtes Mamasöhnchen.

Ich: Warum hast du mich allein gelassen? Warum hast du mich in Pflege gegeben?

Melanie: Du warst immer glücklich und ich war unglücklich. Ich war dir sowieso egal. Egal mit wem, du hast gestrahlt und alle haben sich um dich versammelt. Du schienst immer glücklich zu sein. Du hast mich gar nicht gesehen. Du hast mich gar nicht gebraucht.

Melanie spricht wie ein Kind. Sie sieht ihre Verantwortung nicht. Sie stellt sich so dar, als ob sie auf der gleichen Ebene wie Luise gewesen wäre oder Luise die Verantwortliche wäre. Selbst beim Lesen verliert man leicht die Klarheit, wer die Mutter ist und wer die Tochter ist. Hier wird Parentifizierung sichtbar: Die Mutter macht das Kind verantwortlich für ihr eigenes Glück.

Fehlende elterliche Führung – wenn Eltern selbst zu Kindern werden

Im folgenden Beispiel besucht Christian mit seiner Frau Johanna und den beiden Kindern seine Eltern. Beim gemeinsamen Essen ist auch sein Bruder Ingo, dessen Frau Else und deren Sohn dabei. Wie immer bei den wöchentlichen Zusammentreffen werden alle während der Woche gemachten gegenseitigen familiären Einkäufe und Ausgaben für die Kinder abgerechnet. Christian hat alles in einer Tabelle erfasst, die er in ausgedruckter Form seinem Vater Ernst übergibt. Ernst runzelt die Stirn.

Christian: Passt was nicht?

Ernst: Hmmm.

Christian: Ich hab mich wirklich bemüht. Gefällt es dir nicht, Papa?

Ernst: Besser geht immer.

Christian: Ich weiß. Das nächste Mal wirds sicher noch besser. Ingo, kannst du mir dann helfen?

Ingo: Mir ist das egal.

Christian: Warum bist du jetzt so trotzig?

Moritz (Christians ältester Sohn): Papa, mir ist langweilig.

Ernst: Schön brav sitzen bleiben. Du musst jetzt warten.

Christian: Aber inhaltlich passt die Tabelle, Papa, oder?

Hier scheint es nur einen Erwachsenen zu geben, das ist Ernst. Dieser ist den Kindern aber nicht wohlgesonnen, weder seinen eigenen noch seinen Enkelkindern. Die tatsächlichen Kinder wie hier Moritz verlieren in dieser Situation ihre erwachsene Bezugsperson und finden sich unter lauter Kindern und einem Tyrannen wieder. Selbst als Christian als Vater angesprochen wird, kehrt er nicht in diese – seine eigentliche – Rolle zurück, sondern verharrt in der Position des Kindes seinem eigenen Vater gegenüber. Moritz ist damit in dieser Situation allein ohne Erziehungsberechtigten. Wie Christian sich weiterentwickelt, kannst du ab Seite 200 lesen.

Wir beschäftigen uns in diesem Buch ausdrücklich nicht mit der Beziehung zwischen minderjährigen Kindern und Eltern und möchten daher an dieser Stelle nur auf die beiden Erziehungsratgeber »Mama, *nicht* schreien!« und »Keine Angst, Mama!« hinweisen.

Unerreichbare Eltern

Traumatisiert zu sein bedeutet, dass du die Geschichte nicht wirklich erzählen kannst, keine Worte, kein Narrativ dafür hast, aber die Vergangenheit in deinen Handlungen, Bewegungen, Träumen und Körperempfindungen weiterlebt. Die Geschichte der glücklichen Kindheit ist *auch* wahr – doch oft unvollständig.

Was wir damit meinen, wenn wir sagen, dass die Erzählung über unsere Kindheit oft unvollständig ist, wollen wir mit einem Beispiel aus einem Interview erklären, dass die Podcasterin Stephanie Wittels Wachs mit dem kanadischen Autor, Arzt, Traumaexperten und Therapeuten Dr. Gabor Maté geführt hat.[13] Wittels Wachs erzählt Maté über ihre glückliche Kindheit und kann sich nicht erklären, warum ihr Bruder zu Drogen gegriffen und sich schließlich das Leben genommen hat. Maté fragt Wittels Wachs, ob er persönlich werden kann, Wittels Wachs stimmt zu und Maté fragt nach, ob sich in ihrem Leben ein Suchtverhalten zeigt.

Mit Suchtverhalten sind all jene verlockenden Handlungsweisen gemeint, die mir kurzfristig Entlastung und Vergnügen bringen, langfristig aber (beziehungs)schädlich sein können, wenn ich sie für meine Regulation *brauche*. Sie sind demnach nur sehr schwer aufzugeben: sämtliche Substanzen wie Alkohol, Beziehungen (Streitsucht), Sex, Shopping, Arbeit, Spielen, Essen, Nicht-Essen, Extremsport, Putzen, Leistung … Es ist nicht das Verhalten an sich, das bestimmt, ob es sich um eine Sucht, einen Kreisverschluss handelt. Es geht um das innere Verhältnis zum Verhalten: *Wofür* tu ich das? Was erreiche ich – kurzfristig – mit diesen äußeren Lösungen?

Wittels Wachs outet sich nach dieser Definition von Sucht als Workaholic. Das viele Arbeiten hat ihr geholfen, den Lärm in ihrem Kopf zu reduzieren, und hat einen zeitweiligen Seelenfrieden in ihr erzeugt. Das ist die positive Seite. Oder anders gesagt: Die Sucht ist nicht das Problem. Die Sucht ist der Versuch, ein Problem zu lösen. Wir müssen beides verstehen: Die Sucht und das Problem. Die Frage »Warum ist eigentlich so viel Lärm in deinem Kopf?« ist aber noch offen. Die Antwort auf diese Frage reicht laut Maté immer in die Kindheit zurück. Oft wird durch diese Erkenntnis die Kindheit, bisher immer als glücklich beschrieben, entlarvt: Das vermeintliche ehemalige Glück bekommt Risse.

Wittels Wachs erzählt ihren Hörer:innen nun ihre Geschichte. Der Dauerlärm, den sie mit Arbeit zu betäuben versucht, hat seine Wurzeln in einem Ereignis, als Wittels Wachs noch sehr jung war. Als sie 15 Jahre alt war, hatte sie eine Abtreibung, die sie für sich als traumatisches Erlebnis abgespeichert hat. Sie fühlte sich allein und schämte sich wie nie zuvor. Ihre Eltern waren mit ihrem eigenen Schmerz und ihrer eigenen Scham über den Schwangerschaftsabbruch beschäftigt und es gab über einen langen Zeitraum keine wirkliche Verbindung zwischen Wittels Wachs und ihren Eltern. Sie hatte das unbändige Verlangen, ihren Eltern zu beweisen, dass sie ein guter Mensch wäre und klug und wertvoll. Das waren aber Qualitäten, die sie zu dieser Zeit neben ihrer emotionalen Aufwühlung gar nicht fühlen konnte. Wittels Wachs verwandelte ihren Kummer in unerbittliche Produktivität, sie lernte Tag und Nacht wie besessen und wurde eine Einserschülerin. Ihre Bewältigungsstrategien hatten Erfolg: Wenn sie hart arbeitete, schämte sie sich weniger. Und wenn sie sich weniger schämte, fühlte sie sich nicht mehr so allein. Indem sie viel und hart arbeitete, konnte sie weitermachen – und hat damit nicht aufgehört

Dr. Gabor Maté fragt Stephanie Wittels Wachs, ob sie als Kind jemals unglücklich oder traurig war und mit wem sie darüber gesprochen hat. Sie verrät, dass sie nicht zu ihren Eltern gehen konnte und mit ihrem Kummer woandershin musste. Maté hakt nach, ob sie denn möchte, dass ihre Kinder mit ihr reden, wenn sie traurig oder unglücklich sind. Stephanie sagt Ja. Und wie würde sie es sich erklären, wenn ihre Kinder nicht mit ihr sprechen würden? Das wäre laut Wittels Wachs eine schreckliche Vorstellung und ergäbe nur dann bitteren Sinn, wenn sich ihre Kinder bei ihr nicht wohl- oder sicher fühlen würden.

Reflexion

Lass uns die Fragen von Dr. Maté einmal für dich zum Reflektieren durchgehen. Wie war das bei dir, in deiner Kindheit? Wann haben deine Eltern ihre Bewältigungsstrategie vor deine emotionale Not gestellt?

- ◇ Hattest du jemals eine Sucht nach der oberen Definition in deinem Leben?
- ◇ Was hat die Sucht für dich kurzfristig getan?
- ◇ Was macht diese Sucht für dich? Was bewirkt sie?
- ◇ Ist das, was sie bewirkt, eine gute oder eine schlechte Sache?
- ◇ Warum gibt es das, wovon dich die Sucht erleichtert (Unsicherheit, Anspannung, Lärm im Kopf, innere Unruhe, innere Leere …) in deinem Leben?
- ◇ Wie kam es dazu? Durch welches Ereignis? (Nimm hier das Erste, was dir dazu einfällt. Wenn dir nichts dazu einfällt, stell deinem Gehirn einfach die Frage – und lass es suchen. Eine Frage setzt eine Absicht in Gang und unser Gehirn folgt der Frage, indem es sich auf die Suche nach der Antwort macht).
- ◇ Hast du dich jemals traurig oder unglücklich gefühlt, als du ein Kind warst?
- ◇ An wen hast du dich gewandt, wenn du dich so gefühlt hast? An Mutter oder Vater?
- ◇ Wenn es nicht deine Eltern waren: An wen hast du dich gewandt? Wie würdest du das verstehen? Wie würdest du dir erklären, dass du dich nicht deinen Eltern anvertraut hast?

Nimm dir für diese Reflexion Zeit. Erkennen kann wehtun – und Schmerz ist der erste Heilungsimpuls des Körpers. Lass uns gemeinsam noch eine Schicht tiefer gehen und gemeinsam hinschauen.

Der dorsale Vagus-Ast unseres autonomen Nervensystems: Shutdown

Schau dir noch mal das Bild der polyvagalen Leiter an (Seite 48). Wir steigen nun diese Leiter noch weiter hinunter und erforschen den düsteren Boden des Brunnens, um ihn kennenzulernen und uns mit ihm bekannt und vertraut zu machen. Sollten dich Inhalte dieses Kapitels triggern, kannst du zu deinen Ressourcen und zu deiner Orientierungsfähigkeit im Hier und Jetzt immer wieder über deine Anker (Seite 50 f.) zurückkehren und dich daran erinnern: Das Düstere hat gegen das Licht keine Chance.

Eltern im Shutdown

Eltern, die an einer Depression, einem Burnout leiden und über einen längeren Zeitraum psychisch überlastet sind, sind für ihre Kinder unerreichbar, denn sie befinden sich auf dem Grund des Brunnens. Diese Unerreichbarkeit löst bei Kindern ein Gefühl von innerer Unruhe aus und den Drang, ihre Eltern irgendwie zurückzuholen. Im »Still Face Experiment«[14] wurde erforscht, wie Kinder auf eine – in diesem Fall bewusste – Kontaktunterbrechung seitens der Eltern reagieren: Ein fast einjähriges Baby und seine Mutter sind in eingestimmtem Kontakt, »plaudern« miteinander. Die Mutter folgt dem Blick des Kindes, wenn es auf etwas zeigt und spiegelt seinen Ausdruck. Ihre Interaktion, ihr Zusammenspiel gleicht einem gemeinsamen Tanz. Wendet sich die Mutter nun von ihrem Baby ab und dreht sich mit ausdruckslosem Gesicht wieder zu ihm, kommt es zu einer unmittelbaren Verwirrung und Dysregulation des Kindes, das alles versucht, um irgendwie wieder an der Mutter anzudocken. Erst als die Mutter ihre gespielte Versteinerung löst und sich wieder auf ihr Baby einschwingt, kehrt Ruhe in seinem Nervensystem ein.

Die Verfilmung der Autobiografie des deutschen Komikers und Künstlers Hape Kerkeling »Der Junge muss an die frische Luft« erlaubt uns auf berührende Art und Weise Einblick in Kerkelings Kindheit und Familie. Sie zeigt die Auswirkungen der voranschreitenden Depression von Hapes Mutter auf ihren Sohn im Volksschulalter. In einer Szene sehen wir Hapes Mutter mit ausdrucksleerem Gesicht am Küchenfenster sitzen und wie geistig weggetreten in die Ferne blicken, während ihr Sohn am Tisch sitzt und aus dem Brotkorb nascht. Nach einer Weile der Stille versucht der junge Hape, mit seiner Mutter Verbindung aufzunehmen, sie zu erreichen, sie in die Gegenwart zu bringen. Er tut das, was ihn schließlich auch berühmt und erfolgreich gemacht hat: Er parodiert Menschen. Als das noch nicht den gewünschten Erfolg liefert – seine Mutter wischt sich mit dem Versuch eines Lächelns die Tränen aus den Augen – greift er zu weiteren Mitteln: Er dreht Musik auf, verkleidet sich und singt und tanzt seiner Mutter ein Lächeln ins Gesicht. Der Sohn sorgt für die Lebendigkeit, für die seine Mutter in diesem Zustand keine Ressourcen mehr hat.

Immobilisierung nach Traumatisierung

Wenn wir in einer Gefahrensituation sind und uns selbst nicht helfen können, uns nicht wehren können, nicht kämpfen können, wenn wir nicht entkommen können, weil unsere Fluchtversuche scheitern, weil wir zum Beispiel abhängige Kinder sind, greifen wir auf unseren primitivsten neuronalen Schaltkreis zurück, den »Shutdown«-Schaltkreis. Wir sind dann im dorsalvagalen System angelangt, das eine Immobilisierung und die Auflösung jeglicher Verbindung zur Folge hat. Das englische Verb *shut down* bedeutet auf Deutsch nicht mehr, aber auch nicht weniger als *abschalten*.

Kehren wir noch einmal in die Familie Kerkeling zurück. Eines Abends ein paar Wochen später – der Vater ist in der

Nachtschicht – geht Hape Kerkelings Mutter zu Bett mit den Worten: »Hans Peter, ich geh schlafen. Du kannst so lange fernsehen, wie du willst, ja? Sind ja Ferien.« Das »Gute Nacht!« ist das Letzte, was Hape Kerkeling von seiner Mutter zu hören bekommt. Als Hape sich nach Sendeschluss zu ihr ins Bett schlafen legt, erkennt er am schweren Atmen seiner Mutter, dass etwas nicht in Ordnung ist. Er versucht vergeblich, sie wachzurütteln – und bleibt verängstigt zitternd neben seiner nach Atem ringenden Mutter liegen. Er betet zum lieben Gott und wartet sehnsüchtig auf die Rückkehr seines Vaters. Als der Vater endlich kommt, ist Hapes Mutter nicht mehr ansprechbar. Der Vater trägt Hape in sein Zimmer und stellt ihn dort ab mit den Worten: »Bleib da drin!« Hape steht regungslos in seinem Zimmer und ist allein mit einem »Zu viel, zu schnell, zu überwältigend«, allein mit seiner traumatischen Erfahrung. Das ist der Shutdown. Die Mutter stirbt wenige Tage später im Krankenhaus.

Was im Kind zurückbleibt, sind die Worte: *»Ich hätte mich mehr anstrengen sollen. Man kann alles erreichen, wenn man nicht aufgibt. Mama mochte meine Späßchen. Niemand konnte sie so zum Lachen bringen wie ich.«* So verantwortlich fühlen sich Kinder.

Das Nervensystem traumatisierter Menschen befindet sich in einem Zustand, der große Vorteile hat, wenn es sich um das Aufspüren eines Raubtieres handelt – ist aber in seiner sozialen Kompetenz völlig beeinträchtigt. Du kannst es mit der Sicherheitskontrolle am Flughafen vergleichen: Das traumatisierte Nervensystem scannt jede Person, die dir näherkommt, und durchläuft buchstäblich einen dieser Scans. Jeder Mensch ist für so ein Nervensystem ein potenzieller Terrorist. Viele Menschen denken, dass ihr Nervensystem nach einem Trauma nicht mehr sozial ist, dass sie schlecht sind, dass mit ihnen etwas nicht in Ordnung ist – anstatt den Anpassungsstrategien ihres Körpers auf eine mögliche Gefahr mit Verständnis zu begegnen.

Unser gesamter Organismus will diesen Prozess abschließen, den Kreis schließen, die aufgestaute Energie aus dem Körper und dem Gehirn rausbringen, um eine Entstehung von Traumafolgesymptomen zu vermeiden. Schließen wir den Kreis nicht, stecken wir in einem Leben fest, das uns mehr an die Sicherheitskontrolle am Flughafen erinnert als an den Urlaub selbst: Sicherheitshalber sind alle potenzielle Feinde.

Der US-amerikanische Biophysiker, Psychologe, Psychotraumatologe, Autor und Begründer der Traumabehandlungsmethode Somatic Experiencing®, Peter Levine, nennt vier Gründe, warum Menschen nach einem traumatischen Erlebnis im Zustand der Immobilisierung, des Shutdowns, feststecken und deswegen nicht wieder oben auf der Leiter ankommen. Da das rationale Gehirn im Weg steht, bleibt die Energie, die vor der Immobilisierung zur Flucht oder zum Angriff aktiviert wurde, im Körper eingesperrt.

- ◇ Wir schämen uns, dass wir nicht gehandelt haben, nicht gekämpft haben oder geflohen sind, verurteilen uns dafür und bleiben in der Verurteilung hängen.
- ◇ Wir wollen die Kontrolle behalten: Würde sich die Energie entladen, würde sich das in unwillkürlichem Zittern und in Gefühlen ausdrücken, die nicht dazu gehören, die Kontrolle zu haben. Anstatt also die Kontrolle loszulassen, stoppen wir die unwillkürliche Reaktion.
- ◇ Wir erleben den Instinkt des Gegenangriffs als Wut und das macht uns Angst. Wir haben Angst davor, uns selbst oder andere zu verletzen, und unterdrücken »sicherheitshalber« die Energie.
- ◇ Da sich die Immobilisierung wie Tod anfühlt, können wir uns nicht in dieses Gefühl hinein entspannen und durch das Loslassen die Energie fließen lassen. Stattdessen vermeiden wir eine Begegnung mit dem gefühlten Sterben und stoppen den Prozess.[15]

Das erklärt einerseits die »Sturheit« manch unserer Eltern, an alten Strukturen festzuhalten. Wir erwachsenen Söhne und

Töchter mit unseren »neumodischen Ideen« jenseits dessen, was immer schon so war, oder schlicht mit unserem eigenen Willen stellen eine riesige Bedrohung für unsere Eltern dar – und sie reagieren der Bedrohung entsprechend »richtig«. Leider übersehen sie dabei die einladende Absicht ihrer erwachsenen Kinder, eine Verbindung herzustellen und sich gemeinsam weiterzuentwickeln.

Andererseits erklärt es auch den Wiederholungszwang – warum du immer wieder mit ähnlichen Versuchen auf deine Eltern zugehst, in der Hoffnung, in dir und zwischen euch etwas zum Abschluss zu bringen. Dein Organismus versucht, auch diese Situationen »rund« zu machen und reinszeniert das Erlebte so lange, bis es gelöst wird. Um etwas aufzulösen, um ein biologisches Gleichgewicht im Körper herzustellen, zieht es Menschen immer wieder zu den gleichen gewalttätigen Partnern hin – oder sie werden selbst in Beziehungen gewalttätig. Diese Lösungsversuche erzeugen allerdings meist nur noch mehr Leid. Die Lösung liegt im mutigen Hinschauen, Sich-Stellen und Loslassen und in der Wiedererlangung der Fähigkeit, körpereigene Signale wahrzunehmen sowie zu spüren, was in dir vorgeht. Wenn du wieder in deinem Kreis, in deinem Garten ankommst, wenn dir bewusst wird, wie und wodurch du zu dem Menschen geworden bist, der du heute bist, kann es sein, dass du dich erst mal mit einer Menge Unkraut in deinem Garten beschäftigen musst.

Erfahrung: Der Shutdown-Zustand

Die folgende Visualisierung unterstützt dich dabei, deine weiteren Zustände zu erforschen und zwischen ihnen bewusst zu wechseln. Die polyvagalen Zustände auf der Leiter (Seite 48) hast du bereits kennengelernt:

- ◇ ganz oben der ventral-vagal regulierte Zustand: geerdet, kraftvoll, verbunden, kreativ, ruhig.
- ◇ in der Mitte die sympathische Mobilisierung: aktiviert, gestresst, aggressiv, panisch, aufgewühlt.

- ◇ unten die dorsale Immobilisierung: hoffnungslos, kraftlos, verzweifelt, resignativ, in einem Vakuum, vom Körper losgelöst.

In dieser Visualisierung gehen wir bis zum Boden der Leiter. Diese Übung solltest du am besten zu zweit oder nur sehr vorsichtig allein machen, weil du möglicherweise auf deinem Weg auf der polyvagalen Leiter sonst von heftigen Emotionen überwältigt wirst und, statt dich auf der Leiter hoch und runter zu bewegen, in einem Zustand stecken bleibst. Wenn du dies also zum ersten Mal machst, lasse die Augen dabei offen, orientiere dich immer wieder im Raum und nimm wahr, dass du in Sicherheit bist. Es geht hier darum, einen Geschmack davon zu bekommen und wahrzunehmen, dass es für dich möglich ist, von einem Zustand zum anderen zu wechseln.

Wenn du jemanden hast, der dich begleitet, den du anschauen und mit ihm in Verbindung sein kannst, der dir Halt, Sicherheit und das Gefühl gibt, nicht allein zu sein, kannst du auch tiefer in deine Bilder einsteigen, möglicherweise auch die Augen schließen. Dabei kannst du die Hand deines Gegenübers halten oder einfach dessen Fuß berühren, um wahrzunehmen, dass da noch jemand ist.

Beginne damit, dich auf deinen Atem zu fokussieren, um deine Gedanken zu beruhigen. Atme dabei länger aus als ein. Das beruhigt dein autonomes Nervensystem. Dann geh in deiner Vorstellung zu dem dunklen Ort, an dem du bist, wenn alles sinnlos geworden ist, wenn du aufgegeben hast. Für manche ist es ein tiefer Keller oder eine Kapsel unter Wasser oder ein menschenleerer Platz in einer ausgestorbenen Stadt. Du hast möglicherweise bereits eine räumliche Repräsentation dieses Zustands in dir. Dann geh dorthin. Vielleicht bemerkst du jetzt schon eine Reaktion deines Körpers, dein Herzschlag erhöht sich. Atme ein paarmal länger aus als ein.

Ist es dunkel oder hell hier? Wie riecht es? Ist der Raum klein oder groß? Ist es laut oder leise? Was ist außerhalb des Raumes –

Wasser? Häuser? Leere? Wo befindet ihr euch im Raum? Sitzt du, stehst du, liegst du?

Versuche nun, deinen Fokus nach außen zu richten. Kannst du Geräusche wahrnehmen? Gibt es eine Möglichkeit, nach draußen zu schauen? Nimm immer wieder wahr, dass du nicht tatsächlich in diesem Raum bist – nimm wahr, dass du hier in Sicherheit bist.

Wie bist du an diesem dunklen Ort? Kannst du dich selbst spüren? Kannst du dich bewegen? Was würdest du sagen: Ich bin ... bleiern? Abgeschnitten? Leer?

Gehe nun bewusst zu deiner Atmung und beginne, diese zu beschleunigen und zu intensivieren. Spüre die Energie, die der Sauerstoff in dich hineinpumpt. Öffne deine Augen weit und nimm das Licht um dich herum wahr. Mach keine Pausen zwischen den Atemzügen und atme immer schneller. Nimm wahr, welche Energie jetzt kommt. Kommt eher Angriffsenergie, möchtest du dich frei schlagen, oder Fluchtenergie, möchtest du einfach davonlaufen? Beginne nun, innerhalb deiner Vorstellung zu laufen, weg von diesem Ort. Immer schneller. Versuche den Ort, durch den du nun läufst, zu erkennen. Wie verändert sich die Umgebung? Wird es heller? Wird es wärmer? Wie fühlt sich dein Körper an? Die Mobilisierung deiner Muskeln? Die Bewegung? Spüre die Wärme in deinem Körper und deine Atmung.

Komm nun an einen Ort, an dem du dich sicher und geborgen und voller Leben fühlst: zu Hause, am Berg, am Meer oder im Wald. Du kannst die Augen schließen und vollkommen an diesem Ort ankommen. Ein Ort, wo du dich wohlfühlst und entspannt bist. Schau dich um. Ist es hell oder dunkel, warm oder kalt? Was kannst du hören? Spüre deinen Atem.

Wie bist du? Vielleicht ruhig, gelassen oder voller Tatendrang, energiegeladen? Wie nimmst du die Welt rund um dich wahr? Schau dich um. Kannst du den Unterschied zu den Zuständen vorher erkennen?

Der Zustand schafft die Wirklichkeit.

Nimm die Welt wahr und nimm wahr, dass sich die Welt

und die Sicht auf die Welt sich durch deinen Zustand verändert. Wer ist mit diesem Zustand verbunden? Manchmal ist es ein Hund, eine Katze oder ein anderes Haustier. Es kann auch eine Freundin, ein Freund oder ein anderer Mensch sein. Auch Dinge können dich daran erinnern, dass es möglich ist, dass du dich in einem guten Zustand befindest. Bücher, Steine, Bäume oder ein anderes Ding, dass dir Sicherheit vermittelt.

Spüre, dass du dich zwischen den Zuständen bewegen kannst und dass damit die Dunkelheit auch ihren Schrecken verliert. Damit kannst du die Visualisierung beenden und zurück ins Hier und Jetzt kehren.

Möglicherweise ist dies eine neue Erfahrung für dich. Erinnere dich nochmals, dass du, um aus dem dunkelsten Ort zu kommen, diese mobilisierende Energie nutzen kannst, die du aus der Mitte der Leiter kennst: deine gesunde Aggression, die dich etwas anpacken lässt. Wir erinnern dich, dass du nicht stecken bleiben musst.

Du kannst diese Visualisierung öfter wiederholen, um die Fähigkeit zu verbessern, zwischen den Zuständen zu wechseln, um dich zu trainieren, aus diesem Shutdown-Modus rauszukommen, dich zu mobilisieren, um schlussendlich in die Ruhe zu kommen.

Erfahrung: Erstelle deine »Leiter-Playlist«[16]

Du hast nun alle drei Zustände des autonomen Nervensystems kennengelernt. Um deinen flexiblen Umgang damit weiter zu verbessern, stell dir drei musikalische Playlists zusammen:

- ◇ Oben auf der Leiter – die ventrale Playlist: Wähle Lieder aus, die in dir ein Gefühl von Ruhe, angenehmer Aufregung, Mitgefühl, Leidenschaft, Freude, Ruhe und Ausruhen erzeugen.
- ◇ In der Mitte auf der Leiter – die sympathische Playlist: Wähle Lieder aus, die dich mit dem sympathischen Zustand in Verbindung bringen, mit Wut, Aggression oder Flucht.

- ◇ Unten auf der Leiter – die dorsal-vagale Playlist:
  Entscheide dich hier für Songs, die dich mit dem dorsalen Überlebensmodus in Verbindung bringen und einen Geschmack von Angst, Verbindungslosigkeit, Verlorenheit und Ohnmacht haben.

Musik reguliert und aktiviert unser Nervensystem. So kannst du in einer Umgebung von Sicherheit die unterste Sprosse der Leiter, den Grund des Brunnens, erforschen, die Kampf-und-Flucht-Linie »vertanzen« oder dich in deiner ventralen Playlist buchstäblich in Sicherheit wiegen. Höre diese Lieder nach dem Zufallsprinzip, um deine Zustände zu erforschen, mit ihnen zu experimentieren und deine Flexibilität spürbar zu machen.

Ekelhafte Eltern

Wir werden hier über Eltern schreiben, die in ihrer Elternschaft ekelhafte Dinge tun, und somit ein Thema ansprechen, über das niemand gern sprechen möchte. Wir wollen nicht wahrhaben, dass Eltern auch grausam sein können – lieber beschönigen oder rechtfertigen wir ihre Taten mit ihrer eigenen schlechten Kindheit, als uns mit den Tatsachen und Folgen ekelhafter Elternschaft auseinanderzusetzen. Wir wollen da hinschauen, wo fast jede:r lieber wegsehen würde.

Wir laden dich nun ein, mit der achtjährigen Helen und ihrer Mutter aus dem Film »Feuchtgebiete«[17], basierend auf dem gleichnamigen Roman von Charlotte Roche, Bekanntschaft zu schließen. Wir werden dir zwei Situationen beschreiben, die in dir *traumatisches Mindmapping*[18] auslösen können. Traumatisches Mindmapping beschreibt, dass das, was du im Geist dieser Mutter liest, ihre Absicht, das, was sie durch ihr Tun erreichen will, so überwältigend, so schlimm, so schrecklich und so ekelhaft ist, dass es deinen Geist traumatisiert, dass dein Verstand und dein Gehirn sozusagen »abstürzen«:

Helen, ein achtjähriges Mädchen, steht auf einer circa zwei Meter hohen Mauer und beobachtet von dort aus lächelnd, wie sich ihre Eltern vor ihrem Auto küssen. Nach dem Kuss geht die Mutter zur Mauer auf das Kind zu, sieht es an, breitet die Arme einladend nach oben in ihre Richtung aus. Während sich das Kind nach unten bückt und zum Fallenlassen in die Arme der Mutter bereit macht, sagt sie: »Spring!«

In Zeitlupe sieht man, wie das Kind sich von der Mauer abstößt und seiner Mutter entgegenspringt. Die Kameraeinstellung wechselt, und man sieht die Mutter aus dem Blickwinkel des Kindes, wie sie ihren Blick verändert, die Arme zurückzieht und einen Schritt zur

Seite geht. Kamerawechsel – auf das Gesicht des springenden Kindes, das in diesem Moment weiß, dass es nicht in den Armen der Mutter landen wird, sondern auf dem Boden. Man sieht die Mutter, wie sie ihrem Kind zusieht, wie es auf die Knie fällt.

Die Mutter wendet sich dem Kind zu, greift ihm unter das Kinn, damit sich ihre Blicke begegnen können – das Kind ist wütend. Dann sagt sie: »Vertraue niemandem, nicht mal deinen Eltern. Lieber jetzt ein zerschrammtes Knie als später ein gebrochenes Herz.«

Wir fragen uns: Was macht der Vater in der Zwischenzeit und wie wird er auf das reagieren, was seine Frau gerade gemacht hat? Der weitere Filmverlauf bestätigt, was man vorausschauend erahnen kann: Der Vater macht nichts. Schon hier das Bild zu vergrößern, den Vater nicht einfach auszublenden, ihn mit ins Bild und in die Verantwortung zu holen, löst – leider – in Helen die Idee ab, zumindest *einen* guten Elternteil gehabt zu haben. Diese Wahrheit ist bitter und schmerzhaft – und jetzt kannst du damit weiterarbeiten und einen Umgang damit finden.

Andere Szene. Im Supermarkt. Helen ist mit ihrer Mutter einkaufen. Sie lässt sich von ihrer Mutter im Einkaufswagen schieben. Eine Bekannte gesellt sich zu den beiden und macht eine Bemerkung über Helens tolle Wimpern. Die Dame meint Richtung Mutter, sie müsse wegen dieser Naturwimpern sehr stolz sein auf ihre Tochter. Der Mutter ist das sichtlich unangenehm und sie gibt sich Mühe, die Dame loszuwerden. Wieder allein, beugt sie sich zu ihrer Tochter und sagt: »Ein altes Zigeuner-Sprichwort sagt, wenn man für etwas zu viele Komplimente bekommt, geht es vielleicht kaputt.« und kauft ihrer Tochter ein Spielzeug. Schnitt. Nächste Szene: Es ist finster und man sieht, wie die Mutter der schlafenden Helen die Wimpern abschneidet. Helen wacht davon auf, woraufhin ihre Mutter sagt: »Das ist alles nur ein Traum, mein Schatz. Schlaf weiter.«

Die heute erwachsene Helen, die Erzählerin, hört man dann sagen: »Ich kann das Mama aber auch nicht anhängen, weil ich oft Realität, Lüge und Traum durcheinanderwerfe. Vor allem wegen den vielen Drogen, die ich genommen habe.«

Moralischer Ekel

Moral und Ekel sind fest miteinander verbunden.[19] Dies führt dazu, dass unmoralisches Verhalten von Eltern in deren Kindern Ekel auslöst – moralischen Ekel. Unmoralisches Verhalten sind etwa Fremdgehen, Vernachlässigung, verbale und körperliche Gewalt, Sexualisierung … Ekel ist eine Emotion, die eine Wegbewegung in uns auslöst. Diese Emotion schützt uns davor, mit giftigen und lebensgefährlichen Dingen in Kontakt zu kommen. Diese Wegbewegung ist aber für das Kind bei unmoralischen Eltern über viele Jahre hinweg nicht möglich.

Es ist ein massiver Unterschied, ob Menschen die Kontrolle verlieren und um sich schlagen – oder ob das, was sie tun, eine Methode hat. Die Mutter, die zu ihrer Tochter sagt: »Spring!«, und dann die Hände runternimmt, damit ihre Tochter zu Boden fällt, hat eine Methode und weiß, was sie tut. Ebenso die Mutter, die ihrer Tochter die Wimpern schneidet.

Die Folgen von familiärer Gewalt wirken auf Kinder verheerend – weil sie sich daran gewöhnen. Es ist das Normal ihrer Kindheit, ihres Körpers und ihres Gehirns und ihres späteren Erwachsenenlebens. Da der Körper die notwendige Kampf- oder Fluchtbewegung nicht ausführen und zu Ende bringen kann, geht der Organismus in den Shutdown (dorsaler vagaler Zustand, ganz unten auf der Leiter), um mit den traumatischen Situationen irgendwie zurechtzukommen. Das Gehirn reagiert nicht mehr, die Stressreaktion nutzt sich ab und das Herz beschleunigt nicht mehr in angstauslösenden Situationen. Was anderen Herzrasen verursacht, lässt das Kind kalt.

Zwischen Eltern und Kind wird eine fatale emotionale Bindung erzeugt, ähnlich jener, die man auch zwischen Geiseln und ihren Geiselnehmern beobachten kann. Dieses Phänomen ist auch bekannt als Stockholm-Syndrom oder toxische Bindung[20]: Durch die Wiederholung eines solchen ekelhaften Verhaltens der Eltern entsteht in den Kindern unweigerlich Hass. Erzeugen Eltern in ihren Kindern immer wieder Ekel und Hass, entsteht paradoxerweise zwischen ihnen so etwas wie eine starke magnetische Anziehungskraft und die normale Ekelreaktion, die uns davonlaufen lassen würde, veranlasst Kinder stattdessen, auf ihre Eltern zuzulaufen.

Ein traumatisches Ereignis muss nicht zwangsläufig traumatisierend sein – wenn es deine Bezugspersonen gut mit dir lösen. Wenn es ihnen gelingt, ihr Nervenkostüm in Ruhe zu halten, sie dich in ihr emotional gut reguliertes System einloggen lassen und sie dich so die Leiter wieder hinaufbegleiten, hinaus aus deinem überwältigenden Erregungszustand.[21]

Sind es aber die Bezugspersonen selbst, die dich traumatisieren oder dir keinen Beistand leisten, wenn dir Unheil angetan wurde, wenn du erkennen musst, dass deine Eltern kein Ort der Zuflucht sind – dann bist du doppelt überwältigt: von dem, was deine Eltern gerade getan haben, und von der Tatsache, dass es deine Eltern waren, die getan haben, was sie getan haben. Und das traumatisiert.

Viele dieser ekelhaften Untaten waren und sind leider immer noch ein Erziehungs- und Beziehungsnormal. Um deine Sinne für ekelhafte Elternschaft weiter zu schärfen, haben wir einige Beispiele gesammelt.

Kränkungen – Beispiele zwischen Eltern und ihren erwachsenen Söhnen und Töchtern

Kränkungen machen krank. Wir wollen noch einen Schritt weiter gehen und behaupten, dass Kränkungen traumatisieren, weil es in dem Kränkenden (Eltern) lesbar ist, wie be- oder abwertend er in diesem Moment über sein Gegenüber (Kind) denkt. Wenn das jemand ist, der vorgibt, dich zu lieben, oder auf den du auf Gedeih und Verderb angewiesen bist, kollabiert quasi dein Gehirn. Kinder verlieren in diesem Moment die sichere

Basis, den Halt. Sie verlieren alles, was Eltern für ihre Kinder sein sollten.

Kinder haben mehrere Möglichkeiten, mit Kränkungen und Bewertungen umzugehen. Entweder glauben sie den Eltern und richten den Kampf gegen sich: *»Wenn mein Vater schlecht über mich denkt, muss ich schlecht sein!«* Oder sie glauben an sich selbst und fangen an, gegen ihre Eltern zu rebellieren, oder wollen sie vom Gegenteil überzeugen: *»Ich bin nicht so, wie du mich siehst!«* Eine weitere Möglichkeit ist, sich in Luft aufzulösen und keine »Belastung« mehr für die Erwachsenen zu sein. Besonders diese Kinder werden oft als »brav« und »selbstständig« beschrieben.

Der Schweizer Berater Ueli Niederberger hat eine Liste von Kränkungen zusammengestellt, mit deren Hilfe wir dein Bewusstsein dafür schärfen wollen.[22] Wenn wir während einer Kränkung auf die Reaktion unseres Gegenübers achten, bekommen wir direktes Feedback, dass das, was gerade geschehen ist, was gerade gesagt wurde, sehr wehtut. Machen wir *trotzdem* oder sogar *deswegen* weiter, wird es ekelhaft.

◇ Bewertungen: Jede Art von Bewertung oder inneres Augenrollen wie »Du bist zu dumm dafür!«, »Ich hab dir das doch schon hundertmal gesagt! Kapierst du eigentlich nie was?«

◇ Verniedlichungen: »Jetzt musst du aber nicht gleich wütend werden! Du bist doch schon ein großes Mädchen!«

◇ Verspotten/Body Shaming: »Wie siehst du denn aus!
So eine hässliche Frisur habe ich noch nicht gesehen!
Der Friseur muss blind gewesen sein!«

◇ Lächerlich machen: »Ach bitte, stell dich doch nicht wieder so an!«

◇ Das Recht auf eigene Gefühle oder die eigene Wahrnehmung absprechen oder einfach vom Tisch wischen: »Das stimmt nicht!«

◇ Verhöhnen: »Der Mann, der dich mal heiratet, tut mir jetzt schon leid!«

- Nicht ernst nehmen: »Ja, ja, du schon wieder mit deinen Gefühlen!«
- Gaslighting, Beispiel: Deine Eltern machen eine Zusage und setzen darauf, dass du ihre Zusage vergisst. Sie hatten nie die Absicht, ihr Versprechen einzuhalten. Sprichst du sie darauf an, bestreiten sie diese Zusage und geben sich gegenseitig ein Alibi.
- Bestrafen: Um dich zu bestrafen, müssen dich deine Eltern sehr gut kennen. Sie müssen wissen, was dir wirklich wichtig ist, damit es dich schmerzt, wenn sie es dir entziehen: ihre Liebe, ihr Geld, ihre Zeit. Dazu benutzen sie ihre Empathiefähigkeit und die Fähigkeit, dich mental zu erfassen (Seite 154, zum Thema Mindmapping).
- Übergangen werden – ungerechte Behandlung:
Deine Eltern vererben der Tochter deines Bruders ein Gartenhaus – deine Kinder, die »anderen« Enkelkinder, werden im Testament nicht mitbedacht.
- Auslachen: »Kein Wunder, dass dein Mann dich verlassen hat. So dick, wie du bist! Aber du warst ja schon als Kind so. Dick und doof!«
- Nachäffen, Beispiel: »Ich möchte gern eine Weiterbildung machen«, sagst du. Deine Mutter antwortet: »Ich möchte. Ich möchte. Ich möchte auch viel.«
- Vor vollendete Tatsachen gestellt werden, Beispiel: Deine Mutter sagt: »Wir haben unsere Eigentumswohnung jetzt auf deinen Bruder überschrieben und du bekommst Geld.« Astrid antwortet: » Aber ich wohne doch in dieser Wohnung!«
- Lügen: Wenn dich dein Gegenüber anlügt, dann fügt er ein falsches Bild der Wirklichkeit in deinen Kopf. Damit wird es für dich schwieriger, dir eine genaue Landkarte zu bilden, es entstehen Widersprüche und dein Gefühl entspricht oftmals nicht mehr der aktuellen Situation.

- ◇ Erpressen: Dein Gegenüber arbeitet mit deiner Angst und löst dadurch kontinuierlichen Stress in dir aus, der es dir immer schwieriger macht, klar zu denken.
- ◇ Verrat: Das ist eine Grenzsprengung. Du dachtest, dass es einen Raum gibt, den du dir mit deinen Eltern teilst, und plötzlich ist er weg.
- ◇ Geheimnisse sind ähnlich wie Verrat. Du dachtest, du gehörst zu dem Raum rund um deine Eltern und musst erkennen, dass du ausgeschlossen wurdest.
- ◇ Stehlen: Du sammelst Kleingeld in einem Sparschwein und deine Mutter zerschlägt es und nimmt dir alle Münzen weg, weil sie Geld für Zigaretten braucht.
- ◇ Missbrauch der Macht über jemanden zum eigenen Vorteil und zum eigenen Vergnügen – zum Beispiel ein Schwiegervater, der seinen Schwiegersohn in spe ins Bordell schleppt, obwohl sichtbar ist, dass der Schwiegersohn das nicht möchte, er sich aber verpflichtet fühlt, um den Schwiegervater nicht zu enttäuschen. Der Schwiegervater tut das, um endlich wieder einmal vollkommen legitim vor aller Augen ins Bordell gehen zu können.

Ab Seite 136 wirst du lernen, neue Reaktionen auf alte Kränkungen zu entwickeln.

Eltern als Effekterzeuger

Elternschaft passiert nicht. Wie ich als Elternteil bin und wie ich mich verhalte, ist eine Entscheidung. Und solange kein Gegenwind kommt, mache ich weiter. Mütter wie Väter werden zu Wiederholungstäter:innen, weil es keine Instanz gibt, die ihnen Einhalt gebietet.

Wir sind längst im 21. Jahrhundert angekommen. Die meisten Menschen der westlichen Welt besitzen ein Smartphone, sind technisch mit der Zeit gegangen, benutzen Computer und das Internet. Wenn es aber um ihre Kinder geht, sind sie in der Zeit des analogen Telefonierens und der mechanischen Schreibmaschine stehen geblieben. Diese Eltern zeigen kein Interesse an persönlicher Weiterentwicklung und am Lernen von Neuem. Diese Eltern fühlen sich im Recht, das zu tun, was sie tun. – Sie stecken womöglich selbst im Brunnen fest.

Sobald ich sehe, welche negativen Auswirkungen mein Tun auf mein Kind hat, wenn sich destruktive Konflikte immer wiederholen, muss ich als Elternteil meinen Prozess, den ich Erziehung oder Beziehung nenne, hinterfragen und stoppen. »Ich mache, was ich mache, weil ich sehe, welchen Effekt es auf dich hat, und weil du dich fügst.« Das ist keine Erziehung. *Das* ist Gewalt.

Eltern, die gemeines Verhalten an sich beobachten und sich entsetzt über sich selbst Hilfe suchen, sind schon auf dem Weg der Selbstkonfrontation. In ihnen findet ein Ringen statt, eine dringende Suche nach Alternativen.

Uns bereiten vielmehr jene Eltern und Großeltern Sorge, die weit weg sind von jeder Selbsteinsicht. Menschen, die ihr Verhalten sogar leugnen, wenn sie darauf hingewiesen werden, oder behaupten, es wäre eine legitime Reaktion auf das Verhalten ihrer Kinder oder Enkelkinder.[23]

Hier geht es nicht um einen Wettbewerb, wer die schrecklichere Kindheit und die furchtbarsten Eltern hatte. Leid ist immer Leid. Und absichtlich zugefügtes Leid unter dem Deckmantel der Erziehung hat nirgendwo etwas verloren – und ist auf dieser Erde so weitverbreitet. Wir wollen auch gerade deswegen die Augen davor nicht verschließen. Wir wollen hier auch keine Heilsversprechungen geben. Wir wollen ermutigen.

Über eine traumatische Kindheit zu reden, etwa in Form einer Gesprächstherapie, hilft und ist schon der halbe Weg. Zum ersten Mal sich jemandem anvertrauen, überhaupt ein Vertrauensverhältnis zuzulassen, bedeutet schon Wachstum raus aus der Vergangenheit, hinein in eine nährende Beziehung:

Klaus erzählt: *»Ich erinnere mich an meine erste Therapiestunde. Etwas in mir sehnte sich schon seit Langem danach – ich hatte viel gehört von ›Therapie‹, dass dir dort geholfen wird. Ich wusste damals noch gar nicht, worunter ich genau litt. Trauma war damals etwas, das vielleicht meine Großväter aus dem Krieg mitgebracht haben. Ich, als ›Kriegsenkel‹, war davon schon weit entfernt. Für mich war immer gut gesorgt worden. Es fehlte an nichts. Mein Narrativ war das einer wahnsinnig schönen Kindheit aus dem berühmten Bilderbuch. Und doch fühlte ich dieses ›Rufen‹, von dem ihr auch schreibt. Ich habe mir eine Therapeutin gesucht – oder besser gesagt, sie kam quasi von allen Seiten zu mir, wurde mir mal von hier, mal von da empfohlen. Und dann hab ich einen Termin vereinbart. Ich hatte wirklich unendliches Glück. Die Stunden bei dieser Frau waren getragen von Wärme und einer nie zuvor gekannten Zuwendung und Aufmerksamkeit. Es ging nur um mich! Ich hatte das Gefühl, diese Frau war für mich da. Schließlich bezahlte ich ja dafür. Ich konnte mir damals nicht vorstellen, dass sich mir jemand ›einfach so‹ zuwenden würde. Ich zahlte immer zehn Stunden im Vorhinein. Sicherheitshalber. Es war ein langer Weg, mir vorstellen und auch darauf vertrauen zu können, dass ich gemocht werde, ohne eine extra Gegenleistung zu erbringen. Es sollte noch über 20 Jahre dauern, mir selbst zu glauben, dass es ›einfach‹ reichte, ein guter Mensch zu sein. Diese Therapie war der erste Schritt.«*

So wie viele unserer Klient:innen ist Klaus sich seiner Traumata nicht bewusst. Sie schlummern in Erwartung auf Erlösung in seinem Körper vor sich hin. Diese im Verborgenen mitzutragen, war das Normal von Klaus. Erst als er selbst Vater wurde, wachte etwas in ihm auf. Das Weinen seines Sohnes machte ihn fast wahnsinnig – er konnte sich aber nicht erklären, warum. Sein Körper reagierte, obwohl sein Verstand ihm sagte, dass es nur das Weinen eines unschuldigen Kindes war. Als Klaus' Mutter zu Besuch war, ging ihm ein Licht auf: »*Unser Sohn begann wieder herzzerreißend zu weinen. Da sagte meine Mutter den Satz, der mir das Blut in den Adern gefrieren ließ. Sie sagte: »Legt ihn doch in ein dunkles Zimmer, den Kerl. Da beruhigt er sich und wird ein-*

schlafen. Das Balg wird euch sonst noch ganz schön auf der Nase herumtanzen!« Da kam mit einer Wucht alles zurück. Mein Nebel begann sich zu lichten. Mir wurde kalt und übel. Meine Kindheit war mit einem Schlag wieder zum Leben erwacht.«

Spätestens hier reichen Selbsthilfe und Bibliotherapie, das Lesen von Ratgebern, nicht mehr aus. Eine Beziehung und Zusammenarbeit mit einem ernst zu nehmenden, kollaborativen Gegenüber wird unerlässlich sein, um ein Trauma restlos bewältigen zu können. Körperpsychotherapie, Somatic Experiencing® (Traumaarbeit nach Peter Levine), Arbeiten nach der Grinberg-Methode®, SEI® – Somatische Emotionale Integration, Tanzen nach den 5 Rhythmen®, Aufstellungsarbeit, Mentalog-Training, Microdosing – all das sind von uns handverlesene und erprobte Methoden, die dir dabei helfen können, den Kreis zu schließen, dich zu erheben, die aufgestaute Kampf- oder Flucht-Energie abfließen zu lassen und dem anstrengenden »Halten« ein Ende zu setzen.[24]

Du kannst die Schaumrolle von damals nicht mehr essen

Sarah läuft oft an einer Konditorei vorbei, in der ihr immer wieder die Schaumrollen auffallen. Dort liegen sie: All die Schaumrollen, die sie nicht gegessen hat. All die Schaumrollen, die sie sich ab ihrem zehnten Lebensjahr verboten hat, um ihre Mutter nicht zu enttäuschen. Ihre Mutter hat immer für eine gesunde Ernährung ohne Zucker gekämpft, ihre Großmutter hat das permanent sabotiert und leckere Kuchen gebacken. Irgendwann hat Sarah sich auf die Seite der Mutter geschlagen, auf Schaumrollen, Kuchen und irgendwann auf das Essen selbst verzichtet.

Jetzt sitzt sie vor einer Schaumrolle. Sie beißt hinein, sie isst sie genüsslich auf. Doch kaum ist die Schaumrolle verspeist, macht sich in ihr Unzufriedenheit breit. Soll sie noch eine Schaumrolle essen? War eine noch nicht genug?

Manche Menschen versuchen immer noch *diese eine* Schaumrolle zu essen und hoffen, dass sie dann irgendwann zufrieden sind. Sarah merkt, dass das keine Lösung für sie ist. Diese Schaumrollen werden nie so schmecken wie die damals. Das liegt nicht am Konditor, obwohl das auch für manche Menschen eine Möglichkeit ist, sich einzubilden, dass früher tatsächlich alles besser war. Die »verpassten« Schaumrollen sind nicht mehr nachzuholen, weil Sarah nicht mehr die gleiche ist. Das Gefühl, als Zehnjährige eine Schaumrolle zu essen, unterscheidet sich einfach von dem Gefühl, als 35-Jährige eine Schaumrolle zu essen.

Was hast du von deinen Eltern nicht bekommen, als du ein Kind warst? Was ist es, dem du immer noch hinterherläufst? In dem, was wir nicht bekommen haben, zeigen sich meist die zentralen kindlichen Bedürfnisse wie das Bedürfnis nach Schutz,

Sicherheit, Geborgenheit, Aufmerksamkeit, Entwicklungsmöglichkeiten, Autonomie. Auf den ersten Blick wirkt die Schaumrolle wie eine Kleinigkeit und doch zeigt sich in ihr die Not der kleinen Sarah, sich zwischen zwei geliebten Menschen entscheiden zu müssen: Mutter und Großmutter haben sie dazu missbraucht, ihre Machtkämpfe auszutragen.

Die Hoffnung, endlich das zu erhalten, was Sarah bisher nicht erhalten hat, lässt sie in der Rolle einer Zehnjährigen verharren. Es hindert sie daran, der Realität in die Augen zu schauen. Diese Strategie hat sich über die Jahre allerdings tief in ihr verwurzelt. Anstatt der Realität in die Augen zu schauen und zu sehen, wie es ist, läuft sie immer weiter dem nach und bleibt in dieser Position stecken. Dies verhindert, Entscheidungen zu treffen. Positiv in die Zukunft zu schauen, unterscheidet sich allerdings von dieser Form der Hoffnung. Diese Form der Hoffnung lähmt, macht ohnmächtig, entmündigt dich selbst und verlängert das Leid.

Ebenso lähmt es uns, wenn wir »Schaumrollen« aus dem Weg gehen müssen, weil sie uns in unserer Kindheit bis zum Erbrechen in den Mund geschoben wurden und weil wir meinen, uns heute auch sofort übergeben zu müssen, wenn wir irgendwo einer Schaumrolle begegnen. Sowohl die Abwesenheit von etwas, das wir gebraucht hätten, als auch die Anwesenheit von etwas, das uns viel zu viel war, hinterlässt Spuren.

Unsere Wunden heilen nicht durch die Möglichkeit des unbegrenzten Verzehrs von Schaumrollen als Erwachsene oder dadurch, dass wir auf der Lauer liegen und dem Schrecklichen permanent ausweichen. Auch indem wir auf die Schaumrolle starren oder den Kopf wegdrehen, bohren wir immer wieder in der Wunde.

Was brauchst du, um die Schaumrolle hinter dir zu lassen?

Der angekettete Elefant

Im Zirkus gab es einen Elefanten, der während der Zirkusshow jeden Tag seine ungeheure Kraft zeigte, indem er Gewichte stemmte und viele Artisten durch die Manege trug. In den Pausen jedoch schien er alle Kraft verloren zu haben. Er war mit einer Kette an einen kleinen Pflock in der Mitte des Platzes angebunden und, obwohl er während der Show diesen Pflock mit Leichtigkeit ausgerissen hätte, machte er hier keinerlei Anstalten, sich zu befreien. Was hinderte ihn daran, sich auf und davon zu machen? Der Elefant weiß nicht, dass er fliehen könnte, weil er bereits als Babyelefant an diesen Pflock angekettet wurde. Damals war er zu schwach, um den Pflock auszureißen. Immer wieder hat er es versucht und verzweifelt versucht, sich zu befreien, bis er erschöpft am Boden liegen blieb, um es, kaum wieder zu Kräften gekommen, erneut zu versuchen. Doch irgendwann ist er kollabiert und hat endgültig resigniert. Dieses Gefühl der Ohnmacht hat sich in sein Hirn gegraben und wurde nie wieder von ihm hinterfragt.[25]

Vielleicht geht es dir auch so wie dem Elefanten und du fühlst dich, wie an einen Pflock gekettet, und bist davon überzeugt, dass das für immer so bleiben wird. Wir beide werden allerdings nicht müde, dich mit all unserer Begeisterung daran zu erinnern, dass du bereits erwachsen bist und buchstäblich nicht mehr abhängig.

Entelterung: Alte Muster und Konflikte lösen

Konflikte gehören zum Leben und können nicht grundsätzlich vermieden werden. Erfahre in diesem Kapitel, warum Konflikte sogar wichtig für unsere persönliche Entwicklung und zwischenmenschliche Beziehungen sind. Du hast die Wahl, wie du dich in Konfliktsituationen verhältst und wie du mit Triggern umgehst. Wir zeigen dir, wie du dich selbst und deine eigenen Emotionen managen kannst und warum es gut ist, sich den Eltern mit der eigenen Wahrheit zuzumuten.

Das Gehirn wieder auf Spur bringen

Viele Eltern von heute entscheiden sich für eine bewusste Elternschaft. Dazu gehört, von eigenen elterlichen Prägungen Abstand zu nehmen. Diese modernen Eltern heißen ihre Kinder als anfangs abhängige und später immer unabhängiger werdende Subjekte willkommen. Kinder wehren sich und geben unmittelbar Feedback, wenn sie zum Beispiel zur Selbststabilisierung oder zur Emotionsregulierung ihrer Eltern oder Großeltern zum Objekt gemacht werden: *»Wenn du dem Opa ein Bussi gibst, freut er sich und du bekommst ein Eis.«*

»Astrid, heute ziehst du den blauen Rock an. Der steht dir wirklich gut. Und passt zur Auslage im Geschäft. Das ist Frau Huber auch schon aufgefallen!« Astrids Augen werden größer und danach rümpft sie angeekelt die Nase – und fügt sich. Astrid könnte in diesem Beispiel 5 oder 35 Jahre alt sein.

Eltern und Großeltern sind also immer unmittelbar mit exakten kindlichen Feedbackschleifen und Regieanweisungen konfrontiert, die zu einer Kurskorrektur der Erwachsenen einladen. Der dänische Familientherapeut Jesper Juul nannte diese Dynamik das »Zusammenspiel«, das wir als Eltern in unseren erwachsenen Beziehungen ebenso lernen müssen, um für unsere eigene Mensch-zu-Mensch-Erfahrung mit unserem Kind, unserem Partner und unseren Eltern Raum zu schaffen: Um, laut Juul, eine gleichwürdige Beziehung auf Augenhöhe zu haben, das heißt eine Beziehung, in der die grundlegenden Bedürfnisse gesehen, gehört und als eigenständige Persönlichkeit respektiert werden, müssen wir Verantwortung übernehmen und unseren Eltern auch so etwas sagen wie: »Ich bin erwachsen. Ich muss und will nicht mehr erzogen werden. Wenn wir uns als Erwachsene konstruktiv austauschen, finde ich das bereichernd, wenn ihr versucht, mich zu erziehen, ist das bevormundend.«

Wenn wir einander wirklich begegnen wollen, dann müssen das, was in meinem Geist vorgeht, und das, was aus meinem Mund kommt, zusammenpassen. Ich muss mich »lesen« lassen, mich öffnen, mir ins Herz und in den Geist schauen lassen. Viele Menschen unserer Großelterngeneration führten ein Leben im Korsett, eingeschnürt von dem, was »man macht«. Trotzdem hatten sie ein eigenes Mindset, ein Absichts- und ein Effektbewusstsein für ihre Handlungen.

Viele Erwachsene verfallen im direkten Kontakt zu ihren Eltern gewissermaßen in einen Dämmerschlaf, in eine Halbwahrheit, um ihr Wissen und Fühlen um ihre eigene Erziehung nicht wahrzunehmen und, wenn es wiederholt wird, sich im Hier und Jetzt nicht darauf anders beziehen zu müssen. Wie im Beispiel einer 70-jährigen Mutter, die beim Essen zu ihrem 39-jährigen Sohn sagt, er solle doch nicht so schlingen beim Essen *(»Ja, Mama!«)*, und ihm dann ungefragt noch Essen nachgibt, dass er aufisst, obwohl er schon satt ist *(»Guter Bub!« – »Danke, Mama!«)*. Seine Frau und die Kinder haben aufgehört, sich über die Wandlung des sonst so wortgewandten Mannes und Vaters zu wundern, und essen – innerlich verwundert (die Kinder) und augenrollend (die Frau) – schweigend weiter.

Es ähnelt dem Phänomen, dass Eltern sich in hochreflektierter, bewusster Form, sehr einfühlsam und zugewandt ihren Kindern gegenüber verhalten, in Büchern und Elternforen nach alternativen Beziehungsformen suchen und auch finden. Ihr gutes Benehmen und ihr Respekt gehen aber verloren, wenn sie sich im nächsten Moment ihrem Partner zuwenden und ihn anpflaumen. So beobachten ihre Kinder Eltern, die ihnen gegenüber einen gleichwürdigen Umgang pflegen, sich aber über den Partner erheben (von oben herab) und sich den eigenen Eltern unterwerfen (von unten hinauf), also keine erwachsene Beziehungen auf Augenhöhe halten können oder wollen.

Wer so im privaten Niveauverlust lebt, schöpft nicht sein ganzes menschliches Beziehungspotenzial aus und schränkt sich selbst in seiner sozialen Funktionsfähigkeit ein. Viele unserer Klient:innen erbringen beruflich Hochleistungen. Wenn es aber darum geht, ihrer eigenen Mutter für den Muttertag abzusagen, versagen ihre Superkräfte, ihr Gehirn kollabiert, sie haben Zungenlähmung und scheinen nicht in der Lage zu sein, auch nur einen geraden Satz zu äußern. Würden sie in diesem Zustand ihrer Arbeit nachgehen, würden wir uns alle wünschen, nicht krank zu werden, keine polizeiliche oder juristische Hilfe zu brauchen, wir würden unsere Kinder nicht mehr in die Schulen schicken: Der Polizist verliert zu Hause sein Unrechtsbewusstsein, die Pädagogin bestraft ihre Kinder und die Richterin hat auch privat immer recht. Während viele Erwachsene in ihrer beruflichen Rolle also hohe Kompetenz zeigen und voller Fähigkeiten sind, werden sie ihren eigenen Eltern gegenüber wieder zum Kind in der ihnen damals zugedachten oder angepassten Rolle, werden zum »JAutomaten«, eines klaren Neins unfähig. Dieses Kind braucht tatsächlich Eltern und traut sich nicht, diese zu entmachten und aus ihrer Rolle zu entlassen.

Du brauchst keine Eltern. Du hast Eltern. Verhalte dich ihnen gegenüber erwachsen und nutze dafür alles, was schon da ist, was du schon kannst.

Wachstum durch kollaborative Konflikte in Familien

Vielleicht kennst du das: Du hast ein inneres Wissen in dir, einen Ruf, der dich vorantreibt und der dir sagt, was du tun musst, damit du dein Leben als sinnvoll empfindest. Hermann Hesse schreibt in seinem Roman »Demian« von der Schwierigkeit, einfach nur das zu leben, was von selbst aus ihm herauswollte. Der US-amerikanische Psychotherapeut Carl Rogers prägte für diesen Lebensdrang das Wort »Aktualisierungstendenz«: Es meint den menschlichen Drang, unabhängig und selbstbestimmt all seine Entwicklungsmöglichkeiten zu entfalten und zu verwirklichen. So eine »fully functioning person« würde demnach ihren Organismus als vertrauenswürdiges Mittel betrachten, in jeder Lebenssituation das Verhalten zu entwickeln, das am meisten Befriedigung mit sich bringt. Da diese Person allen Erfahrungen gegenüber offen wäre, könnte sie alle verfügbaren Daten der jeweiligen Situation in Erwägung ziehen. Beginge dabei der Organismus einen Fehler, wäre er wegen seiner Offenheit jederzeit in der Lage, jede unbefriedigende Auswirkung seines Tuns schnell zu korrigieren. Diese Befriedigung der eigenen Bedürfnisse wäre nicht asozial, sondern höchst sozial, weil diese Person auch für die Erfahrungen des anderen in einem höchsten Maß offen ist.[26]

In diesem Abschnitt zeigen wir dir, wie sich Menschen durch kollaborative Konflikte miteinander weiterentwickeln. Ein Konflikt bedeutet, dass zwei unterschiedliche Menschen zwei unterschiedliche Dinge zur selben Zeit wollen. Das erzeugt Unruhe, Anspannung, Stress und Angst. Ein Konflikt bedeutet eine Unterbrechung der Harmonie, der Einigkeit. Ein kollaboratives

Miteinander dagegen bedeutet: Ich will mit dir, basierend auf unserer Zusammengehörigkeit und Freundschaft, etwas Gemeinsames erschaffen und erarbeiten. Wir interessieren uns füreinander und für unser beiderseitiges Wohl. Wir tun, was getan werden muss – auch wenn es schwierig und mitunter mühsam ist. Wir sprechen an, was angesprochen werden muss, auch wenn wir nicht gleicher Meinung sind und Angst haben, nicht bestätigt zu werden, oder uns mit einer schmerzhaften Wahrheit konfrontiert sehen. Wir verfolgen gemeinsam ein Ziel und handeln nach unserem Besten.[27]

Um einen Dialog zu führen, braucht es den Willen der Beteiligten, sich »leer« zu machen, ein Sich-Entledigen von Erwartungen, Zielen, Vorstellungen, Vorurteilen und »Besserwissen«. Dann können zwei Menschen einander gleichwürdig begegnen.

Es müssen beide bereit sein, ein Du neben einem Ich stehen zu lassen, ohne es zu bewerten, sondern um etwas zu lernen, etwas Neues zu entdecken – an mir selbst und an meinem Gegenüber. Ich muss bereit sein, meinen vorgefertigten Weg während eines Dialoges zu verlassen. Sonst ist es kein Dialog. Sonst ist es nur reden, ohne etwas zu sagen. Und dieser Prozess braucht eines ganz dringend: Entschleunigung, Pause, Atem holen – damit wir uns immer wieder selbst regulieren, beobachten können, uns selbst reden hören, unsere Reaktivität im Zaum halten können. Nimm dir also genügend Zeit.

Diese Konflikte sehen wir als Einladung, sich aneinander zu ent-wickeln und sich seinen inneren Dilemmata zu stellen: Mich drängt es hin zu einem Ort, über den ich weiß, dass du ihn fürchtest. Dieses Dilemma zu lösen, dieses innere Ringen und Abwägen ist Teil des Differenzierungsprozesses und ein normaler und gesunder Teil jeder Beziehung.

Erinnern wir uns noch mal an Astrid und ihren Wunsch, sich ihren Eltern zu zeigen als die, die sie ist, an ihren Wunsch, sich zu outen. Der Druck auf Astrid wird auch seitens ihrer Lebensgefährtin immer größer – Tanja wünscht sich ein Kind, will mit Astrid eine Familie gründen.

Leben bedeutet beständiges Lernen und das Sammeln von neuen Erfahrungen. Danach sehnt sich der Mensch und strebt danach. Routine bedeutet zwar Sicherheit – aber auch Langeweile und Eintönigkeit. Neue Erfahrungen lassen dich wachsen, größer und weiter werden. Du sammelst deinen Erfahrungsschatz, der nicht verloren geht, wenn du den nächsten Schritt gehst. Ganz im Gegenteil: Dein innerer Reichtum wird immer mehr – auch wenn es sich dabei um Fehler handelt, aus denen du lernen kannst. **Um über dich selbst hinauswachsen zu können, musst du einen eigenen Kreis, ein Selbst haben.**

Astrids Lebensgefährtin Tanja hat ein klares Bild von sich selbst und ihrer Vision, Mutter zu werden. Sie ist gut in ihrem eigenen Kreis verankert. Diesen möchte sie jetzt – so wie ihren Paarraum – vergrößern. Sie ist sich selbst gegenüber die Verpflichtung eingegangen, sich in ihrem Sehnen ernst zu nehmen und sich, ihren Kreis, zu bejahen und zu zeigen. So hat sie es bei ihren Eltern gesehen – so haben sich ihre Eltern auf sie bezogen. Tanja wurde ermutigt, ihre Wünsche und Sehnsüchte zu äußern. Sie hat erlebt, wie ihre Eltern ihren Kreis, ihre Wünsche und sie selbst ernst nehmen, sich Gedanken darüber machten und sie hat darauf vertraut, dass ihre Eltern zum Wohle der Gemeinschaft und zu ihrem Wohle entscheiden. Tanja hat sich ihren Eltern zugemutet und auch gelernt, mit einem Nein umzugehen. Für die Verarbeitung von Enttäuschung gab es einen liebevollen Raum. Je älter und unabhängiger sie wurde, konfrontierte sie auch ihre Eltern mit Entscheidungen, mit denen sie die elterlichen Erwartungen nicht erfüllte. Ihr erstes Weihnachtsfest ohne ihre Tochter mutete Tanja ihren Eltern bereits im Alter von 16 Jahren zu, als sie ihre Eltern darüber informierte, das Fest mit der Familie ihrer damaligen Freundin in deren Feriendomizil zu verbringen, obwohl sie wusste, dass ihre Eltern das gemeinsame Feiern über alles liebten. Nach der ersten offensichtlichen Irritation, nach der Überraschung, nach dem Nachfragen des Warums und nach einer eingeräumten Bedenkzeit konnten ihre Eltern dem Wunsch zustimmen und für sich selbst eine neue Lösung finden. Einmal mehr erlebte sie, dass ihre Eltern sie nicht brauchen – sondern lieben.

Mit diesen stärkenden Erfahrungen im Hintergrund steigt Tanja aus der bestehenden Beziehungsumlaufbahn mit Astrid aus: Sie begibt sich in einen noch unbekannten Möglichkeitsraum, in den sie Astrid mit Wohlwollen und ausgestreckter Hand einlädt – zu einem Kind, einem neuen gemeinsamen Abenteuer. Dabei geht sie das Risiko ein, dass Astrid a) nicht sofort begeistert zustimmt, b) es nicht sofort eine Lösung gibt, c) Astrid ablehnt und sich somit neue Beziehungs- und Integritätsfragen stellen. Der Konflikt ist auf dem Tisch. Tanja hat ihre Komfortzone verlassen. Tanja erinnert damit Astrid an ihre eigenen Grenzen und Begrenzungen und lädt sie ein herauszufinden, wer sie in Bezug auf diese Einladung ist – und ob sie ihr entgegenwachsen will, ohne sich selbst zu verraten. Zwei Kreise bereiten sich auf etwas Neues vor. Die Wachstumsphase hat begonnen.

Tanja und Astrid befinden sich nun in einer Krise: Das Alte ist vorbei – das Neue ist noch nicht geboren. Beiden fällt es schwer aufzugeben, was ihnen vertraut ist, ohne genau zu wissen, was stattdessen kommt. Aber Tanja spürt, dass genau das im Sinne des Wachstums notwendig ist.

Eine Krise, diese Unsicherheit, ist ein Zustand, den unser Gehirn gar nicht mag, denn es ist träge und verabscheut anstrengende Veränderungen. Unser Gehirn liebt die Sicherheit. Und Wachstum. Aber bitte ohne Veränderung! Das geht leider nicht. Wir müssen uns nur immer wieder daran erinnern, dass die Autonomie und das Wollen des anderen keine Bedrohung für die Familie und Partnerschaft darstellen!

Familienmitglieder und emotional wichtige Menschen sind füreinander da, um einander in diese Konflikte, in dieses Wachstum hineinzutreiben. So funktioniert das Leben. Tanja und Astrid sind Expertinnen für ihre jeweilige Kultur, für das, was sie beide jeweils mitbringen. Und gemeinsam können sie etwas Neues, etwas Drittes, entstehen lassen, was es vorher noch nicht gab: eine gemeinsame Wohnung, Kinder … und vieles mehr. Das sind alles keine Kompromisse, in denen eine/r verliert, weil sie/er etwas aufgeben muss. Verliert nämliche eine/r in einer Paarbeziehung, verlieren beide. Wovon wir hier sprechen, ist Entwicklung. Das, was wir hinter uns lassen, bleibt.

Kommen wir zurück zu Tanja und Astrid. Die beiden haben sich zum jeweiligen Fortschritt verpflichtet. Wie der Name schon sagt, schafft ein Schritt fort, ein nächster unverhandelbarer Entwicklungsschritt, eine einladende sowie angst- und spannungsgeladene Distanz. Tanja und Astrid werden Dinge tun müssen, die sie noch nie zuvor – weder einzeln noch zusammen – getan haben. Ob es darum geht, darüber zu sprechen, wann der richtige Zeitpunkt ist, ein Kind zu bekommen, oder Kontakt zu einer Kinderwunschklinik aufzunehmen, die die beiden auf ihrem Weg begleiten wird. Und sie werden mit den Fragen der Menschen in ihrem Umfeld dazu umgehen müssen.

Astrids Herausforderung

Durch die Entscheidung Tanjas, eine eigene Familie gründen zu wollen, steigt der Druck auf Astrid auf allen Linien. Sie ist einerseits gefragt, ihrer Partnerin gegenüber Position zu beziehen und eine Entscheidung bezüglich einer gemeinsamen Elternschaft zu treffen. Das fällt ihr nach einigem Überlegen leicht – sie findet sehr schnell in sich ein Ja zu einem Kind, zu einer Familie und dem dazugehörigen Prozess als homosexuelles Paar. Was ihr aber wirklich Kopfzerbrechen macht, ist ihre Familie: Sie weiß, dass das Versteckspielen, Verkleiden und Verstellen ein Ende haben muss. Sie wird bald selbst Mutter und möchte aufrichtig und sichtbar diese Rolle annehmen.

Astrid weiß auch, dass ihre Eltern ihr nicht kollaborativ die Hand reichen werden. Sie weiß, dass sie von ihren Eltern keinen »Daumen hoch« für ihr Leben und ihre Entscheidungen bekommen wird. Astrid muss diesen »Daumen hoch« in sich selbst finden und aufrichtig zu sich stehen. Sie wird dem Gegenwind ihrer gesamten Familie standhalten müssen. Sie wird ihre Mutter »vor den Kopf stoßen«, weil ihre Mutter bestimmt keine »Lesbe« als

Nachfolgerin in ihrem Geschäft haben will. Ob Astrid das überhaupt will, steht für die Mutter nicht zur Debatte. Sie wird ihrem Vater Schande als Bürgermeister machen und ihre Brüder – zumindest einer – wird auch nicht sehr erfreut sein, dass sich Astrid selbst aus der Rolle des »weißen Schafes«, der braven, angepassten Tochter, entlässt und sich erlaubt, bunt zu sein. Wird diese Rolle nun unbesetzt bleiben oder muss nun ein Bruder »brav« werden, das Geschäft übernehmen und das Aushängeschild und Vorzeigekind der Familie werden? Es ist spürbar: Der Druck steigt – Tanjas Entwicklung löst einen Dominoeffekt aus. Wie sich Astrid ihren Eltern stellt, liest du im Kapitel »Wahlfreiheit« (ab Seite 177).

Erfahrung: Integrität

Wie steht es um deine Integrität gegenüber deinen Eltern? Erforsche sie mithilfe der folgenden Fragen:

- ◇ Verbringst du Zeit mit deinen Eltern, obwohl du lieber etwas anderes tun würdest? Tust du das auch mit anderen Menschen? Wer sind diese Menschen und warum tust du das?
- ◇ Tust du dauerhaft Dinge in Bezug auf deine Eltern, die du nicht wirklich tun willst? Mach eine Liste.
- ◇ Gibt es Dinge, die du nur aus Angst tust, weil du denkst, sonst würdest du deine Eltern verärgern oder es würde deinen Wert in den Augen deiner Eltern mindern? Was tust du aus Angst? Was würdest du tun, wenn du keine Angst hättest?
- ◇ Gibt es Zeiten, in denen du deinen Eltern gegenüber immer wieder vorgibst, glücklicher oder interessierter zu sein, als du es wirklich bist? Warum tust du das? Was willst du damit erreichen oder vermeiden?
- ◇ Sagst du deinen Eltern jemals Dinge, von denen du weißt, dass sie nicht wahr sind, oder Dinge, die du nicht wirklich so meinst? Was sagst du?

Was wäre, wenn du dich ab heute deinen nahen, wichtigen Menschen gegenüber integer verhalten würdest? Was wäre, wenn *du* die Veränderung im System wärst, die du im oder vom System (oder von deinen Eltern oder von deiner Partnerin) haben willst?

Was wäre, wenn du den Raum zwischen Überraschung und Wut erforschen würdest und dort den Schmerz finden würdest? Den Schmerz darüber, dass du deinen Vater nicht erreichst?

Was wäre, wenn du dich ab heute nicht mehr von deinen Eltern in ihr Normal entführen lassen würdest und stattdessen dir selbst gegenüber loyal bleibst? Integer bleibst?

Im nächsten Schritt bekommst du weiteres Rüstzeug, wie es dir gelingen kann, zu deinen Entscheidungen und zu deiner Gestaltungs- und Wertewahl zu stehen: Wie will ich sein? Schauen wir uns gemeinsam an, was dich aus der Bahn werfen könnte – damit du dich darauf vorbereiten kannst, auf deinem Weg zu bleiben.

Trigger, Trigger, Trigger – du bist erwachsen und kannst wählen

Edith schreibt: *Wenn mein Vater stets zu vereinbarten Terminen wie Essengehen oder Babysitten zu spät kommt, obwohl er weiß, dass ich das hasse, dann ordne ich das mittlerweile zwischen schlechtem Benehmen und Sadismus ein, zu dem ich als erwachsene Frau Stellung beziehen kann. Ich habe Möglichkeiten, mich darauf zu beziehen und etwas zu verändern. Zum Beispiel kann ich schon mit dem Essen anfangen oder mir andere Babysitter suchen. Ich kann auch den Kontakt minimieren oder sogar ganz beenden, wenn ich hier meine Toleranz nicht erhöhen kann, keine Handlungsalternativen für mich infrage kommen und Zuspätkommen und/oder sadistisches Verhalten für mich ein unverhandelbares No-Go sind.*

Wenn ich mich jetzt aber wieder als vierjähriges Mädchen fühle, das nach der Trennung der Eltern auf seinen Papa wartet, der versprochen hat, es abzuholen, weil es doch sein Wochenende ist, und nicht kommt, dann bin ich einfach nur handlungsunfähig, hilflos und ohnmächtig. Wenn ich diese beiden Situationen vermische, entsteht eine Unstimmigkeit in der Gegenwart, die jede Form von Kontakt verhindert.

Das Zuspätkommen des Vaters triggert Edith, löst eine emotionale Reaktion in ihr aus. Ein Trigger ist ein Signal, das dein autonomes Nervensystem (ANS; Seite 45) und deine Amygdala als Zeichen für Gefahr interpretieren und auf das dein Organismus unmittelbar reagiert.

Erkennt also dein ANS ein Gefahrensignal, fällst du unmittelbar die Leiter hinunter, mobilisierst dich, und dein Körper macht dich bereit, der Gefahr zu begegnen, sie zu bekämpfen, vor ihr zu flüchten oder sie durch Unterwerfung zu besänftigen. Deine

Emotionen wie Angst oder Wut ergreifen in diesem Augenblick von dir Besitz. Du bist Passagier deiner Körperbiochemie, deiner physiologischen Erfahrung, und glaubst, die Bedrohung wäre real – auch wenn sie nur *gefühlt* real ist. So gesehen ist ein Trigger ein Echo aus der Vergangenheit, die auch vorsprachlich sein kann, also ganz weit zurückliegt, oder ein emotionales Flashback.

Stell dir vor, du hörst im Radio ein Lied, das du immer mit deiner ersten großen Liebe gehört hast. Es »beamt« dich sozusagen in eine Zeit, die du als großartig erlebt hast. Du lächelst. So wie dir Musik *»ein Gefühl macht«*, löst aber auch dein Vater *ein Gefühl* in dir aus, wenn er dich zum siebten Mal anruft. Oder deine Schwiegermutter, die in der Wohnung war und »nachjustiert« hat: deine Handtücher gefaltet, dein Bett gemacht und Blumen auf den Tisch gestellt hat. Oder wenn dein/e Partner:in schon wieder nicht Bescheid gibt, dass er/sie später nach Hause kommt. Merkst du, was in deinem Körper passiert, wenn du dich auf diese Erzählungen einlässt?

An dieser Stelle erinnern wir dich: Deine Eltern, dein/e Partner:in oder deine Kinder sind jetzt keine Gefahr, der du hilflos ausgeliefert bist. Du kannst etwas tun – sobald du die Leiter wieder hochgekommen bist und dein erwachsenes Frontalhirn wieder auf »On« ist. Dein Rettungsanker in diesen Situationen lautet: *»Ich bin getriggert. Ich falle die Leiter hinunter. Ich bin in den Brunnen gefallen.«* Du darfst dir hier auch deinen eigenen Rettungsanker einfallen lassen. Das Wesentliche ist, *dass du weißt,* dass du in diesem Moment schon auf den Highway to Hell aufgefahren bist und ihn bis zum Ende durchfahren wirst. Doch wie gesagt: Du glaubst nur, dass *du* fährst. Nein, deine Gefühle fahren dich. Du hast keine Gefühle, sondern die Gefühle haben dich und du bist nur Beifahrer:in. So »ferngesteuert« betrachtest du dein gegenwärtiges Leben durch die Brille deiner vergangenen emotionalen Geschichte und glaubst, dass wahr ist, was du jetzt fühlst. Gibst du deinem ersten Impuls weiterhin diese Macht über dich, wirst du weiterhin so reagieren, wie du in der Vergangenheit reagiert hast. Alles würde so bleiben, wie es ist.

Sobald du erkennst, dass du auf dem Highway to Hell bist, hast du nur **eine** Aufgabe, wenn du aus dem Sog rauskommen willst: den Fahrersitz zu übernehmen, den Highway schnellstmöglich zu verlassen und mithilfe deiner Ressourcen (Anker, Playlist, Aktivitäten zur Regulierung des Nervensystems) in die gegenwärtige Situation und dein Erwachsenendasein zurückzukommen.

Das wird dich beschäftigen – weil du dich in diesem Moment im Recht findest, all das zu sagen und zu fühlen, was du fühlst: *»Ich bin außer mir, weil meine Schwiegermutter in meinem Haus war! Ich rufe jetzt meinen Mann an, beschwere mich, nehme ihn in die Pflicht! Und dann überlege ich mir, wie ich es ihr heimzahlen kann, der Schwiegermutter, der doofen!«*

Bedeutet das, deine Schwiegermutter kann tatsächlich kontrollieren, wie du dich fühlst und wer du bist, wie du dich verhältst? Willst du ihr diese Macht geben?

Darüber, was das mit dir macht, wenn sich deine Schwiegermutter so verhält, kannst du dich gern austauschen – **nachdem** du wieder Regie über deine Gefühle hast und nicht vorher. Danach kannst du erforschen, wie und warum du in diesen Zustand gekommen bist. Danach kannst du dir überlegen, was jetzt zu tun ist, was wirklich wichtig ist, worum es *tatsächlich* geht und welche neuen Entscheidungen du treffen kannst.

90 Sekunden Zeit für die Triggerreaktion

Damit sagen wir nicht: Werde deine Gefühle los oder fühle nicht, was du fühlst. Das würde bedeuten, innerlich mit viel Anstrengung gegen den biochemischen Prozess in deinem Körper anzukämpfen, um etwas zu ignorieren oder im Zaum zu halten. Das wäre Unsinn. Wir ermutigen dich stattdessen, zunächst tief durchzuatmen und dann Worte für deinen Ärger, deinen Schmerz, deine Ungeduld, deine Angst zu finden – anstatt sie auszuagieren. Gelassenheit bedeutet, die Fähigkeit zu haben, einverstanden zu sein mit dem, was du in der momentanen Situation in dir drinnen, in deinem Körper, wahrnimmst.

Es ist unmöglich, die Reaktion auf einen Trigger, eine Emotion, sofort nach der Bewusstwerdung zu stoppen. Trotzdem hast du immer noch Verantwortung für das, was du in diesem emotionalisierten Zustand tust. Ist unsere Biochemie einmal im Fluss, muss sie tun, was sie tun muss.

Du kannst die Spülung eines WCs auch nicht stoppen, hast du erst einmal auf »Spülen« gedrückt. Dann läufts! So wie der Spülvorgang am WC nach einer gewissen Zeit endet, findet auch dein Körper nach 90 Sekunden wieder in die Ruhe.[28] 90 Sekunden vom Auslösen der programmierten Reaktion bis zum völligen Auflösen der chemischen Komponente der Emotion in deinem Blut. Wenn du ihn lässt und ihn nicht durch deine Gedanken anheizt. Du hast die Wahl. Besonders in diesem Zustand gilt: Du musst herausfinden, ob deine (alte) gewählte Anpassungsreaktion in den Kontext passt oder nicht. Wichtig: Glaub nicht alles, was du denkst, und nimm den Finger von der Klospülung!

Es ist ein Entwicklungsprozess, in dem du immer schneller wieder runterfährst, irgendwann schon vor der Autobahnauffahrt umdrehst und schließlich gar nicht mehr ins Auto einsteigst.

Kommen wir noch mal zu Edith zurück. Edith explodiert nicht, wenn sie wütend ist oder getriggert, sondern »verschwindet«. Wenn Ediths Vater nicht pünktlich ist und dann eine lahme Entschuldigung vorbringt, fühlt sich Edith, als würde sie im Treibsand versinken, in einer zähflüssigen Masse untergehen, ertrinken, in sich hineinverschwinden. Zuallererst verabschiedet sich ihr Denken und wird geschluckt. Irgendwann ist Edith gefühlt nicht mehr da – obwohl sie da ist.

Gehörst du eher zu den Verschwinder:innen, wenn du getriggert wirst und dein Gehirn kollabiert, dann hilft dir vielleicht die Geschichte von den zwei Fröschen, die in einen Sahnetopf fielen. Den beiden Fröschen war schnell klar, dass sie ertrinken würden, denn schwimmen oder sich treiben lassen war in der dickflüssigen Masse unmöglich. Da sagte der eine: »Ich kann nicht mehr. Ich gebe auf. Warum soll ich mich noch anstrengen, wenn ich ohnehin sterben werde?« Er hörte auf, sich zu bewegen und ging unter. Der andere Frosch aber war wild entschlossen, bis zum letzten Atemzug zu kämpfen. So strampelte er Stunde um Stunde, ohne vorwärtszukommen. Von all dem Strampeln und Treten wurde aus der Sahne allmählich Butter. Der Frosch hatte nun festen Boden unter den Füßen und konnte sich mit einem Sprung aus dem Topf befreien.

Genau das hast du auch zu tun, wenn du merkst, dass du untergehst: nicht aufgeben, bis du wieder festen Boden unter den Füßen hast.

Du betrittst neue Wege – und die sind anstrengender zu begehen als der eingefahrene Highway To Hell oder das Untergehen und langsame Sterben. Du arbeitest daran, das bisher Normale zu stoppen, immer früher – bis dich der Trigger nicht mehr die Leiter hinunterwerfen kann.

Dann findet das Ringen *in dir* und nicht *zwischen euch* statt. *In dir, in deinem Kreis. Das ist der einzige Ort, über den du schließlich Kontrolle erlangen kannst.* Wer keine Kontrolle über sich selbst und seine Gefühle übernimmt, will die Kontrolle über das Außen, über die Anderen, übernehmen. So wie Astrids Mutter Astrid kontrollieren will. Das Außen und die Anderen aber lassen sich nur bis zu einem gewissen Grad kontrollieren und diese Kontrolle erfordert sehr viel Kraft. Darum ist es zielführender, die Kontrolle über sich selbst zu gewinnen.

Triggerverantwortung – in den Dialog gehen

Beziehungen sind keine Einbahnstraße – und wenn doch, darfst du dich fragen, wie oft du diese Straße noch fahren wirst. So wie du die Verantwortung über deine Reaktion auf einen Trigger hast, hat auch der- oder diejenige Verantwortung, der oder die auf den berühmten »Knopf« drückt: Verantwortung für sein oder ihr gutes Benehmen und Effektveranwortung.

Zu einer kollaborativen Beziehung auf Augenhöhe braucht es **zwei** Erwachsene, die Verantwortung übernehmen. So eine –

neue – Art von Beziehung ist jedoch nur dann möglich, wenn Eltern bereit sind, sich einerseits von ihrer Idealvorstellung ihres erwachsenen Kindes zu verabschieden und sich andererseits dem Prozess der Enttäuschung zu stellen: Ohne die elterliche Bereitschaft, Enttäuschungen zuzulassen, im besten Fall, weil sie ihre Kinder neu und ehrlicher sehen lernen wollen, geht es nicht.[29]

Sei du derjenige, der vorangeht und neu gestaltet – auch wenn das bedeutet, dass du erkennen musst, dass deine Eltern die Vorstellung von dir mehr lieben als dich.

10 Sekunden für 10 Minuten

»10 Sekunden für 10 Minuten« ist eine Regel aus der Notfallmedizin, die du in deiner Familie oder nur für dich aufstellen kannst: Besteht die Gefahr, dass Chaos eintritt oder dass die Situation eskaliert, wird die gesamte Familie zu einer kurzen Unterbrechung aller Tätigkeiten aufgefordert. In dieser Zeit können nun alle Informationen für die Familie zusammentragen werden, Ideen und Bedenken, damit das Zusammensein gut weitergehen kann. Eine Unterbrechung von 10 Sekunden, ein Durchatmen, ein »Sich neu sortieren«, kann über den Verlauf der nächsten 10 Minuten entscheidend sein.

Mentalog – schreib dich erwachsen

In den vorangegangenen Kapiteln hast du Gespräche gelesen, die erwachsene Söhne oder Töchter mit ihren Eltern geführt haben mit dem Ziel, sich aus ihrer kindlichen Rolle, ihrer Ohnmacht und gefühlten Hilflosigkeit heraus zu entwickeln. Der Verlauf dieser Gespräche hatte zumindest für einen der beiden Beteiligten einen bitteren Nachgeschmack. Erwachsene Söhne und Töchter sind unbefriedigt oder enttäuscht, Eltern beleidigt zurückgeblieben. Der erste Schritt in die Veränderung war, die Gespräche so niederzuschreiben, wie sie real stattgefunden haben.

Schreiben hilft

Der Effekt des Schreibens auf unsere Psyche wurde bereits sehr umfassend erforscht. Zum Beispiel werden beim von James W. Pennebaker entwickelten »expressiven Schreiben« während eines viertägigen Schreibprojektes täglich für mindestens zehn Minuten Gedanken und Gefühle zu einer Krise oder einem Trauma schriftlich dargelegt. Das Schreiben, die Aufmerksamkeit auf eine bestimmte Sache gerichtet, führt nachweislich zu kurzfristigen und langfristigen Verbesserungen der Stimmung.

Um diese Gespräche voranzutreiben, wollen wir dir das Arbeiten mit dem »Mentalog« vorstellen. Mentaloge sind geschriebene innere Gespräche, in denen du deinen Eltern, deinem

Partner oder deinen Geschwistern in deinem geistigen Universum begegnest und deine Position, dein Skript, deinen Zustand änderst – und dich so immer wieder in den regulierten Menschen wandeln kannst, der du nicht nur deinen Eltern gegenüber sein willst. Bist du mental fit genug, kann die Zeit kommen, auch im realen Leben mit deinen Eltern längst überfällige Gespräche zu führen oder sie mit einer neuen Reaktion deinerseits auf ihren alten Trigger zu überraschen. Und sei es nur mit dem Wort »Nein«.

Der US-amerikanische Paar- und Sexualtherapeut David Schnarch hat die Theory of Mind, das Mentalisieren, in seine Arbeit mit Einzelpersonen und in seine Paararbeit einfließen lassen und ihnen damit einen zentralen neuen »Drive« gegeben. Er nannte die Theory of Mind in seiner Literatur bildhaft »Mindmapping«.[30] Du hast darüber schon im Kapitel »Vom Autopiloten zur absichtsvollen Gestalterin« (ab Seite 70) erste Infos bekommen, die wir nun vertiefen wollen.

Mentalisieren: Was ist das?

Mentalisieren bedeutet, mentale (geistige) Zustände in sich selbst und anderen wahrzunehmen, sich in die emotionale, geistige Welt des anderen hineinzuversetzen. Mentalisieren ermöglicht mir einen Zugang zu mir selbst (Wie ticke ich?) und zu anderen (Was haben die anderen im Sinn?). Durch das Mentalisieren kann man lernen, emotionale Erregungszustände gestaltend abzuwandeln und als realitätsgemäß zu empfinden.

Mindmapping beschreibt die Fähigkeit des Gehirns, dir eine geistige Landkarte deines Gegenübers zu erstellen, in ihr oder ihm »zu lesen wie in einem offenen Buch« – zuallererst im Sinne des Überlebens: Ist mein Gegenüber sicher oder ist es besser, die

Straßenseite zu wechseln? Wir scannen andere Menschen auch dahingehend ab, um Beziehungen zu gestalten, um Positionen zu festigen, um Beziehungen für unser »faules« Gehirn berechenbar zu machen. Wir nutzen für die Entelterung das Mindmapping und diese Berechenbarkeit, um sie erstens aufzudecken, zweitens darauf zu reagieren und so neue Wege einzuschlagen.

Du kannst deinen Geist aber auch bewusst vor anderen verschließen und verbergen. Das tust du, wenn du lügst oder etwas nicht ansprichst. Du pflanzt sozusagen ein anderes Bild von dir in dein Gegenüber hinein, präsentierst dich anders, besser, als du bist. So zeichnet Kordula in den Geist ihrer Eltern das Bild einer Tochter, die eine erfolgreiche Studentin ist: Sie erzählt über ihr Leben und ihre Fortschritte an der Uni – die sie tatsächlich nie betreten hat. Stattdessen lebt Kordula sehr zufrieden und bescheiden in den Tag hinein und jobbt mal hier und mal da. Erst als die Einladungen zum Studienabschluss schon gedruckt sind, rückt sie ihren Eltern gegenüber mit der Wahrheit raus.

Wir laden dich ein, Hypothesen zu bilden: Warum macht sie das? Wofür macht sie das? Was glaubst du, weiß sie über ihre Eltern und deren Erwartungen an sie? Wie viel Wahrheit hat in ihrer Familie Platz? Wie geht die Geschichte weiter? – All das ist Theory of Mind, das Mindmapping: ein bildhaftes Erfassen von mentalen Prozessen und Absichten.

So wie du also deine Eltern oder Geschwister »in- und auswendig« kennst und sie »gemappt« hast, so berechenbar bist du auch für sie. Ihre Vorstellung von dir wirst du mithilfe deiner Mentaloge verändern.

Wir werden das Mindmapping dafür nutzen, um dich selbst und auch deine Eltern als Verweigerer des Effektbewusstseins (also des Wissens darüber, dass wir einen Effekt auf andere haben) zu entlarven und um dich auf dem Weg zum absichtbewussten Menschen zu unterstützen. *»Ich mache, was ich mache, obwohl ich sehe, welchen Effekt es auf dich hat.«* Diese Einstellung hat ein Ablaufdatum ebenso wie: *»Ich mache, was ich mache, weil ich sehe, welchen Effekt es auf dich hat.«* Wenn ich sehe, dass das, was ich gerade mache, schädliche Auswirkungen auf mein Gegenüber hat, muss ich damit aufhören. Wir sprechen hier nicht davon, dass wir Menschen, die wir lieben, auch enttäuschen müssen und ihnen unsere Wahrheit zumuten müssen. Wir sprechen davon, dass wir einander wehtun oder etwas vorenthalten – und es wissen. Und es trotzdem tun. Und davonkommen. Denk mithilfe der folgenden Reflexionsfragen darüber nach:

◇ Woran merkst du, ob dich deine Eltern mögen oder nicht?

◇ Wie denken deine Eltern über dich?

◇ Was sind ihre Erwartungen an dich?

◇ Welches (falsche?) Bild von dir pflanzt du in den Geist deiner Eltern?

◇ Was weißt du über dich selbst in Bezug auf ihre Erwartungen?

◇ Was passiert, wenn du davon ausgehst, dass deine Eltern dich so sehen können, wie du dir selbst gegenüber blind bist?

◇ Was denkst du dir bei dem, was du tust?

◇ Was sind die Auswirkung dessen, was du deinen Eltern gegenüber tust oder unterlässt?

◇ Wie denkst du über deine Eltern? Wissen deine Eltern, wie du tickst? Wenn ja, woran kannst du das festmachen?

◇ Woher weißt du, dass du in deiner Beziehung mit dem davonkommst, was du tust?

◇ Was hältst du in deinen Beziehungen zurück, obwohl du weißt, dass dein Gegenüber es gern hätte? Wo bist du »faul« – und wo kommst du mit dem geringen Aufwand davon?

◇ Ist das, was du tust, dein Bestes? Wenn nicht, wie erklärst du dir, dass es deinem Partner genügt?

Bevor du loslegst – eine Bedienungsanleitung

Was aber tun, wenn sich Eltern nicht bewegen wollen? Wenn sie nicht bereit oder fähig sind, sich zu verändern und an verletzenden Beurteilungen oder Gewohnheiten festhalten? Wenn das so ist, dann kannst du immer noch *deine* Haltung ihnen gegenüber ändern und ihnen in der Haltung einer »robusten Verletzbarkeit«[31] begegnen und so aus eingefahrenen Verhaltensmustern aussteigen. Du beendest so den Teufelskreis, auf Verletzungen deiner Eltern mit weiteren Verletzungen zu reagieren, und kannst ihnen stattdessen innere Stärke und Souveränität entgegensetzen sowie deine Grenzen verdeutlichen.

Bevor du deinen Eltern in deinen eigenen Mentalogen neu begegnest und bevor wir dir zeigen, wie sich die Protagonist:innen aus den obigen Gesprächen entwickeln, gibt es noch ein paar Hinweise von uns.

Mit jeder deiner Handlungen triffst du eine Wahl, der Mensch zu werden, der du werden möchtest. Wir laden dich an dieser Stelle ein, dir die erwachsene Tochter oder den erwachsenen Sohn vorzustellen, die/der du sein willst, zu der/dem du dich entwickeln willst. Stell dir für diese Vision ein Wertebüfett zusammen, das dir während der Mentalog-Arbeit immer wieder Orientierung geben kann. Wie beispielsweise würde jetzt eine *würdevolle* Frau handeln? Hier kommt eine Liste, die du gern ergänzen kannst: *ehrlich, aufrichtig, mutig, souverän, authentisch, integer, friedvoll, zugewandt, offen, würdig …*

Nicht jeder findet gut, was du tust: Wenn du beginnst, in deinem Leben Regie zu führen – *für dich* und *nicht gegen deine Eltern* –, kannst du mit folgenden Reaktionen deiner Eltern rechnen und dich darauf vorbereiten:

- ◇ Du liegst falsch, das ist Unsinn, es ist schlecht, was du tust.
- ◇ Verändere dich zurück, werde wieder so, wie du warst.
- ◇ Wenn du das nicht tust, dann wirst du schon sehen, welche Konsequenzen es hat.

Dein gesamtes Umfeld kann sich sehr kritisch und vorwurfsvoll deinem nächsten Entwicklungsschritt gegenüber äußern, weil du das über Jahrzehnte eingespielte Gleichgewicht innerhalb der Familie durcheinanderbringst: *»Wie kannst du mit deinen Eltern nur so hart ins Gericht gehen? Sie wussten es doch nicht besser.« »Sie hatten doch auch ein so schweres Leben. Eltern wollen doch nur das Beste für ihre Kinder.«*

Sie haben es nicht besser gewusst, aber sicher haben sie alles nur aus Liebe getan. Wie kannst du nur so undankbar sein!«

All diese Aussagen enthalten die Botschaft (oder den Befehl?): *»Lass es, wie es ist!«* Sie untergraben deinen Willen, dein eigenes Leiden und deine Verstrickung aufzulösen, bremsen dich dabei, Verantwortung für dich zu übernehmen. Außerdem betonieren sie dich in einer Hoffnungslosigkeit ein: *»Beweg dich bitte nicht – es ist, wie es ist. Nimm es hin, Mädchen!«*

Spüre deine blinden Flecken auf: Kennst du das aus deiner Schulzeit? Du hast gerade eine Deutscharbeit geschrieben, hast dir alles dreimal durchgelesen – und gibst zuversichtlich ab. Zurück bekommst du einen Haufen roter Kommentare, Striche und Wellenlinien, die dazu dienen, dich weiterzuentwickeln. Auch wenn du dir deine Mentaloge und neuen Antworten dreimal durchliest – ein Außenstehender wird etwas sehen, was du nicht wahrnehmen kannst. Suche dir Unterstützung von jemandem, zu dem du Vertrauen hast. Lass deine Mentaloge gegenlesen. Ein/e Coach:in, Therapeut:in oder ein/e gute/r Freund:in kann dir helfen, folgende Ziele zu erreichen:

◇ die Aufmerksamkeit für eigene und fremde mentale Zustände schärfen (Absichts- und Effektbewusstsein),

◇ erkennen, dass es neben deiner auch andere Perspektiven der Weltwahrnehmung gibt,

◇ die Regulation deiner Emotionen.

Es geht nicht um den perfekten Mentalog. Es geht darum, flexibel zu werden, Alternativen zu finden, zu erkennen, dass du vielleicht emotional und mobilisiert bist, obwohl du glaubst, noch ganz ruhig zu sein. Auch Astrid und die anderen, die du bereits kennengelernt hast, schreiben in den nächsten Kapiteln weitere Dialoge – und auch die sind nicht perfekt. **Diese Dialoge sind Schritte, an denen Entwicklung sichtbar wird, bei denen aber auch Fehler sichtbar werden.** Aber zu all dem braucht es Mut und den haben sie alle und den wünschen wir dir auch.

Freunde dich mit dem Worst-Case-Szenario an. Wenn du an Kontakt, ein Gespräch oder womöglich eine reale Begegnung mit deinen Eltern denkst, kann es zu einer traumatischen Mindmapping-Reaktion kommen, weil du ahnst, wie sie reagieren werden, welche »Geschütze« sie auffahren werden. Und da will unser Gehirn sicher **nicht** hin! Aber bedenke: Du beißt – vorerst – nicht in die Zitrone und wir schicken dich auch nicht zu deinen Eltern nach Hause. Du übst im mentalen Raum und erfährst dort, dass sich die Vorstellung zwar gefährlich anfühlen kann – aber doch nur eine Vorstellung ist und jetzt gerade nicht gefährlich ist. Außerdem bist du schon erwachsen, groß, patent und kompetent.

Was würde passieren, wenn …

- ◇ dich deine Eltern enterben?
- ◇ deine Eltern nicht mehr auf deine Kinder aufpassen?
- ◇ dein Vater zu schreien beginnt?
- ◇ deine Mutter zu weinen beginnt?
- ◇ ein Elternteil zum wiederholten Mal droht, sich das Leben zu nehmen?
- ◇ ein Elternteil aufsteht und beleidigt geht?

Orientiere dich bei diesen Vorstellungen immer wieder im realen Raum. Damit bringst du dich in die gefahrlose Gegenwart, ins Hier und Jetzt, zurück. Bediene dich dabei immer von den Ressourcen des Zustands oben auf der Leiter. Schau dich um in deiner Umgebung, benenne zum Beispiel laut alle roten Gegenstände im Raum. Frage dich zwischendurch, wie alt du jetzt bist, welches Jahr wir haben und wie spät es ist. Stelle dir die

Worst-Case-Fragen, wenn du bei jemandem bist, dem du vertraust, mit dem du dich sicher fühlst. Du besuchst *»nur«* die Eltern in deinem Kopf. Beende die Szene nicht nach der Androhung, sondern spiel sie rational und emotional weiter. Du hast die Kontrolle und kannst immer wieder aus der Vorstellung heraus und in sie hinein gehen: *Astrids Mutter beginnt zu weinen – und wenn Astrid es jetzt schafft, weiterhin zu denken und ihr Frontalhirn auf »On« zu halten, anstatt ihre Mutter zu trösten und klein beizugeben, dann kann sie sich die Szene weiter anschauen. Wie lange wird die Mutter weinen? Astrid schaut hin und sieht, dass ihre Mutter irgendwann aufhört und sich ihren Mann als Unterstützung holt. Und auch darauf kann sich Astrid einstellen.* Sich einstellen fühlt sich besser an als sich einfügen.

Entwickle Vertrauen in deinen Körper. »Let the body work!« ist ein Mantra der Grinberg-Körperarbeit. Wenn du während des Schreibens einen Bewegungsimpuls spürst, gib ihm nach. Für viele von uns ist das verpflichtende Stillsitzen und Ruhigsein schon retraumatisierend. Ich, Sandra, erinnere mich an meinen Kindergarten. Die Kinder, die mittags nicht in den Schlaf fanden und in ihren Bettchen liegen bleiben sollten, bekamen ein Klangholz auf die verschränkten Hände gelegt, das nicht hinunterfallen durfte. So wurden wir in die Immobilisierung gebracht. Die Schwestern, wie wir sie damals nannten, hatten Ruhe. Während ich das schreibe, komme ich mit einem tiefen, bewussten Seufzer wieder in der Gegenwart an – meine Art, mich zu regulieren. Mein Bewegungsimpuls ist, meine Schultern zu bewegen und meine Arme zu kreisen. Wir haben einen großen Gymnastikball, auf dem wir überschüssige Energien abfedern können. Schau, was du brauchst, um in den Fluss zu kommen.

Was tun bei schlechtem Gewissen? Wenn du ein schlechtes Gewissen hast, dann hat dir das vielleicht jemand durch Schuldzuschiebung gemacht. Wir erinnern dich: Du kannst es auch wieder zurückschieben.

Ein schlechtes Gewissen kann auch ein Zeichen dafür sein, dass du dein Normal verlässt und jetzt dein Richtig lebst. Da dein Richtig nicht unbedingt begrüßt werden wird, meldet sich dein schlechtes Gewissen auch aus der Angst heraus, deine Zugehörigkeit zu verlieren. Werden wir Menschen aus einer Gemeinschaft ausgeschlossen, meldet sich im Gehirn die Stelle, die auch für körperlichen Schmerz zuständig ist: Nicht dazuzugehören tut einfach weh! Das schlechte Gewissen will dich vor diesem Schmerz und vor dieser Angst schützen.

Mein erster Mentalog

Nun ist es Zeit für deinen ersten Mentalog. Fang mit kleinen Schritten an. Schreib deinen ersten Mentalog in dein Notizbuch. Schreib im ersten Schritt ein Gespräch auf, das du schon gefühlte tausendmal geführt hast. Ändere nur eine Kleinigkeit. Stell zum Beispiel eine Frage oder reguliere dich und stelle deine Frage noch einmal, wenn sie deine Eltern lieber unbeantwortet unter den Tisch fallen lassen wollen. Auch das wird sich riesengroß anfühlen. In einem weiteren Mentalog kannst du etwas ansprechen oder etwas erfragen, was dir schon lange unter den Nägeln brennt.

Aber Moment mal: Meine Eltern nerven mich – warum soll ich auch noch geistig mit ihnen Zeit verbringen?

Weil du dich ihnen gegenüber erwachsen verhalten möchtest. Weil du ihnen gegenüber *du* sein willst. Weil du dich neue Sätze sagen hören willst. Es ist deine Einladung, dich zu einem integren Menschen zu entwickeln: einem Menschen, der immer der gleiche ist – in allen Beziehungen.

Es geht nicht darum, von heute auf morgen als Punk bei deinen Eltern zu erscheinen. Es geht darum, dass du damit experimentierst und während des Schreibens erlebst, dass du die Wahl hast. Vielleicht ist **der erste mutige Schritt,** die Haare nicht mehr zusammenzubinden. Oder vielleicht ist der erste mutige Schritt, Nein zu sagen, wenn dir deine Mutter noch etwas auf den Teller gibt, obwohl du keinen Hunger mehr hast und abgelehnt hast. Viele Schritte werden so eine lange Reise.

Dein erster Mentalog ist einer, der …

- ◇ als echtes Gespräch in der Form stattgefunden hat oder
- ◇ so ablaufen könnte, wenn du etwas ansprechen würdest.

Der erste Mentalog ist eine Bestandsaufnahme. Geh dazu mental in die Situation hinein und rekonstruiere sie oder imaginiere sie so bildhaft wie möglich – wie sieht die Umgebung aus, welche Temperatur fühlst du, welche Geräuschkulisse findest du vor, wer ist alles dabei, wie ist dein Zustand?

Dein Mentalog könnte wie folgt aufgebaut sein:

◇ Beschreibung des Settings

◇ Ich (Beschreibung meines Zustands, Mimik): *meine Worte*

◇ Elternteil (Beschreibung des Zustands, Mimik): *Worte des Vaters oder der Mutter*

◇ Ich (Beschreibung meines Zustands, Mimik): *meine Worte*

◇ Elternteil (Beschreibung des Zustands, Mimik): *Worte des Vaters oder der Mutter*

Ein neuer Weg – verwandle dein Normal in eine Wahl

Lass uns ein Experiment wagen: Verschränke bitte deine Hände. Bei uns liegen automatisch die rechten Daumen über den linken. Vielleicht ist es bei dir genau umgekehrt. Verschränke nun deine Hände so, dass der gegenteilige Daumen oben liegt. Musstest du einen kurzen Augenblick innehalten und nachdenken, wie du das jetzt bewerkstelligen sollst? Wie fühlt sich das an? Komisch, ungewohnt, fremd … All das ist wahr – es fühlt sich anders an *und* du hast eine Alternative geschaffen. Ab jetzt hast du die Wahl, ob du mal so oder so deine Hände verschränken willst. Oder sogar noch eine weitere Art der Verschränkung dazu erfinden willst. Je nach Situation, je nach Bedarf. Genauso ist es mit deinen Reaktionen: *Du* entscheidest, ob du aus der Haltung eines 13-Jährigen oder eines 35-Jährigen mit deinen Eltern sprechen willst. Wir laden dich besonders ein, das gut und weise zu überdenken, wenn du Kinder hast, die dir dabei zusehen. Wir meinen, sie hätten lieber einen 35-jährigen Vater als eine 13-jährigen.[32]

Um dir zu zeigen, wie neue Wege aussehen können, starten wir mit einem Beispiel und beobachten gleich Roland und seinen Vater während eines Telefonats. Es ist bereits der fünfte Anruf des Vaters, Roland, will *eigentlich* nicht mehr mit seinem Vater sprechen, ist genervt (Augenrollen) und wütend. Links liest du den »alten« Roland – in der rechten Spalte bemüht sich Roland, die Fassung zu wahren, oben auf der Leiter und bei sich zu bleiben. Im Anschluss bieten wir dir ein kollaboratives Satzbüfett an, das du als Haltegriff an der Leiter für dein Weiterschreiben verwenden kannst.

I lose it – meine Gefühle beherrschen mich	**I own it – ich beherrsche meine Gefühle**
Vater: Was machst du denn gerade?	Was machst du denn gerade?
Roland: Papa, ich hab dir doch schon vorhin gesagt, dass ich heute nichts mache und nur fernsehen werde.	Roland spürt, wie »es« in ihm hochsteigt, wie er ungeduldig wird. Er atmet – und wartet.
Was schaust du dir denn an?	Warte, Papa, ich brauche kurz Zeit.
Das weiß ich noch nicht!	Wofür denn?
Im Ersten gibts heute den Bergdoktor. Was spielen sie denn im Kabel?	Warte, Papa, ich brauch kurz Zeit.
Das weiß ich doch nicht!	(…)
Kannst du mir kurz nachschauen? Weißt eh, ich bin da nicht so gut mit dem Technischen …	
(Seufzer – während Sohn den PC aufmacht und seinem Vater genervt das Fernsehprogramm vorliest) Warum fragst du denn nicht die Mama?	Ich will jetzt nicht mit dir reden. Ich will jetzt mit Beate fernsehen.

und so weiter

oder

Nach dem Telefonat wird Roland auf die Frage seiner Frau Beate, welche Serie sie sich jetzt anschauen werden, sehr ungehalten reagieren, sie anschnauzen, ob sie nicht einmal eine eigene Entscheidung treffen kann.

Ich habe mehr Verantwortung übernommen, als ich tragen kann. Darüber muss ich mit dir reden. Wir müssen die Regeln neu verhandeln. Ich komm morgen bei dir vorbei – wir müssen reden. Morgen.

Beate wird daraufhin Roland auflisten, wie viele Entscheidungen sie tagsüber für die Familie trifft und sich nur *einmal* wünscht, dass *er* was entscheidet. Das wäre doch nicht zu viel verlangt.

oder

Und so weiter und so fort am Highway to Hell

Ich bin gerade wirklich sauer, dass du mich schon wieder anrufst. Sauer und frustriert. Ich werde jetzt nicht weiter mit dir telefonieren, weil ich sonst Dinge sage, die ich bereuen werde. Ich gehe mich jetzt beruhigen und melde mich wieder. Ich werde heute nicht mehr abheben, solltest du noch mal anrufen.

Ein kollaboratives Satzbüfett

Die Aussage »Die Bedeutung der Botschaft liegt immer beim Empfänger« lässt unsere Mindmapping-Fähigkeit außer Acht. Wir gehen davon aus, dass wir mit dem, was wir sagen, etwas meinen, etwas transportieren wollen – wenn auch nur mit subtilen Untertiteln.

Achte im Gespräch auf Stimmigkeit: Passt das Gesagte zum Gemeinten? Nimm dir die Zeit, zu entschleunigen und deiner Mindmapping-Fähigkeit zu vertrauen.

Achte auch auf deine Absicht und auf die Absicht deines Gegenübers! Deine Mentaloge sind dein persönlicher Erfahrungsraum, um deine Wahrnehmung für die tatsächlichen Botschaften zu stärken.

Vertraue deiner mentalen Lesefähigkeit – auch wenn es oder *gerade* wenn es dir nicht gefällt, was du zu lesen bekommst. Verschließe nicht deinen Geist – sondern stell dich, geh mit der tatsächlichen Botschaft um.

Du kannst einen Satz auf unterschiedliche Weise sagen, es kommt darauf an, wie du ihn meinst: Welche Absicht, welche Haltung willst du transportieren? Bist du wohlwollend und kooperativ? Bist du zugewandt und offen? Und wenn dich dein Gegenüber nicht als wohlwollend und kooperativ wahrnimmt – was machst du dann?

Wir laden dich ein, die einzelnen Sätze wie Bonbons in den Mund zu nehmen, sie zu kosten und für dich passend zurechtzulutschen – oder wieder auszuspucken. Es ist eine Anregung, ein Büfett, zubereitet von uns, inspiriert von Jesper Juul, David Schnarch, Nicole LePera, Karin Kuschik und Kay Pollak, Reinhard K. Sprenger. Lass es dir schmecken!

Bei Uneinigkeit:

◇ *»Das, worüber wir gerade sprechen, ist uns beiden wichtig und wir sehen es unterschiedlich.«*

- *»Ich verstehe dich absolut und ich möchte gern was anderes.«*
- *»Ich bin nicht hier, um mit dir zu kämpfen.«*

Bei Wünschen oder Erwartungen:

- *»Danke, dass du mir das gesagt hast. Bitte gib mir einen Tag Zeit, damit ich darüber nachdenken kann, und dann werde ich dir antworten.«*
- *»Ich habe mich umentschieden.«*
- *»Es gibt bestimmte Situationen, denen ich mich nicht mehr aussetze. Das ist eine davon und deswegen werde ich nicht dabei sein.«* (Beobachte besonders bei diesem Satz, was in dir passiert. Kannst du Nein als eine Antwort stehen lassen und »groß« bleiben oder fällst du die Leiter hinunter und in ein Sicherheitsmuster?)
- *»Dafür will ich mir jetzt keine Zeit nehmen.«*
- *»Das möchte ich dir lieber nicht versprechen.«*
- *»Danke und Nein danke.«*
- *»Das ist mir zu viel.«*
- *»Das kann ich noch nicht.«*
- *»So weit bin ich noch nicht.«*
- *»Ich werde jetzt nicht entscheiden. Ich traue es mir im Augenblick nicht zu. Ich will erst noch in Ruhe darüber nachdenken.«*

Bei Kritik und Vorwürfen:

- *»Was versuchst du zu erreichen mit dem, was du tust?«*
- *»Möchtest du mir erklären, warum du tust, was du tust?«*

Acht goldene Worte:
Wenn du dich angegriffen oder kritisiert fühlst – atme tief ein und sag während des Ausatmens in aller Ruhe: *»An dem, was du sagst, ist etwas dran.«*

Nutze Kritik für dich:
»Danke.« Kritik ist eine Chance zu wachsen. Wenn jemand dir sagt, dass du falschliegst oder verkehrt bist, oder dich ändern will – versuche, dankbar zu sein, denn das gibt dir die Möglichkeit, zuzuhören und die Informationen für dich zu nutzen. Frag dich, ob dir die Kritik wehtut, und wenn ja, dann hältst du die Kritik in deinem Inneren auch für wahr. Diese Wahrheit lässt dich den Teil anschauen, der noch Aufmerksamkeit von dir braucht. Wenn dich Kritik nicht mehr verletzt, bist du frei und kannst nicht mehr manipuliert werden.

Wenn du deine Eltern getriggert hast:
- ◇ *»Tut mir leid. Ich sehe, dass ich dich verletzt habe. Lass mich darüber nachdenken, wie ich es anders sagen kann.«*
- ◇ *»Ich sehe, dass dich das, was ich gesagt habe, verletzt. Das tut mir leid. Lass es mich anders sagen.«*
- ◇ *»Ich bin voller Wohlwollen. Bitte check noch mal meine Absicht.«*

Wenn dich deine Eltern getriggert haben:
- ◇ *»So, wie du mit mir sprichst, fühle ich mich nicht wohl. Vielleicht kannst du das noch mal anders sagen?«*
- ◇ *»Würdest du das noch einmal sagen, nur diesmal weniger sarkastisch?«*
- ◇ *»Etwas ist gerade passiert. Ich wurde einfach getriggert. Ich muss mich darum kümmern und mich selbst beruhigen.«*

No-Gos oder wie du garantiert alles sprengst

Es gibt auch eine Reihe von Verhaltensweisen, mit denen du jedes Gespräch garantiert sprengen kannst. Wir wollen dich damit experimentieren lassen – weil sich Eskalation und Drama leider auch lustvoll anfühlen. Überlege, ob du mit einem Verhalten, das sich möglicherweise im Moment gut anfühlt, das Ergebnis bekommst, das du erreichen willst. Vielleicht musst du nämlich genau diese Verhaltensweisen aufgeben, um die Person zu sein, die du tatsächlich sein willst.

◇ Ironie: *»So blöd kann man aber nicht sein, oder?«*

◇ Befehlen, anordnen, bestimmen: *»Du isst das jetzt auf und Punkt!«*

◇ Sarkasmus: *»Möchtest du vielleicht heute mal meine Rolle einnehmen? Ich würde dir gern beim Scheitern zusehen!«*

◇ Drohen: *»Wenn du nicht aufhörst rumzujammern, werden wir nie wieder kommen!«*

◇ Moralisieren, predigen: *»Wärst du eine gute Mutter, hätten wir dieses Gespräch gar nicht. Du solltest dich freuen, dass wir so nett sind!«*

◇ Ratschläge erteilen, Lösungen vorgeben: *»Du musst an etwas anderes denken. Dann geht es dir gleich besser. Warum gehst du nicht einfach eine Runde spazieren?«*

◇ Vorträge halten, belehren, Fakten liefern: *»Du musst noch ein wenig mit uns durchhalten. Noch zwei Stunden, dann sind wir weg, meine liebe Mutti.«* (gewürzt mit Sarkasmus)

◇ Schmeicheln: *»Du bist die beste Mama der Welt!«*

◇ *Lächerlich machen: »Du benimmst dich wie ein Baby!«*

◇ Interpretieren, diagnostizieren, analysieren: *»Du willst mich nur vorführen! Ich glaube, du hast ein Problem mit deinem Partner, das du lösen musst!«*

- Trösten, Sympathie bekunden: *»Armer Schatz! Deine Tochter ist wirklich anstrengend, nicht wahr?«*
- Fragen, verhören: *»Wo warst du die ganze Zeit über???«*
- Ausweichen, Thema wechseln: *»Den Leberkäse muss ich auch noch holen aus dem Laden.«*
- Zynismus: *»**Danke**, dass du mir gestern geholfen hast!«* (Wenn dir nicht geholfen wurde.)

Der US-amerikanische Psychologe John Gottman beschreibt mit seinen vier apokalyptischen Reitern[33] Kommunikationsstile, die laut Forschung das Ende einer Beziehung vorhersagen können:

- Kritik/Vorwurf: Lenkt von den eigenen Fehlern ab und verhindert Verantwortungsübernahme für das eigene Tun, hält aber die Situation stabil, weil damit auch keine Überlegung möglich ist, was man selbst unter den gegebenen Umständen tun möchte.
- Rechtfertigung: Warum musst du dein Gegenüber überzeugen? Oft sind wir, wenn wir kritisiert werden, schon sehr emotional und in den Brunnen gefallen. Von dort aus wirkt jede Erklärung wie ein Angriff. Der Zustand hat Vorrang vor dem Inhalt!
- Mauern: Verbindung und Reparatur werden aktiv verhindert.
- Ich bleibe aktiv in der Opferhaltung und steige aus dem Gespräch aus.
- Kontakt- und Kommunikationsabbruch aus dem Nichts
- Ich sage nichts, aber was ich denke, ist grausam. Mein Schweigen hat »Untertitel« und ich habe die Macht über unseren Kontakt.
- Verachtung
- Respektlosigkeit
- Abschätzigkeit
- Verhöhnen

Mach die vorherige Erfahrung nun noch einmal. Wähle aus dem Büfett des schlechten Benehmens und beobachte, wie es sich während des Gesprächs anfühlt. Möglicherweise findest du das Gespräch lustig. Bitte beachte dabei: Lustig ist es nur, wenn wirklich alle lachen.

Bist du mit dem Ergebnis zufrieden?

»Wie schaust denn du schon wieder aus?«

»Und? Wie viel Kilo hast du? Ich habe nur …!«

»Was hast du denn für eine Haarfarbe?«

»Mager schaust du aus! Kocht dir deine Frau nichts?«

»Ihr seid schon wieder zu früh! Könnt ihr nicht pünktlich kommen?«

»Wie schaut es denn hier wieder aus?«

»Du hast aber schon ordentlich zugenommen!« (zur schwangeren Tochter)

Wir laden dich ein, dir gut zu überlegen, wo es sich lohnt zu kämpfen, wo es sinnvoll ist, zu investieren – oder wo eine Gestaltungsmöglichkeit darin liegt, den Worst-Case-Preis zu bezahlen.

»Mama wird traurig sein«: Erwartungen, Enttäuschung und Integrität

Was erwarten deine Eltern von dir? Wie wollen sie dich haben? Weißt du, was ihnen wichtig ist? Kannst du aufrichtig deinen eigenen Weg in Bezug auf ihre Erwartungen gehen?

Je mehr wir einander lieben, desto mehr wollen wir Ja zu den Menschen sagen, die uns wichtig sind und uns nahestehen. Damit wollen wir unsere Liebe sichtbar machen, geben alles für die Gemeinschaft, für die Erwartungen des anderen, seine oder ihre Träume und Wünsche. Das hat leider zur Folge, dass wir immer weniger Ja zu uns selbst, zu unseren Wünschen, Träumen und Sehnsüchten sagen und demzufolge weniger Nein zum anderen. So verstricken wir uns immer mehr ineinander, verlieren uns fast selbst und müssen uns deshalb wieder voneinander lösen – um wieder eine Beziehung zu haben, die aus zwei Menschen besteht, die sich selbst und einander ernst und wichtig nehmen. Damit das möglich ist, müssen wir Menschen, die uns wichtig sind, immer wieder enttäuschen. Das ist der Preis für unser Ja zu uns.

Der deutsche Philosoph und Jesuit Michael Bordt schreibt in seinem Buch »Die Kunst, seine Eltern zu enttäuschen«: *»(…) solange ich mich den Wünschen und Erwartungen der Eltern anpasse oder gegen sie rebelliere – beziehe ich meine Entscheidungen auf meine Eltern. Meine eigene Stimme habe ich dann noch nicht gefunden.«* [34]

Parallel dazu geht es auch darum, mit deiner eigenen Enttäuschung über deine Eltern umzugehen, die wiederum deine Erwartungen nicht automatisch erfüllen. Diese Enttäuschung verlangt von dir eine Differenzierung und die ist längst nicht mit der Pubertät abgeschlossen. Du musst mehr und mehr in dir realisieren, dass du von ihnen unabhängig bist, und die Beziehung mit ihnen so gestalten, dass sie für dich nährend ist. Genauso wie deine Eltern dich als der Mensch, der du bist, sehen sollen, musst du auch deine alten, überholten Bilder von ihnen loslassen und sie in ihrem tatsächlichen Selbst anerkennen.

Wo wohnt dein Nein? Wo wohnt dein Ja?

Lass dich kurz auf folgendes Experiment ein: Wir fragen dich jetzt, ob du uns 5,– Euro auf unser Paypalkonto überweisen würdest. Nimm dir Zeit. Denk nach. Was ist deine Antwort? »Ja«? Oder »Nein«? Hier ist jedenfalls der Link: https://www.paypal.com/donate/?hosted_button_id=HN3XS7H2T3XZ2.

Oder musst du noch fragen, wofür wir die 5,– Euro haben möchten? Würde das etwas an deiner Entscheidung ändern? Hilft dir das weiter? Warum ändert das deine Antwort?

Wie sieht es mit 50 Euro aus? Wir könnten auch 100 Euro von dir gut gebrauchen. Würdest du uns 100 Euro spenden? Denk nach! Frag nach! Und vor allem: Spüre nach – und dann entscheide.

Geld ist, ähnlich wie Erziehung, Sexualität und der Umgang mit den eigenen Eltern oder Schwiegereltern, eines der Themen, bei denen wir sehr schnell an unserem existenziellen Kern und an unseren Ängsten und Emotionen ankommen. Dort können die meisten von uns ihre »innere Stimme« noch gut hören und ihre Grenzen spüren. Jetzt weißt du, wie sich dein Nein anfühlt.

Was muss passieren, damit du deine Grenze weiten kannst und Ja sagst, ohne dich selbst zu verraten? Wo und wie genau spürst du deine Grenze in deinem Körper? Deine Schmerzgrenze bezüglich einer finanziellen Zuwendung für uns beide. Vielleicht ist das Ganze aber auch leichter, wenn nicht wir das Geld haben wollen, sondern jemand anderer, sagen wir deine Eltern oder die Opfer einer Naturkatastrophe. Was verändert das? Nimm dir Zeit, diese Antworten zu spüren. Wir beide mögen auch den Ort des Nichtwissens. Vielleicht hast du deinen gerade entdeckt.

Was du über Enttäuschungen wissen musst

Enttäuschungen, die Neins, die du bekommst, lösen einen emotionalen Prozess in deinem Körper aus. Achtung: Sollte sich ein Gedankenprozess dazugesellen, versuchst du möglicherweise gerade, Feuer mit Benzin zu löschen! Dramagefahr!

Wenn du erwartest, dass deine Eltern dies oder jenes tun sollen, dann musst du mit ihnen reden und sagen: »Das erwarte ich von euch.« Und deine Eltern können sagen: »Viel Glück!«, oder: »Machen wir aber nicht«, oder: »Das muss ich erst mit deiner Mutter abklären«, oder: »Ja, meine ich auch.« Leider läuft es in den seltensten Fällen so kurz und unspektakulär ab.

Denke an das letzte Mal, als du enttäuscht wurdest. Nimm gern auch etwas ganz Banales: Die schönen Schuhe gab es ausgerechnet in deiner Größe nicht mehr. Oder etwas (zwischenmenschlich) Bedeutsames: Dein Kind hat den Platz im Kindergarten eurer Wahl nicht bekommen; oder deine Eltern sind der Bitte, auf eure Kinder aufzupassen, nicht nachgekommen; oder dein Mann lehnt deine Einladung zum Sex ab.

Hoffentlich wirst du, wenn du ein Nein bekommst, nicht gleich aufgeben und um deinen Wunsch kämpfen. Dabei kommt das Mindmapping wieder ins Spiel: Je besser du dein Gegenüber kennst, umso besser wirst du ihn oder sie zu einem Ja bewegen können, weil du seine »Schwachstellen« kennst. Unsere Kinder konnten uns sehr gut ein schlechtes Gewissen machen, wenn sie etwas wollten. Sie wussten, dass unsere Achillesferse unser Schuldgefühl war, das sie in uns erzeugen konnten, wenn sie uns daran erinnerten, wie viel wir arbeiten würden und dass wir so wenig Zeit für sie hätten. Da war dann ein »Na gut, du darfst oder du bekommst …!«. Und wir waren beim Ja angekommen. Ebenso können uns unseren Eltern mit einem »Es könnte das letzte Mal sein, dass wir zusammen sind!« zu einem Ja überreden – oder sagen wir: manipulieren.

Bleibt dein Gegenüber allerdings beim Nein, folgt auf den Kampf die Frustration, die auch nach Wut schmeckt. Kleine Kinder verleihen ihrem Frust gern Ausdruck: »Blöde Mama!«, oder gehen beleidigt weg und wollen in Ruhe gelassen werden. Erwachsene reagieren an dieser Stelle gern mit Vorwürfen und geben dem anderen Schuld: »Immer lässt du mich alles allein machen!«

Wie gehst du mit deinem Frust um? Suchst du auch den Rückzug? Und: Wie schnell kommst du wieder aus dem Beleidigtsein raus?

Dann löst Trauer die Wut ab. Wenn du etwas nicht bekommen hast, musst du dich innerlich von deinem Wunsch, von einem inneren Bild, einer Vorstellung verabschieden: Von dem Abend in den wunderschönen Schuhen (die in deiner Vorstellung immer noch schöner werden), vom Kindergartenplatz, vom kinderfreien Abend, vom Sex mit deinem Mann. Wir ermutigen dich, dir diesen Raum zu gönnen und dich von Menschen, die dich jetzt vorschnell aufheitern möchten oder dich zu schnell trösten wollen, gut abzugrenzen: *»Ich brauch jetzt noch ein wenig Zeit für mich – ich komme wieder, wenn ich da durch bin!«* Du kannst schauen, ob das für dich so passt oder ob und wann du lieber Zuwendung hättest.

Erst danach kehrt wieder Ruhe ein und das Leben geht weiter. Wenn du deine Eltern enttäuschst, ihre Erwartung, das Bild, das sie von dir haben, nicht erfüllst, musst du ebenfalls damit rechnen, dass sie in einen emotionalen Prozess kommen. Bereits der Gedanke daran kann bei dir möglicherweise antizipatorisches traumatisches Mindmapping auslösen: eine wütende Mutter, ein Vater, der in sich zusammenbricht. Und du ahnst jetzt: Vielleicht ist es ihre Art, um ihren Wunsch zu kämpfen. Es ist ihr Kampf in ihnen. Deine Aufgabe ist es, dich zu sammeln, dich zu beruhigen und den Prozess zugewandt bei deinen Eltern zu lassen. Das ist Differenzierung: Woran du wirklich arbeitest, ist Autonomie im Kontext einer Beziehung mit jemand anderem.

Reflexion

Fällt es dir schwer oder leicht, zu deinem Nein zu stehen und jemanden zu frustrieren? Machst du einen Unterschied zwischen »deinen« Menschen? Ist es leichter oder schwieriger, zu deinen

Kindern, deiner Partner:in, der Mutter oder dem Vater Nein zu sagen? Wie erklärst du dir das?

Wie reagieren deine Eltern, wenn du Erwartungen nicht erfüllst? Wie reagierst du, wenn deine Erwartungen nicht erfüllt werden? Was würde passieren, wenn du deine Wünsche aussprechen würdest? Welche unausgesprochenen Erwartungen oder Hoffnungen hast du? Was erwartest du ganz selbstverständlich von deinem/deiner Partner:in? Von deinen Kindern? Von deinen Eltern?

Erfahrung:
Beantworte die vier folgenden Fragen:

1. Wo fällt es mir schwer, Nein zu sagen?
2. Welche Geschichte erzähle ich mir, warum ich nicht Nein sage?
3. Ist diese Geschichte wahr?
4. Welche Auswirkungen hat es auf mich, wenn ich nicht Nein sage?

Es hat Konsequenzen, Nein zu sagen. Du könntest Freunde und Beziehungen verlieren, aber es hat noch größere Konsequenzen, wenn du dich selbst unterdrückst. Dann verlierst du dich!

Wahlfreiheit

Astrid: Wenn ich so bin, wie ich wirklich bin, und das tue, was mir wirklich guttut und was ich brauche – nein, ich muss es noch gar nicht tun, ich muss es nur denken und mir vorstellen und sagen –, dann komme ich mir meinen Eltern gegenüber wie eine Verräterin vor. Ich bekomme fürchterliche Angst. Was ist das Schlimmste, was passieren kann? Meine Mutter wird so unendlich traurig sein. Ich weiß, dass ich ihr Ein und Alles bin, ihr Sonnenschein, ihr ganzes Glück, ihre ganze Hoffnung.

Dein jetziges Leben als Erwachsene/r ist die Summe deiner bisher getroffenen Entscheidungen. Als erwachsener Mann, als erwachsene Frau hast du Wahlfreiheit und musst dich auf die Folgen deiner Entscheidungen einlassen. Du musst abwägen und »Preise« vergleichen. Preise, die du bezahlst, wenn du dich für das eine entscheidest und damit das andere abwählst. Du kannst nicht beides haben.

Und Astrid wählt. Sie wählt Risiko vor Sicherheit und Gleichklang. Sie ist bereit, mit allen Reaktionen ihrer Eltern zu leben. Sie will sich ihren Eltern stellen, bereitet sich auf das Gespräch vor, indem sie die vergangene Situation noch einmal so detailgetreu visualisiert und Bild für Bild durchgeht: *Wie war es, als die Eltern den Flur betreten haben? Wer ist zuerst reingegangen? Was hatten sie an? Was hatte ich an? War es hell oder dunkel? Wonach hat es gerochen? Hat es überhaupt nach etwas gerochen? Gab es noch andere Geräusche als die Stimmen der Eltern? Wo war Tanja? Wie hat Mutter »dreingeschaut«? Was war in ihrem Blick zu lesen? Was konnte ich in Vater lesen? Wie hat er geschaut? Wohin hat er geschaut? Und was, wenn ich mir die Szene aus einer gedachten Kameraposition anschaue? Wie hab ich geschaut? Was konnten meine Eltern in mir lesen? Welche Haltung habe ich eingenommen? Wie habe ich wodurch dazu beigetragen, dass sich meine Eltern so verhalten können?*

Anhand ihrer Analyse trifft Astrid eine Entscheidung: Sie wird erstens die Eltern nicht mehr bei sich zu Hause treffen. Sie fühlt sich an einem neutralen Ort wohler: in einem Café oder bei einem Spaziergang. Beide Varianten kann Astrid sich vorstellen. Sie stellt sich ihre Eltern vor – ihr gegenübersitzend – und bemerkt sofort ihren erhöhten Herzschlag. Sie ruft in sich ab, was sie gelernt hat: Sie erinnert sich an ihren guten Zustand, schließt die Augen und sieht sich selbst am Meer sitzen (ventraler Anker). Astrid weiß, es geht nur um einen Satz, den sie rausbringen muss. Sie überlegt, was sie anziehen wird, welche Hose, welche Schuhe, welche Tasche sie nehmen wird – alles Sicherheit gebende Maßnahmen. Sie will sich wohl- und sicher fühlen. Sie wiederholt ihre schon gelernten Mantras:

Ist in diesem Moment, an diesem Ort, mit dieser Person oder diesen Personen diese Reaktionsstufe notwendig?[35]

Was ist jetzt das Richtige zu tun?

Was ist jetzt wirklich wichtig?

Astrid ist es leid, ihre Eltern zu schonen, sie zu entmündigen und sich selbst kleiner zu machen, als sie ist. Sie will sich selbst und ihre Eltern ernst nehmen. Was sie in sich wahrnimmt, ist die gesunde Form der Aggression, die mobilisierende Energie ihres sympathischen Nervensystems, die sie ins Handeln bringt.

Mentalog: Astrids erster Versuch einer Neugestaltung

Setting: In einem Café

Astrid: Mama, Papa, ich will euch etwas sagen.

Mama: Na, das klingt aber ernst! Muss ich mir Sorgen machen?

Astrid: Das weiß ich nicht, Mama. Was ich aber weiß, ist, dass ich mich nicht mehr länger vor euch verstecken will. Ich liebe eine Frau. Wir leben schon seit zwei Jahren zusammen. Sie heißt Tanja und wir wollen eine Familie gründen.

Papa: Das kannst du deiner Mutter nicht antun!

Mama: Und das hast du uns jetzt die ganze Zeit verheimlicht? Schäm dich!

Astrid: Ja und nein.

Mama: Was soll nun werden? Das Geschäft! Die Leute!

Papa: Ich bin fassungslos! Bedienung! Ein Bier!

Astrid: Es geht um mich und um meine Zukunft – und um euch als zukünftige Großeltern.

Papa: Das ist ekelhaft. Wo bleibt mein Bier? Bitte auch Schnaps dazu!

Mama (weint ein wenig): Ich kann jetzt gar nichts sagen. Das kommt so plötzlich. Ich kann mir das gar nicht vorstellen. Wie soll das gehen?

Papa: Siehst du, was du mit deiner Mutter machst! Ich glaub, das besprechen wir ein andermal noch. Jetzt trinken wir erst mal was auf diesen Schrecken.

Astrid: Ich werde euch auf dem Laufenden halten. Und wenn ihr so weit seid, stell ich euch Tanja gern vor.

Papa: So weit kommt es noch!

Nach dem Schreiben ist Astrid ganz aufgeladen. Sie folgt dem Impuls ihres Körpers und beginnt, zügig zu marschieren. Bald beginnt sie zu laufen. Sie weiß, dass Bewegung Stresshormone zuverlässig abbaut und dass da jetzt was rausmuss – auch Freude über ihren Mut! Sie beginnt, laut in einer Fantasiesprache Dampf abzulassen: *Guglmugl trallala Parsuatz Verdünnst Grreg.* Das belustigt so manchen Passanten oder erzeugt Kopfschütteln – aus Astrids Körper kann die Energie aber so gut dosiert raus.

Wie die Geschichte weitergeht? Astrid arbeitet mit Unterstützung noch weiter an ihrem Mentalog, überlegt sich, was sie sagen will. Ob es überhaupt ein Treffen braucht. Schließlich führt sie tatsächlich das Gespräch mit den Eltern in der Realität, die sich daraufhin wegen ihrer Unsicherheit von Astrid zunehmend distanzieren. Astrid bleibt aber zugewandt, informiert ihre Eltern über den Prozess der künstlichen Befruchtung und lädt sie zu ihrer Hochzeit ein. Ob die Eltern oder ein Elternteil nun bereit ist, einen Schritt zu gehen – diese Geschichte kannst du dir nun in alle Richtungen weiter ausdenken.

Erfahrung zur Selbstwirksamkeit[36]

Ziel der Erfahrung ist es, dich daran zu erinnern, dass du die Wahlfreiheit hast, Erwartungen oder eingefahrenes Selbstverständliches weiter zu erfüllen. Wir erinnern dich daran, dass du immer Alternativen hast, auch wenn sie dir nicht gefallen.

Du hast sie.

Mit dieser Erfahrung kannst du dir bewusst machen, warum du dich entscheidest, etwas zu tun. Sie hilft dir, dir eine Landkarte (Mindmap) von dir zu erstellen. Wie tickst du? Warum tust du Dinge, die du eigentlich nicht tun willst und dann doch tust?

Nimm ein Blatt Papier und falte es in zwei Hälften. Schreib nun auf der linken Hälfte untereinander mindestens zehn Sachen auf, die du in Zusammenhang mit deinen Eltern (oder Partner:in, Geschwistern, Kindern) nicht gern tust, von denen du aber glaubst, du müsstest sie tun (Muss-Sätze). Zum Beispiel: den Muttertag mit meiner Mutter verbringen, den Muttertag feiern, die Großeltern im Altenheim besuchen, meiner Frau Blumen schenken, die Kinder in den Kindergarten bringen …

Wenn du zehn Dinge gefunden hast, formuliere auf der rechten Hälfte jede Aussage um in:

»Ich will …, weil ich …« Etwa so:

Ich will den Muttertag mit meiner Mutter verbringen, weil ich ihr so zeigen kann, dass ich sie mag.

Ich will die Großeltern im Altenheim besuchen, weil ich von ihnen schon eine Menge Geld bekommen habe und ich einen Ausgleich schaffen will.

Du kannst deine Muss-Sätze in ein Heft schreiben – und damit weiterexperimentieren und sie auf dich wirken lassen. Lass dich von dir selbst überraschen.

Die Vorteile, etwas zu tun, was du eigentlich nicht tun willst und dann doch tust, scheinen die Nachteile des Nichttuns zu überwiegen. Und wenn nicht – kannst du es ändern.

Der (vorläufige?) Kontaktabbruch – wenn gar nichts mehr geht

»Ein Kontaktabbruch kann problematisch sein. Das Weiterführen einer toxischen Beziehung ganz genauso! Da muss man Nutzen und Schaden abwägen und nicht selten ist ein Kontaktabbruch für alle Beteiligten um ein Vielfaches gesünder. Blut allein ist kein Grund, um sich oder schutzlosen Kindern über Jahre Leid anzutun, das sie nachhaltig schädigt. Es gibt nicht *das* Muttergefühl. Mütter sind so vielfältig in ihren Bedürfnissen, Nöten, Kämpfen und ihrer Art zu lieben, dass man sich das individuell anschauen muss. Man *kann* mit vielem Leben. Muss man aber nicht.« Besser hätten wir es nicht formulieren können. Unsere Kollegin Pilar Aguilera-Felkel[37] fasst treffend zusammen, dass ein Kontaktabbruch zu den eigenen Eltern gut abgewogen werden will.

Während der Arbeit an diesem Buch haben wir eine Dokumentation[38] gesehen, in der drei junge Frauen begleitet wurden, die den Kontakt zu ihren Eltern abgebrochen hatten. Deutlich zu sehen waren der damit verbundene Schmerz und die Trauer. Uns ist wichtig zu ergänzen, dass es sich bei dem Thema Kontaktabbruch nicht um ein Milieu- oder Jugendproblem handelt, sondern dass sich dieses Leid, diese Frage durch alle Gesellschaftsschichten und Altersklassen zieht. Unsere älteste Klientin zum Thema Entelterung war 75 – ihre Mutter 95 Jahre alt.

Es ist traurig, belastend und zermürbend, wenn Menschen, die du liebst, für ihr Wohlbefinden wenig oder keine Verantwortung übernehmen, Wachstum und Entwicklung verweigern und/oder von negativen oder sogar »toxischen Ausdünstungen« (wie

Minderwertigkeitsgefühle, Angst, Ärger …) umgeben sind, die dich in ihrer Anwesenheit auch vernebeln. Es ist, als ob sie rauchen würden und du Nichtraucherin bist. In ihrer Nähe wirst du aber automatisch Passivraucherin. Dieses Dilemma musst du lösen, du musst eine Entscheidung treffen: rauchen – nicht rauchen – passiv rauchen.

Oder hoffst du bei jedem Kontakt zu deinen Eltern, dass es diesmal anders sein wird? Vielleicht gelingt es deinen Eltern, im übertragenen Sinn drei Stunden »nicht zu rauchen« – und dann ist es wieder, wie es immer war: Treibsand oder Autobahn, nichts wird ausgesprochen oder es gibt aufwühlende Schreiereien. Keiner der Beteiligten kann seine Ängste und Reaktivität zufriedenstellend managen und alle Beteiligten sind froh, wenn der Kontakt endlich vorbei ist. Gibt es Geschwister, entbrennt zwischen ihnen oftmals auch noch ein Vorwurf darüber, die eigenen Eltern zu sehr aufzuregen »mit deiner Art!«. Nach so einem Familienbesuch sind alle Beteiligten erschöpft.

Wie lange kannst du im Raum sein und gelassen bleiben, wenn dir jemand Beschimpfungen an den Kopf wirft, dir den metaphorischen Rauch ins Gesicht bläst? Zwei Minuten, eine Stunde, einen Tag? Wie viel Rauch willst du in deinem Leben haben? »Rauchen« deine Eltern, dann heben sie sich über dich, behandeln dich von oben herab oder machen sich in deiner Gegenwart klein. So oder so, sie zeigen ihre emotionale Unreife. Kannst du die Beziehung zu deinen Eltern nur aufrechterhalten, wenn auch du emotional unreif bist und zur metaphorischen Zigarette greifst? Oder ist es besser, auf Entzug zu gehen?

Sich emotional zu distanzieren ist eine Möglichkeit, mit ungelösten emotionalen Problemen im Familienverband umzugehen. Erwachsene Söhne oder Töchter gehen – bewusst oder unbewusst – in die geografische Distanz und verringern so den Kontakt. Oder sie vermeiden echten Kontakt, indem sie die Zusammentreffen auf Small Talk reduzieren und relevante Themen, den »blauen Elefanten im Raum«, nicht ansprechen. Das Unausgesprochene schläft – und ist nicht gelöst, wacht möglicherweise an einer ganz anderen Stelle wieder auf. Die Muster, die erwachsene Söhne und Töchter durch Distanz oder Kontaktabbruch vermeiden wollen, verschwinden dadurch nicht. Irgendwann fängt der blaue Elefant an, sich im Porzellanladen zu bewegen.

Nimmst du über lange Zeit deine Eltern ernster und wichtiger als dich selbst, steigt wahrscheinlich der Wunsch, dich zu distanzieren, weniger Kontakt zu haben, dich weniger und unpersönlicher mitzuteilen. Differenzierung würde hier bedeuten, dich selbst in Gegenwart deiner Eltern ernst zu nehmen und anzuerkennen, dass du ihnen nichts schuldest.

Wir haben einmal gelesen, dass der wahre Erleuchtete der ist, der zwei Wochen lang mit seinen Eltern verbringen kann – und dabei er selbst bleiben, sich treu bleiben kann. Wenn du nicht willst, dass deine Eltern rauchen, kannst du das nicht ändern. Du kannst aber gestalten, wie sehr und ob du dich diesem Smog aussetzt. Dafür braucht es manchmal einen Abstand, keinen Kontakt, einen Entzug – um sich vom emotionalen Superkleber zu lösen, um sich von toxischen Dämpfen zu reinigen und wieder klar denken zu können. Davon allein verschwinden jedoch deine Muster nicht.

Der Raum zwischen Bleiben und Trennen heißt Wachstum. Dafür kann es notwendig sein, eine Pause einzulegen, um sich zu sortieren, um Mentaloge zu schreiben, um zu heilen, um sich selbst zu reparieren. Kontaktabbruch ist wie jede Trennung keine leichte und schon gar keine leichtfertige Entscheidung. Doch manchmal muss genau das einfach sein. Der deutsche Philosoph Michael Bordt meint, dass Frieden mit seinen Eltern zu finden nicht zwangsläufig bedeutet, dass man im realen Leben nach ihrer Nähe sucht oder versucht, ihren Erwartungen zu entsprechen. Es kann sogar bedeuten, dass man die Beziehung zu ihnen abbricht, wenn man es für falsch hält, sich selbst oder seine Familie ihnen auszusetzen.

Diese äußere Grenzziehung ist unproblematisch, solange du sie mit offenem Herzen vollziehst. Das bedeutet, nicht von Wut, Zorn oder Rachegelüsten getrieben zu sein und dir selbst durch diese negativen Gefühle zu schaden. Es bedeutet, die Enttäuschung über deine Eltern mit all der dazugehörigen Emotionalität als Teil deiner inneren Realität zu akzeptieren.

Manchmal liegt das Wachstum in der Trennung: Jasmina zum Beispiel hat es wirklich versucht, Wohnung an Wohnung mit ihrem Vater zu leben. Hat wirklich versucht, ihn zu ertragen, seine Einmischungen, sein Besserwissen, seine Grenzenlosigkeit. Und sie hat ihn auch gebraucht – für die Kinder, damit sie und ihr Mann arbeiten gehen können. Es war ein Deal, der irgendwann nicht mehr passte. Obwohl Jasmina und ihr Mann ihr Herzblut und all ihre Ersparnisse in die Wohnung neben ihrem Vater gesteckt hatten, beschlossen sie, den Preis für einen alltäglichen Frieden zu bezahlen und ein neues Zuhause zu suchen. Sie werden weiterhin mit Jasminas Vater Kontakt haben – aber nur sehr selten ein paar WhatsApps. Ein »Alles Gute zum Geburtstag!«. Ihr Vater wird es nicht verstehen, aber Jasmina ist stolz auf sich – und frei und unabhängig. Und sie weiß auch, sollte mit ihrem Vater »was sein«, er ins Krankenhaus kommen oder pflegebedürftig werden, dass sie mit den Mitteln, die sie zur Verfügung hat, für ihn da sein wird. Ihm die kalte Schulter zu zeigen, liegt ihr nicht. So will sie nicht sein. Sie vertraut sich selbst, dann das Richtige zu tun.

Martina hat ihren Eltern das zu deren Lebzeiten schon ausbezahlte Erbe wieder zurückgegeben. Zu groß waren die gefühlten Bedingungen und Erwartungen seitens der Eltern an Martina. Martina hat den Worst Case riskiert. Hat riskiert, dass ihre Eltern den Kontakt zu ihr abbrechen werden, sie als undankbar bezeichnen und sie vollends aus ihrem Testament streichen werden, sie nur mit dem Pflichtteil abspeisen. Schließlich ist nichts davon geschehen – das Unverständnis für Martina war auch schon vorher da. Für ihre Eltern war es einfach nur eine weitere Spinnerei ihrer Tochter – für Martina war es ihr Weg in ihren inneren Frieden, ihre Freiheit und ihre Unabhängigkeit.

Wird es dir gelingen, dein Herz offen zu halten? Und: Hast du keinen Kontakt zu deinen Eltern aus deiner Kindheit oder zu deinen jetzigen Eltern? Wie gesagt: Wenn du dich heute als »verletztes Kind« auf deine Eltern aus deiner Kindheit beziehst, hat es bis jetzt noch keinen Fortschritt gegeben. Bei niemandem. Tun dir deine Eltern heute nicht gut, dann plane deine nächsten Schritte aus der Position einer reifen Erwachsenen. Ein Racheakt oder ein Akt der Bestrafung für die eigene verpatzte oder auch traumatische Kindheit wäre wiederum kindisch und keine Einladung zum inneren Frieden. Auch hier kommt es darauf an: Wofür brichst du den Kontakt ab? Was willst du damit erreichen?

Wir haben Klient:innen, die nach jahrelanger Therapie und Versöhnungsversuchen und Beziehungsgestaltungsversuchen eines Tages Schluss machen und den Kontakt zu ihren Eltern beenden. In diesem Moment können sie sich kein Szenario vorstellen, warum es jemals anders werden sollte. Es tut gut, sich frei zu fühlen. Obwohl es gerade in der ersten Zeit auch sehr schmerzhaft ist.

Wenn du keinen Kontakt zu deinen Eltern hast und antizipatorisches, traumatisches Mindmapping bekommst, wenn du an eine Begegnung mit ihnen denkst, kannst du dich in Form von Visualisierungen einer mentalen Begegnung stellen. Du kannst mithilfe der Mentaloge in dir Sätze finden, die du sagen könntest, wenn du sie vielleicht zufällig auf der Straße treffen würdest. Die mentale Auseinandersetzung mit den Eltern in deinem Kopf hat zur Folge, dass dein Gehirn repariert wird und dass ihre Anwesenheit oder Abwesenheit keine Macht mehr über dich haben. Kannst du an sie denken und innerlich zur Ruhe kommen, kann dich eine Begegnung mit ihnen nicht mehr aus der Bahn werfen. Dann bist du wirklich frei.

Den Eltern vergeben?

Vergebung ist oft ein Ziel, das Menschen erreichen möchten, ihnen aber nur schwer gelingt. Bei Vergebung geht es vielen um das Bild, dass die Eltern das ihnen Bestmögliche gemacht haben. Aber oftmals stimmt das einfach nicht – und was dann? Die Eltern sind nicht mehr belangbar, weil du ihnen ja verziehen hast – die Wunde, die durch die Verletzung entstanden ist, ist aber nicht weiter verheilt.

Möglicherweise muss zuerst deine Wunde heilen, wenn du den Fokus auf die Frage der Heilung von Verletzungen legst, die geschehen sind. Dann kannst du dich fragen, ob deine Eltern dabei hilfreich sind. Das sind sie unter anderem dann, wenn sie dir helfen, Licht ins Dunkel deiner Vergangenheit zu bringen, vor allem in die Zeit zwischen deiner Zeugung und dem sechsten Lebensjahr. Hilfreich sind sie auch, wenn sie die retrospektive Verantwortung für ihr Tun in deiner Kindheit übernehmen und sich heute bemühen, dieses Verhalten nicht fortzusetzen. Übernehmen Eltern Verantwortung, kann die Vergangenheit ruhen. Falls sie aber nicht bereit sind, auch nur einen Schritt zu gehen, ist es möglicherweise deiner Heilung zuträglicher, von ihnen abzurücken, innerlich ein paar Schritte weiter weg zu gehen.

Wenn du es schaffst, dich mit dir selbst auseinanderzusetzen, deine Vergangenheit tatsächlich hinter dir zu lassen und du sowohl Traumatisierungen aufgelöst hast als auch Verstrickungen und Abhängigkeiten hinter dir gelassen hast, kann es sein, dass du dich nach Gerechtigkeit sehnst, und ein Vergeben scheint unmöglich. Durch deine Anstrengungen werden allerdings laut David Schnarch deine Selbstheilungskraft gestärkt und die Wertschätzung deiner eigenen Erfahrung erhöht. Dadurch kannst du dich von der Abhängigkeit einer elterlichen Entschuldigung lösen. Dabei wird Vergebung zu einem Akt der Selbstfürsorge und einer bewussten Entscheidung, dein selbstbestimmtes Leben zu führen.

Manchmal sind es auch die Eltern von erwachsenen Söhnen oder Töchtern, die den ersten Schritt gehen, die sich differenzieren und wachsen. Oder eine Schwester oder ein Bruder entwickelt sich weiter und trifft neue Entscheidungen. Wer auch immer neue Entscheidungen trifft, den nächstmöglichen mutigen Schritt geht, sich verändert, handelt, erzeugt Wellen im Beziehungssystem und erntet nicht automatisch Applaus. Wenn etwa Eltern erwachsener Kinder beschließen, durch therapeutische Hilfe ihre Beziehung ins Lot zu bringen, kann das zur Folge haben, dass sie eines ihrer Kinder aus der Partnerrolle entlassen müssen. Der älteste Sohn, der bis dato der »bessere Partner« und bester Freund und Berater der Mutter war (Triangulierung), ist dann »nur noch« Sohn und wird in eine, wenn auch gesunde, doch unbekannte Rolle zurückgedrängt. Diese Verschiebung und Zurechtrückung hat wiederum Auswirkungen auf seine Geschwister. Wer in die Ordnung geht, muss durchs Chaos.

In ihrer Familie ist Claudia die Ansprechpartnerin für alle Familienmitglieder. Gibt es etwas Belastendes oder etwas zu organisieren – Claudia richtet es oder organisiert etwas. Von klein auf fühlt sie sich als Mama für ihren acht Jahre jüngeren Bruder Daniel. Eine Rolle, die ihr niemand strittig gemacht hat. Daniel ruft sie fast täglich an und jammert über seine Schwiegerfamilie. Claudia, die selbst zwei Kinder hat und berufstätig ist, fällt es immer schwerer, die Lasten ihrer Ursprungsfamilie mitzutragen. Claudia setzt sich damit auseinander, beginnt Mentaloge zu schreiben, in ihrer Firma aufzustehen, konfrontiert ihre Eltern, gestaltet einen neuen Umgang mit ihnen. Und sie geht weiter zu ihrem Bruder, entlässt sich selbst aus der Retterin- und Mutterrolle, betrauert den Verlust dieser altgewohnten und gut eingespielten Verbindung. Mut macht ihr das Wissen, dass sie sich weg von einer ungesunden Verstrickung hin zu einer gesunden und reifen Beziehung zu ihrem Bruder aufmacht. Sie bietet Daniel an, noch sechs Wochen über seine Schwiegereltern schimpfen zu dürfen – dann ist Schluss: *»Ich trau dir zu, lieber Bruder, dass du dich deinen Schwiegereltern stellen kannst, ihnen sagst, was du zu sagen hast. Du bist ein erwachsener Mann. Du fliegst täglich große Flugzeuge mit Hunderten von Menschen drinnen rund um den Globus. Du hast die Kapitänsprüfung bestanden. Was dir am Flugsimulator gelingt, wird dir auch im Wohnzimmer gelingen. Wenn nicht, kann ich ja in kein Flugzeug mehr einsteigen, das du fliegst!«*

Ein anderes Beispiel: Eltern beschließen, ihren erwachsenen Kindern finanziell nicht mehr unter die Arme zu greifen, weil sie erkennen, dass diese sich auf dem elterlichen Wohlstand ausruhen. Damit werden diese Kinder zwar nun ernst genommen – verlieren aber gleichzeitig eine monetäre Zuwendung und Stütze. Dort, wo einst Papas Geld etwas möglich machte, müssen sie nun selbst Verantwortung übernehmen.

Übernehmen Eltern die Verantwortung für ihr Leben, entbinden ihre erwachsenen Kinder davon und gesunden, hebt sich die Rollenumkehr auf (Parentifizierung). Auch dann müssen die Kinder durch das innere Chaos und in die neue Ordnung hineinfinden.

Viele – oder vielleicht die meisten – Eltern sind für ihre Kinder eine Riesenenttäuschung. Das tut den Kindern weh und macht wütend. Es dauert oft einige Jahre, bis diese Wut und diese Trauer ausreichend durchlebt worden sind und innere Ruhe einkehrt. Du musst als Erwachsene/r ein für allemal deine Kindheit zu Ende bringen.

Wenn wir Eltern in unserer Praxis ermutigen, über sich selbst hinauszuwachsen, sich aus den Kreisen ihrer erwachsenen Kinder zu entfernen, Kollusionen zu lösen, emotional zu reifen und anstehende unangenehme Entscheidungen zu treffen, entstehen Konflikte und Dilemmata. Unser oberstes Ziel ist, dass alles, was die Eltern tun, zugewandt, reguliert und mit offenem, einladendem Herzen geschieht. Auch hier werden Mentaloge geschrieben, Situationen visualisiert und Möglichkeiten rational und emotional durchgearbeitet. Ein Elternpaar kam zu folgendem Entschluss: *»Es ist an der Zeit, unser Haus für uns zu haben. Wir haben euch mit allem ausgestattet, was ihr braucht, um selbstständig zu leben. Ihr seid schon weggezogen, lebt in Studentenheimen oder in Wohngemeinschaften. Wir wollen nicht mehr, dass ihr, wie es euch beliebt, ›nach Hause‹ kommt und wieder in euer Kinderzimmer einzieht. Wir wollen ab nun selbst bestimmen, was wir wann in unserem Haus tun – und ob wir es überhaupt behalten wollen. Ihr seid erwachsen – und auch wenn unser Haus für euch jederzeit ein wunderbares und kostenfreies Urlaubsdomizil war – es ist jetzt vorbei.«* So kannten die drei Kinder ihre Eltern nicht. Sie waren einen abwesenden Vater und eine Mutter in der Opferrolle gewohnt. Der Schulterschluss der Eltern war verstörend. Ein erboster, anklagender Brief der drei Kinder erreichte uns. Der Prozess, die Neuordnung, ging weiter. Alle drei Kinder reagierten unterschiedlich, suchten das Gespräch oder die Distanz, waren anklagend oder verständnisvoll. Das Wichtigste in dieser Zeit war die Stabilität der Eltern. Würden sie wieder in alte Rollen und Muster abgleiten, hätten sie nicht nur ihre Glaubwürdigkeit, sondern auch ihre Kinder verloren. Wenn aus Kindern Erwachsene werden und diese ihre Eltern mit ihrem alten Schmerz und neuen Entscheidungen konfrontieren, dann müssen Eltern lernen, Mitgefühl für das Damals ihrer Kinder zu entwickeln. Dieses Elternpaar entwickelte sich in zwei konfrontierbare und mitfühlende Gegenüber, die den Schmerz ihrer Kinder wahrnehmen konnten und Verantwortung sowohl über die Vergangenheit als auch über die weitere Beziehungsgestaltung übernehmen wollten. Was auch immer dafür nötig wäre in Einhaltung und Beibehaltung ihrer eigenen Grenzen, Integrität und Würde.

Endlich erwachsen: Die Neufindung

Wie wäre es, wenn du selbst entscheiden könntest, wer du sein möchtest? Mithilfe der Mentaloge kannst du jetzt in den Konflikt eintauchen und aus der alten Dynamik ausbrechen. Du lernst dich selbst besser kennen und kannst Beziehungen auf Augenhöhe führen. Werde zum Architekten deines eigenen Lebens und entdecke, wer du wirklich sein möchtest.

Rein in den Konflikt, raus aus der Dynamik

In den nun folgenden Kapiteln wirst du Menschen aus diesem Buch wiederbegegnen, die sich selbst versprochen haben, aus ihren Dynamiken auszusteigen. Sie haben sich hingesetzt und Mentaloge geschrieben – und wir haben sie bei ihrer Weiterentwicklung begleitet. Jede einzelne dieser Personen ist in Konflikte gegangen, nicht um Emotionen abzuladen, die sie nicht mehr ertragen konnte. Sondern es geht ihr darum, etwas zu lösen, was ihr wichtig ist, und weil ihr etwas an der Beziehung liegt. Es gilt, diesen Konflikt mit ruhigem Herzen und klarem Geist auszutragen.

Wir hoffen, dass auch du inspiriert bist und voller Tatendrang schon deinen ersten Mentalog verfasst hast. Nun ist es Zeit für die Weiterentwicklung. Während du weiterschreibst, achte bewusst auf deine Gedanken und dein Mindset, deine Absicht und auf den Effekt, den du erzielen willst. Willst du Anerkennung oder Liebe? Glaubst du immer noch, dich dafür in einer bestimmten Art und Weise verhalten oder präsentieren zu müssen? Zeigst du dich schon oder performst du noch?

Nimm bewusst wahr, wie du versuchst, dein Gegenüber mit Erklärungen, Vorbehalten oder Rechtfertigungen zu manipulieren. Oder wie du Anekdoten in der Hoffnung erzählst, dass die Leute in einer bestimmten Weise über dich denken. Oder wie du über jemanden nicht Anwesenden sprichst.

Wofür tust du, was du tust? Achte darauf, wie du mit Gesichtsausdruck, Stimme, Augen, Körpersprache oder Lachen andere dazu bringen willst, in einer bestimmten Art über dich zu denken.

Wenn du deinen Mentalog mit einem Elternteil (oder Geschwister oder Partner) schreibst, lass deine Antwort auf diese Fragen immer wieder im Hintergrund mitlaufen:[39]

1. Was willst du von deiner Mutter, deinem Vater? Mache eine Liste.
2. Auf welche Weise hast du versucht, die Art zu beeinflussen, wie dich dein Vater, deine Mutter, wahrgenommen hat? Mache eine Liste.
3. Welchen besonderen Eindruck wolltest du bei deinem Vater oder deiner Mutter hinterlassen? Mache eine Liste.
4. Hast du gelogen oder übertrieben? Nenne Beispiele. Was hast du gesagt? Sei präzise. Mache eine Liste.
5. Hast du deinem Vater oder deiner Mutter wirklich zugehört? Oder ging es dir mehr darum, dass er oder sie erkannte, wie interessant, attraktiv oder klug du bist?
6. Was hat dir bei deiner Suche nach Liebe und Anerkennung nicht gefallen? Mache eine Liste.
7. Was hat dir gefallen, als du darauf verzichtet hast, nach Liebe und Anerkennung zu suchen?

Das Ende des Dramas: Auf Verhaltensentzug gehen

Die Drama-Eltern hast du unter anderem bereits im Kapitel »Drama als Beispiel für kollusives Aufwachsen« kennengelernt.

Hermi (zu ihrem Mann Hans): »Jetzt hast du schon wieder die falsche Wurst eingekauft! ...«

Hans: (versucht, etwas zu sagen)

Hermi: »Nein, bitte, sag nichts. Ich kenne deine Ausflüchte. Es ist einfach immer das Gleiche.«

Zu ihrer Tochter Moni: »Ich bin hier wirklich der Trottel vom Dienst. Steht das irgendwo auf meiner Stirn geschrieben? Dienstbotin? Warum nimmt der Papa sich so viel heraus? Meine Kinder sind groß, aber dein Vater ist immer noch wie ein kleines Kind!«

Die Mentalog-Fragen:

- ◇ In welchem emotionalen Zustand (polyvagale Leiter) befindest du dich? In welche Rolle wirst du gedrängt und/ oder aus welcher Rolle wirst du rausgedrängt? Findest du das angenehm oder unangenehm?
- ◇ Seid ihr auf Augenhöhe (von oben herab/von unten hinauf)?
- ◇ Was weiß dein Gegenüber über dich (Mindmapping), das es ihm ermöglicht zu sprechen und zu handeln, wie er/sie es tut?
- ◇ Welches Motiv, welche Absicht, liegt hinter dem Handeln deines Gegenübers?
- ◇ Welche Schachzüge macht dein Gegenüber, um zu erreichen, was er/sie möchte?
- ◇ Welchen Effekt möchte dein Gegenüber auf dich haben?
- ◇ Welchen Effekt willst du auf dein Gegenüber haben?
- ◇ Welche Reaktion ist in diesem Augenblick, an diesem Ort und gegenüber dieser Person notwendig und sinnvoll?

Wenn du die Dynamik deiner Elternbeziehung erkannt hast und dir damit ein erstes Bild von dir selbst gemacht hast, geht es im nächsten Schritt darum, dir über einiges klar zu werden. Indem du diese Fragen auch für dich und deine Situation möglichst umfassend beantwortest, wird der Automatismus dieser Situationen beginnen, sich aufzulösen, und die Aktionen und Aussagen werden überlegter und bewusster.

Du wirst die Anwendung der Fragen hier im Detail zu sehen bekommen, in den weiteren Mentalogen werden wir nur punktuell darauf eingehen.

Monika beginnt, sich diesen Fragen zu stellen. Sie muss sich eingestehen, dass sie diese Gespräche immer wieder aufwühlen. Sie lässt sich in diese Dramasituation reinziehen und irgendwie macht ihr das ehrlicherweise auch Spaß. Es gibt ihr einen emotionalen Kick. Je mehr sie darüber nachdenkt, umso klarer wird ihr, dass es sich auch falsch anfühlt. Sie beschließt, dies beim nächsten Mal zwar laut auszusprechen, aber mehr zu sich selbst als zu ihrer Mutter, um sich selbst darauf aufmerksam zu machen. Vielleicht schafft sie es so, innerlich etwas auf Distanz zu bleiben und sich selbst zu beruhigen.

Hermi: … aber dein Vater ist immer noch wie ein kleines Kind!

Moni: Das ist ziemlich aufwühlend.

Möglicherweise ist es Moni damit bereits gelungen, die Landkarte ihrer Mutter zu irritieren. In der kurzen Verwirrung, die sie geschaffen hat, kann sie sich beruhigen.

Hermi: Was meinst du damit?

Schon steht Moni vor der nächsten Frage: In welche Rolle wirst du gedrängt und/oder aus welcher Rolle wirst du rausgedrängt? Findest du das angenehm oder unangenehm? Sie muss sich eingestehen, dass sie in die Rolle der Verbündeten gedrängt wird (sie wird trianguliert) sowie in die Rolle der Helferin, der Starken, und das fühlt sich auch angenehm an. Nur, dass es sich immer ein bisschen wie ein Verrat an ihrem Vater anfühlt. Findet sie ihren Vater wirklich blöd? Denkt sie über Männer so wie ihre Mutter? Sind alle Männer lebensunfähig und können nur aufgrund ihrer Frau existieren? Sie bemerkt, wie sie aus der Rolle der gleichberechtigten liebenden Ehefrau rausgedrängt wird. Nein, das will sie nicht.

Moni: Ich finde nicht, dass alle Männer lebensunfähig sind.

Hermi: Das hab ich doch gar nicht gemeint.

Moni sieht auch, dass sie sich zwar nicht über ihre Mutter erhebt, aber über ihren Vater. Auch das will sie nicht mehr.

Was weiß Monikas Mutter über sie, das ihr ermöglicht, so zu sein? Oft ist der erste Impuls zu sagen: »Ich weiß doch nicht, was mein Gegenüber über mich weiß und denkt.« Möglicherweise findest du es auch unangenehm, in den Geist deiner Eltern einzusteigen. Dir ihre Landkarte von dir bewusst zu machen ist umso schmerzlicher, je negativer die Gedanken deiner Eltern über dich sind.

Monika hat ihrer Mutter nie widersprochen, um ihre Beziehung nicht zu gefährden. Davon geht Monikas Mutter immer noch aus. Sie weiß auch, dass sich Monika in der Rolle der Retterin wohlfühlt. Ihre Mutter will damit die Verbindung zu Monika stabil halten. Das wäre schön – wenn es nicht auf Kosten der Beziehung zu ihrem Mann gehen würde. Hermi ist auch zu faul, sich der Beziehung zu ihrem Mann zu stellen. Sie stabilisiert lieber den Status quo, indem sie Monika hineinzieht. Als Monika das klar wird, ekelt sie es ein wenig, da will sie nicht mehr mitmachen, das bisherige Normal endet hier und jetzt.

Als sie beginnt, den Autopiloten ihrer Mutter zu erkennen und ihre einzelnen Schachzüge zu sehen, wird es noch schmerzlicher: Herabwürdigung des Vaters und sich gleichzeitig zum Opfer machen, sind Standardhandlungen ihrer Mutter. Monika kann sich nicht erinnern, dass es jemals anders war. Immer hat Hermi Monika auf ihre Seite gezogen, und zwar, obwohl es immer sichtbarer wurde, dass Monika vom Typ her mehr wie ihr Vater ist.

In Monika entsteht eine Frage, die sie sich kaum zu stellen traut: »Warum bist du noch immer mit Papa zusammen, wenn du so über ihn denkst? Denkst du, dass du nie einen Besseren bekommen wirst, weil du selbst nicht gut genug dafür bist?« Damit würde Monika ihrer Mutter zeigen, dass sie sehen kann, was sie tut, und sich gleichzeitig davon distanzieren, ohne sich abzuwenden.

Eine andere Frage drängt sich ihr auf:

Moni: Was würde passieren, wenn du Papa nicht mehr bedienen würdest? Wenn du aufhörst, seine Dienstbotin zu sein?

Hermi: Papa würde verhungern, das wollen wir doch nicht, oder?

Moni kann während des Schreibens die Antwort buchstäblich in sich hören, obwohl ihre Mutter nicht dabei ist und sie spürt, dass sie schmunzeln muss. Ja, auch Sarkasmus funktioniert zwischen ihr und ihrer Mutter. Schon wieder ein Schachzug, mit dem ihre Mutter sie auf ihre Seite ziehen möchte, und auch das ist ihr bisher immer gelungen. Moni muss sich sehr anstrengen, um sich dem Sog zu widersetzen. Egal ob sie jetzt bereits die beste Antwort findet, sie will etwas anderes machen.

Moni: Ich denke, es wäre einen Versuch wert. Glaubst du, du würdest es schaffen, nicht mehr seine Dienstbotin zu sein?

Hermi: Sicher.

(Ob diese Antwort stimmt, ist sich Moni nicht sicher, sie bewegt sich bereits auf unbekanntem Terrain. Irgendwie glaubt sie ihrer Mutter nicht.)

Moni: Was würdest du dann den ganzen Tag tun?

Hermi: Da fällt mir schon etwas ein.

(Moni spürt, wie unangenehm Hermi das Gespräch ist, sie befindet sich ebenfalls auf unbekanntem Terrain. Das Drama ist zu Ende und Moni ist nicht mehr ihre Verbündete.)

Moni: Wirst du es probieren?

Hermi: Ich weiß nicht.

(Moni spürt, dass sie bereits wieder beginnt, in die Helferrolle zu schlüpfen, und beendet das Thema hier, um diese Dynamik nicht weiter anzufeuern.)

Monika hat einen ersten Schritt vollzogen, indem ihr einiges über die Dynamik, über sie selbst und ihre Mutter klar geworden ist. Ihr ist auch klar, dass sie noch nicht so weit ist, in einem realen Gespräch so ruhig zu bleiben. Auch zweifelt sie, ob sie tatsächlich alle Schachzüge ihrer Mutter erkennen und sich nicht in diese Dynamik reinziehen lassen würde.

Sich noch einige Male selbst mental in diese Situation zu versetzen und dabei einen neuen Mentalog zu schreiben, wird ihr auch helfen, in der realen Situation besser zu agieren.

Beziehungen auf Augenhöhe führen

Du hast bereits Thomas kennengelernt (Seite 84), der entweder von oben herab oder von unten hinauf mit seiner Mutter kommuniziert hat. Thomas gibt sich einen Ruck und schreibt einen neuen Dialog – diesmal auf Augenhöhe:

Mutter: Wollt ihr uns nicht zu den Feiertagen besuchen?

Thomas: Nein, Mama, dieses Jahr nicht. Wir wollen für uns sein und einmal nichts vorhaben.

Mutter: Aber hier müsst ihr doch auch nichts tun. Ich verwöhne euch nach Strich und Faden!

Thomas: Ich weiß, du würdest dich freuen und all das für uns tun. Danke dafür! Uns ist selbst das heuer zu viel.

Mutter: Ach, der Papa würde sich auch freuen …

Thomas: Auch das weiß ich. Ich bin froh, dass ihr einander habt, und ich weiß, dass ihr es euch fein machen könnt. Ich habe das von euch gelernt und mach es heuer so wie ihr: Ich machs mir fein mit meinen Liebsten.

Mutter: Schade!

Thomas: Ja, ich kann dich verstehen, dass du das findest. Ich hab dich lieb.

Durch seine frühere Unterwerfung hat Thomas implizit gehofft, dass seine Mutter ihm schon im Voraus verzeiht. Die Unterwerfung ist ein animalischer Reflex und bedeutet: »Bitte tu mir nichts!« Aber er bedeutet auch: »Ich tu alles, was du willst.« Indem Thomas sich aufs hohe Ross gesetzt hat und von oben auf seine Mutter runtergesprochen hat, ist es ihm kurzzeitig gelungen, sie auf Distanz zu halten.

Bleibt er auf Augenhöhe mit ihr, muss er sich ihrer Enttäuschung stellen und akzeptieren, dass er nichts gegen ihre Gefühle tun kann. Er wird erfahren, dass seine Mutter nicht zusammenbrechen wird, wenn sie enttäuscht wird. Er wird seine Mutter ernst nehmen.

Aus der Parentifizierung aussteigen

Lara (Seite 105 f.) ist klar geworden, dass sie selbst aus der Rolle der besorgten Mutter aussteigen muss, die sich um ihre »Kinder« Sorgen macht, die aber in Wirklichkeit ihre Eltern sind. Angst um jemanden zu haben hilft nicht weiter, sondern befeuert die Eskalation in den Gesprächen. Nur wenn es ihr gelingt, sich selbst zu beruhigen, kann sie die Situation deeskalieren, nur dann wird niemand mehr ausflippen.

Bevor sie mit ihrem Mentalog beginnt, nimmt sie einige tiefe Atemzüge und schließt kurz die Augen. Dann überlegt sie, wie sie das Thema ansprechen würde, wenn sie mit einer Freundin spricht. Sie bemerkt in sich, dass sie unsicher ist, ob sie das überhaupt als relevant empfinden würde. Aber es ist ihr klar, dass es darum geht, etwas anzusprechen, bei dem man unterschiedlicher Meinung ist und gern die Beweggründe des anderen verstehen würde.

Lara: Ich muss das jetzt nochmals ansprechen, weil ich es gern verstehen möchte. Obwohl dir der Arzt nach der Hüftoperation für vier Wochen das Fahrradfahren verboten hat, hast du nach drei Wochen eine siebentägige Radtour gemacht. Ich möchte verstehen, was da in dir vorgegangen ist.

Mama: Die ganze Woche nur rumsitzen – verstehst du nicht, wie es mir da geht?

Die Mutter antwortet mit einer Gegenfrage, die einen Vorwurf beinhaltet (ein beliebter Schachzug). Der Bezug zur Frage von Lara ist nur sehr peripher – das Verbot des Arztes und die Hüftoperation werden ausgeblendet, übrig bleibt die Langeweile beim Zuhausesitzen.

Lara: Es ist für mich nicht nachvollziehbar, dass du riskierst, dass du wieder die gleichen Schmerzen hast wie vor der Operation.

Lara schafft es, sich nicht von der Mutter ablenken zu lassen, sondern präzisiert ihre Frage nochmals. Sie spürt allerdings, wie die Emotionen in ihr hochsteigen und wie schwer es ihr fällt, selbst ruhig zu bleiben.

Mama (weint): Ich weiß schon, was ich tu. Ich brauch mir in meinem Alter nichts mehr von dir sagen lassen. Wir machen das schon richtig. Dass wir uns da in unserem Alter so von euch anreden lassen müssen.

Die Mutter geht nun in ihre alte, gewohnte Rolle des Opfers.

Lara spürt wie sie immer weiter hineingezogen wird und es

immer schwieriger wird, sich selbst zu beruhigen, *während ihre Mutter in Tränen ausbricht.* Obwohl sich die Mutter wie ein trotziges Kind benimmt, versucht sie, diese als Erwachsene anzusprechen. Sie schreibt in diesem ersten Versuch einen etwas gekünstelten Satz, den sie wohl so nie sagen würde.

Lara: Du hast recht. Du bist erwachsen und wirst die Folgen deines Tuns selbst tragen.

In diesem Dialog wird sichtbar, wie wichtig es ist, sich seines eigenen Zustands bewusst zu sein und Verantwortung für diesen Zustand zu übernehmen. Nur wenn du selbst ruhig und klar bist, kannst du in Verbindung gehen sowie neue Antworten und neue Reaktionen finden. Wenn dir klar ist, dass du deine Handlungen nicht mehr von denen deines Gegenübers bestimmen lassen möchtest, wenn du, statt zu reagieren, agieren möchtest, dann kannst du dich wie Lara auf den Weg machen.

Laras Weg raus aus der Parentifizierung und damit raus aus dem Kreis der Eltern hat an dieser Stelle begonnen. Sie hat beschlossen, egal wie kindisch sich ihre Eltern benehmen: Sie wird nicht mehr in die Rolle der Mutter gehen, sondern sie als Erwachsene ansprechen.

Eltern bleiben Eltern – auch beim Besuch bei den Großeltern

Christian (Seite 109 f.) will nicht mehr seine Position als Vater verlieren, nur weil er seinem eigenen Vater gegenübersteht. Er will sein Kind nicht mehr alleinlassen. Zuerst übt er mittels Mentalog, die Position als Erwachsener beizubehalten und nicht so unterwürfig und nach Aufmerksamkeit heischend zu agieren.

Bei den wöchentlichen Treffen werden alle gegenseitigen familiären Einkäufe und Ausgaben für die Kinder abgerechnet. Christian hat wie immer alles fein säuberlich in einer Tabelle erfasst, die er in ausgedruckter Form dabeihat, aber diesmal selbst in der Hand behält.

Christian: Hört mal alle her. Die Ausgaben letzte Woche waren folgende: Die Großeltern haben für unsere Kinder 50 Euro für Nachmittagsveranstaltungen ausgegeben.

(Ernst, sein Vater, runzelt die Stirn.)

Christian: Du, mein lieber Bruder, hast 30 Euro für meine Kinder für Essen ausgegeben.

Ernst: Hmmm …

Christian (überhört geflissentlich das Brummen seines Vaters): Wir haben für die Kinder meines Bruders 12 Euro für Badesachen ausgegeben.

Ingo: Das bedeutet?

Christian: Du bekommst von mir 18 Euro. Die Großeltern …

Moritz (Christians ältester Sohn): Papa, mir ist langweilig.

Christian: Das versteh ich. Ich finde das auch langweilig. Ich mach das jetzt noch schnell fertig und dann gehen wir raus Fußball spielen.

Als Christian das niederschreibt, fällt ihm auf, dass er das tatsächlich furchtbar langweilig findet. Er hat das nur gemacht, um seinem Vater zu gefallen. Jetzt, wo er versuchen möchte, sich selbst mehr zu zeigen, bemerkt er, dass er die Kinder seines Bruders gern einladen und beschenken möchte und daher das Geld, das er für sie ausgibt, nicht mehr einfordern möchte. Daher will er auch nicht mehr die Abrechnung machen. Wenn also jemand von ihm Geld will, dann muss er das selbst einfordern. Er spürt sofort, dass ihm das viel besser gefällt, und ruft seinen Bruder an, mit dem er das sehr einfach klären kann. Der Gedanke an ein Gespräch mit seinem Vater fühlt sich da schon anders an. Aber auch da weiß er, dass es notwendig ist und dass er es führen wird.

Eigene Grenzen wahrnehmen und sichtbar machen

Wir haben Markus (Seite 85 f.) dazu eingeladen, sich darauf zu besinnen, dass er einen eigenen Kreis hat. Nachdem er begonnen hat, sich seiner Grenzen bewusst zu werden, und beschlossen hat, für seine Grenzen einzustehen, hat auch er sich die Fragen bezüglich seines Gegenübers gestellt.

Markus beschreibt seinen Gefühlszustand eher wie eine innere Verspannung. Er möchte sich am liebsten aus diesem Gefühl rauswinden. Da das aber nicht geht, hält er die Hände vor die Augen und denkt: »Augen zu und durch.«

Markus: Mama, kannst du mir den Salat geben?

Mutter: Möchte Sonja auch noch Salat?

Schon nach diesem Satz möchte er am liebsten davonlaufen oder noch besser in den Erdboden versinken. Irgendwie hat er das bis jetzt auch immer gemacht. Es wird ihm klar, dass er in dieser Situation bereits ausgeschaltet ist und nur noch funktioniert. Wie weit muss er in der Situation zurückgehen? Wo ist der Punkt, an dem er abschaltet? Bei der Begrüßung seiner Mutter? Nein, noch früher. Beim Betreten des Raumes? Nein, noch früher. Bereits in dem Moment, wenn er aufbricht, um zu seinen Eltern zu fahren. Spätestens in diesem Moment schaltet er ab. Er geht in den Totstell-Modus und funktioniert eigentlich nur noch auf Autopilot.

Das ist nicht besonders unangenehm, weil er diesen Zustand gut kennt: In diesen Zustand begibt er sich oft. Es wird ihm klar, dass dieser Zustand nicht wirklich lebendig ist. Möglicherweise hängen seine immer wiederkehrenden depressiven Verstimmungen auch mit diesem automatischen Wechsel in diesen Zustand des »Funktionierens« zusammen.

In diesen Momenten ist er mit niemandem verbunden – und das möchte seine Mutter auch so. Vor allem die Verbindung zu Sonja würde sie am liebsten für immer unterbrechen, denn diese Frau ist in ihren Augen einfach nicht die richtige für ihren Sohn. Dass seine Mutter so denkt, ist Markus bewusst. Um jeglichen Konflikt von vornherein zu unterbinden, unterwirft sich Markus seiner Mutter.

Er bezeichnet sich selbst als harmoniesüchtig. Seine Mutter weiß das auch und daher kann sie sagen, was sie will, sie darf sich jede Unhöflichkeit herausnehmen und muss nicht mit Gegenwehr rechnen. Das gibt ihr ein angenehmes Gefühl von Macht über ihren Sohn. Sie möchte ihn einfach wieder zurückhaben und sie geht davon aus, dass sie das auch erreichen wird. Liebesbeziehungen gehen zu Ende. Eine Mutter-Sohn-Beziehung bleibt für immer.

Wir erinnern dich an dieser Stelle an die Mentalog-Fragen – kehr vielleicht kurz zu ihnen zurück (Seite 156), um zu beobachten, was Markus hier tut:

Markus: Mama, kannst du mir den Salat geben?

Mutter: Möchte Sonja auch noch Salat?

Es fällt ihm schwer, nicht persönlich zu werden, seine Mutter nicht herabzuwürdigen. Er beschließt, einfach durch die Wiederholung seiner Frage klarzumachen, dass er nicht bereit ist, auf diese Ebene einzusteigen. Ein Schachzug, den er durchaus auch beim nächsten Mal anwenden könnte.

Markus: (er schaut seine Mutter freundlich an und versucht, mit ihr Kontakt aufzunehmen) Mama, kannst du mir den Salat geben?

Mutter: Ja, aber ich hab dich doch gefragt, ob Sonja Salat möchte.

Es war ein Versuch und er kann erkennen, dass seine Mutter sich so nicht stoppen lässt und er das emotional nicht ertragen kann.

Markus: Mama, kannst du mir den Salat geben?

Mutter: Möchte Sonja auch noch Salat?

Markus: Sonja, möchtest du auch Salat?

Sonja: Ja, bitte.

Markus: Möchtest du noch etwas zu trinken?

Er spürt, dass er hier die Beziehung mit seiner Mutter nicht klären kann. Ja, er könnte einen Rundumschlag machen und sie und seinen Vater und vielleicht auch noch Sonja damit konfrontieren, dass er sich bisher immer versteckt hat. Er könnte sie darüber informieren, was er aktuell tut und auch früher getan hat und was er schon immer vor ihnen verheimlicht hat. Er könnte seine Mutter damit konfrontieren, dass ihm schon immer klar war, dass sie unzufrieden mit ihm ist und mit seiner Beziehung zu Sonja. Dieses Gespräch steht an, aber dazu braucht er weder Sonja noch seine Kinder oder seinen Vater.

Jetzt kann er spüren, dass es gut ist, sich seiner Frau Sonja zuzuwenden und mit ihr in Verbindung zu gehen. So kann er aus seinem Modus des Funktionierens aussteigen, er kann spüren, dass er lebendiger wird, sich sein Blick weitet und seine Gedanken klarer werden.

Hier ist eine Grenze, für die er im ersten Schritt gut einstehen kann: die Grenze rund um den Paarraum. Markus entdeckt seine Loyalität. Die Sonja in Markus' mentaler Vorstellung ist überrascht – und lächelt noch etwas misstrauisch.

Grenzen kommunizieren und Entscheidungen treffen

»Ich entlasse mich aus der Verpflichtung, euch täglich anzurufen, wenn ich im Urlaub bin.«

»Ich werde mich weiterhin mit meinen Eltern treffen – auch wenn es dir nicht gefällt. Und ich liebe dich.«

»Ich werde mich von dir trennen, wenn du noch einmal mit einem anderen Mann schläfst.«

»Ich werde nicht aufessen, wenn du mir noch mal nachgibst!«

»Ich bin nicht mehr bereit, in deinen psychischen Grenzen zu leben und deine Angst zu regulieren. Ich will nicht mehr zu Hause bleiben und gemeinsam fernsehen, nur weil du eifersüchtig wirst, wenn ich ausgehe. Ich bin die Frau, die ausgeht.«

Das alles sind keine Ultimaten – das sind informierende Entscheidungen und Aussagen über persönliche Grenzen in nahen wichtigen Beziehungen. Es geht um Differenzierung, um die Wiederherstellung der Integrität und der Loyalität sich selbst gegenüber. Wie der/die andere darauf reagiert, bleibt ungewiss.

Da unser Gehirn Ungewissheit gar nicht mag und viel lieber in den alten Bahnen bleiben würde, liegt es an uns, die Regie nicht allein der grauen Masse in unserem Kopf zu überlassen, sondern uns mit all dem, was uns zu Menschen macht, zu überzeugen, den richtigen Schritt gesetzt zu haben.

Wir müssen uns der Unsicherheit stellen, um in einer sicheren Beziehung mit uns selbst anzukommen. Das ist die beste Voraussetzung für eine gute Beziehung – mit einem Partner, den Eltern, Geschwistern und den eigenen Kindern.

Die ungerechten Eltern – sich aus der Opferrolle befreien

Ihr Leben lang hat Carolas Mutter ihren Zwillingsbruder vorgezogen. Carola will sich aus der Opferrolle befreien und ihre Rolle als das um Aufmerksamkeit heischende Kind verlassen.

Carola: Du hast Zwillinge und ziehst einen dem anderen eindeutig vor.

Mutter: Das ist nicht wahr.

Ihre Mutter macht hier einen Doppelschachzug: Sie bestreitet die Aussage und wischt sie vom Tisch und gleichzeitig bestätigt sie ihre Tochter, indem sie diese nicht ernst nimmt. Carola fällt normalerweise bei solchen Aussagen bereits die Leiter hinunter, in ihrem Kopf ist nur noch Nebel. Das weiß ihre Mutter und darum weiß sie auch, dass sie so agieren kann. Diese vernebelte Tochter ist ja gerade der Beweis dafür, dass nur ihr Sohn ihre Liebe wert ist. Was die Mutter nicht wahrhaben will, ist, dass ihre Kinder nicht von vornherein so sind, sondern durch ihr Verhalten, das Verhalten der Mutter, so geworden sind. Carola ist nicht vom Schicksal und ihren Genen bestimmt, sie ist wie alle Menschen eine »Gewordene«.

Carola sieht, dass ihre Mutter sie dysreguliert, um sich selbst zu beweisen, dass ihre Tochter schwach ist. Jetzt beschließt Carola, mit all der ihr zur Verfügung stehenden Kraft sich selbst zu beruhigen und auszusteigen:

Carola: Das ist mir jetzt egal.

Mutter: Was heißt das?

Carola: Deine Sichtweise ist im Moment irrelevant. Was ich dir sagen möchte, ist, dass ich auf dein Angebot, bereits jetzt meinen Erbteil zu bekommen, verzichte.

Mutter: Das wirst du noch bereuen.

Carol: Das Risiko gehe ich ein.

Das Ende der Mental Load

Im Kapitel Mental Load (ab Seite 74) hast du Lydia, Rolf und ihre Zwillinge kennengelernt. An dieser Stelle besuchen wir sie wieder: Lydia möchte am liebsten alle Aufgaben Rolf vor die Füße werfen. Noch besser: Am liebsten würde sie *ihn* als Ballast loswerden *und* ihm sämtliche Care-Aufgaben hinterherwerfen. »Wäre ich getrennt, hätte ich wenigstens jedes zweite Wochenende für mich«, denkt sich Lydia. Gelöst hätte sich dadurch aber langfristig nichts.

Würde Lydia tatsächlich alles an Rolf abgeben, gäbe es nichts mehr, an das sie sich anlehnen könnte. Stattdessen wird es darum gehen, Zug um Zug das Korsett aufzuschnüren und innere Stabilität zu erlangen. Es geht jetzt um den nächsten möglichen Schritt. Das Loslassen einiger Aufgaben kann zu einer mittleren Identitätskrise führen: Wer bin ich, wenn ich nicht performe? Wer bin ich ohne meine Schutzmuster?

Lydia muss sich diesem Dilemma stellen, will sie nicht weiter in den Fußstapfen ihrer Mutter wandern. Zuallererst muss sie in sich Ruhe und Entschlossenheit finden.

Lydia: Rolf, ich kann keine Pausenbrote mehr schmieren, ohne Mordgedanken zu haben. Ich lege dieses Amt nieder. Wir haben jetzt ein Problem.

Wird Rolf die Einladung annehmen oder wird er trotzig und pampig in die No-Go-Kiste greifen und mit Lydias Muttergefühlen »spielen«?

Rolf (Version A): Gut, dass du das ansprichst. Ich glaube auch, dass wir ein Problem haben. Und kein kleines. Ich will auch nicht, dass es so zwischen uns weitergeht. Es muss einen anderen Weg geben. Notfalls holen wir uns Hilfe.

Rolf (Version B): Wie stellst du dir das vor? Ich schaff das in der Früh auch nicht! Dann bekommen die Kinder eben nichts zu essen!

Lydia: Du wirst diese Aufgabe also auch nicht übernehmen. Dann frag ich jetzt unsere Nachbarin.

Rolf (erst sprachlos): Und wenn ich mit dir schlafen will und du willst nicht, soll ich dann auch die Nachbarin fragen?

Lydia: Auch darüber können wir reden. Zuerst löse ich allerdings das Pausenbrotproblem.

Indem sie ein Problem nach dem anderen angeht, verschiebt Lydia die Verhältnisse in der Familie Schritt für Schritt so langsam, dass ihr Mann mitgehen kann – aber nicht muss.

Den größten Ängsten ins Auge schauen

Oft machen wir die Erfahrung, dass sich Menschen mit dem schwierigeren Elternteil zuerst beschäftigen wollen. Der Übeltäterin, ihrer ekelhaften Mutter (Seite 123 f.), will auch Helen zuerst gegenübertreten, um für sich zu klären, wie es weitergehen könnte. Dieser Dialog ist frei erfunden:

Helen: Würdest du mich heute auffangen, wenn ich als kleines Kind von der Mauer springe?

Mutter: Was meinst du?

Helen: Wenn du die Uhr zurückdrehen könntest: Würdest du es wieder machen?

Mutter: So ein Unsinn!

Helen: Denkst du, dass deine Lehre damals falsch war?

Mutter: Hab ich nicht recht gehabt? Schau dir doch deine Beziehungen an! Es ist besser, wenn du keinem vertraust.

Helen: Deine Lektion hat funktioniert, das stimmt. Ich konnte lange Zeit niemandem vertrauen. Und ich war im Gegenzug auch kein Mensch, dem man vertrauen konnte. Mich aus dieser Überzeugung rauszukämpfen, hat mich viel gekostet.

Mutter: Ich bin immer gut damit gefahren.

Helen: Mir vorzustellen, was in deinem Kopf vorgeht, verursacht mir Übelkeit. Es ist besser für mich, nicht mehr in dieses Kriegsgebiet zu gehen. Mein Leben ist gut ohne dich.

Was Helen hier außer Acht lässt, ist die Rolle des Vaters: Wo war der Vater, wie hat er reagiert, als die Mutter Helen von der Mauer auf ihre Knie hat fallen lassen? Allein der Gedanke, dass er untätig dort stand und vielleicht noch über Helens Ungeschicklichkeit den Kopf geschüttelt hat, lässt unser Gehirn kollabieren. Sie schreibt dazu einen Dialog, um einen Abschluss zu finden.

Helen: Wie war das für dich, als Mama mich von der Mauer fallen ließ?

Vater: Daran kann ich mich nicht erinnern.

Helen: Wir sind in den Urlaub gefahren. Du standest beim Auto und hast die Koffer ins Auto geräumt. Mama hat mich aufgefordert, in ihre Arme zu springen, und hat mich dann einfach auf den Boden fallen lassen.

Vater: Deine Mutter war immer schon schwierig. Deshalb habe ich mich auch von ihr getrennt.

Helen: Du kannst dich also erinnern?

Vater: Woran?

Helen: Daran, dass mich Mutter von der Mauer springen ließ und mich nicht aufgefangen hat.

Vater: Du drängst mich ganz schön in die Ecke, junges Fräulein!

Helen: Das genügt mir als Bestätigung.

Die Helen, die ihre Eltern so konfrontieren kann, ist eine Frau, die weit gegangen ist und mit viel Unterstützung und beständiger Arbeit an sich selbst so viel Halt gefunden hat, dass sie solche Worte nicht mehr umhauen, sondern nur bestätigen. Wie Helen mit zwei Menschen aufzuwachsen, die eigentlich notwendigen Halt und Sicherheit geben sollten, aber stattdessen für inneren Aufruhr sorgen, absichtlich dysregulieren und destabilisieren, ist eine riesige Belastung. Resilienz bedeutet, trotzdem alles dafür zu tun, um in dieser Dynamik nicht unterzugehen. Alles. Das ist es, was Helen in unserer Vorstellung getan hat: Sie hat nie aufgegeben.

Ich nehme mich ernst

Möglicherweise klingt das nach dem einfachsten Wachstumsschritt. In nahen Beziehungen wird genau das Sich-ernst-Nehmen allerdings oft zu einer Herausforderung. Um dies zu meistern, ist es notwendig, sich einzugestehen, dass man Seiten an sich hat, die man nicht so gern mag. Und nicht nur, dass man sie hat, sondern auch, dass es einem trotz aller Bemühungen nicht gelungen ist, diese vor den nahestehenden Personen zu verbergen, dass Entwicklungen noch nicht gelungen sind, die man gern schon abgeschlossen hätte.

Irgendwann müssen wir uns dem unangenehmen Fakt stellen, dass wir einige »blinde Flecken« haben und Dinge an uns nicht sehen können, die unser Gegenüber sehr wohl sehen kann, weil er oder sie diese blinden Flecken (auf uns bezogen) nicht hat.

Sich ernst nehmen bedeutet, zu sich selbst zu stehen, so wie man gerade ist. Vielleicht wärst du gern ruhiger oder konzentrierter oder weniger vergesslich. Vielleicht wärst du gern offener oder genauer oder spontaner. Aber du bist nerdig oder verschlossen oder nervös. Genau dies nutzen Menschen, um dich zu manipulieren. Aussagen wie »Reg dich nicht so auf« kann man gut sagen, wenn man weiß, dass das Gegenüber gern entspannter wäre, es aber nicht ist und damit hadert.

Opa schleckt den Teller ab.

Ivana: Sag, Opa, gehts noch? Das kannst du doch nicht machen!

Schon bei ihrem ersten Satz ist klar, dass es Opa mit seiner Aktion gelungen ist, Ivana (Seite 88) emotional zu destabilisieren. Da Opa im Folgenden so sehr darauf pocht, dass sie sich als Familie von der Außenwelt unterscheiden, gehen wir davon aus, dass er Ivana kennt und weiß, dass sie das aufregt. Er ist sich bei seinem Tun des Effekts bewusst und tut es trotzdem oder gerade deswegen. Er hat Spaß daran, dass Ivana sich aufregt.

Ivana zieht in Betracht, dass es Opa möglicherweise Spaß macht, sie zu emotionalisieren, auch wenn es ihr lieber ist, dort nicht hinzuschauen. Lieber hätte sie es, es würde Opa einfach passieren, weil er halt nicht anders kann. Sie beschließt, ihm diesen Gefallen nicht mehr zu tun.

Opa schleckt den Teller ab.

Ivana: Ich finde das Abschlecken von Tellern ekelhaft.

Opa: Jetzt reg dich doch nicht auf.

Ivana: Ich werde daran arbeiten, mich nicht mehr so leicht aus der Ruhe bringen zu lassen. Trotzdem finde ich es ekelhaft und möchte mich dem nicht mehr aussetzen.

Opa: Aber geh, wir sind doch hier unter uns! Das ist die engste Familie: Da kann jeder so sein, wie er eben ist! Das ist Vertrautheit, Gemütlichkeit. Verstehst du?

Ivana: Und wenn du im Restaurant bist?

Opa: Wie gesagt: Wir sind hier ja eine Familie! Ich bin nur authentisch.

Ivana: Gut, dann treffen wir uns das nächste Mal im Restaurant. Ich bin noch nicht so weit, Gemütlichkeit zu ertragen. Ein bisschen Steifheit ist mir unter diesen Umständen einfach lieber.

Würdest du Opa nicht darüber informieren, dass du unter diesen Umständen nicht mehr bereit bist, ihn zu dir einzuladen und ihn unausgesprochen nur noch im Restaurant zu treffen? Hättest du Angst, ihn vor den Kopf zu stoßen? Warum darf er dich vor den Kopf stoßen und du ihn nicht? Ist es tatsächlich besser, jemandem seine Entscheidungen nicht mitzuteilen, obwohl er davon betroffen ist? Möglicherweise könnte Opa sich überlegen, ob es ihm tatsächlich so wichtig ist, den Teller abzuschlecken. Damit hat er die Wahl und du hast ihm die Wahl nicht gestohlen, indem du ihn vor vollendete Tatsachen stellst.

Selbstfürsorge stärken

Die nicht eingestimmten Eltern sind dir in diesem Buch schon begegnet. Bärbel hat eine Mutter, die noch nie darauf geachtet hat, was Bärbel *wirklich* braucht. Sie tut, was ihrer Meinung nach eine gute Mutter oder jetzt eine gute Großmutter tut. Und das

Tag für Tag. Jeden Tag aufs Neue ist das eine Bestätigung für Bärbel, dass ihre Bedürfnisse irrelevant waren und sind. Und es wird täglich schlimmer. Alle rund um Bärbel erklären sie für verrückt, weil ihre Mutter doch so viel für sie tut. Selbst ihr Mann ist nicht mehr bereit, ihr Jammern zu ertragen. Auch er hat das Gefühl, alles für sie zu tun – und nie ist es genug.

Bärbel tut es weh, sich von der Vorstellung zu verabschieden, dass ihre Mutter irgendwann anders wird. Noch stärker schmerzt es, sich einzugestehen, dass sie jahrelang gehofft hat, an den Punkt zu kommen, dass sie glücklich mit ihrer Mutter wird. Es war schwierig, vor sich selbst zuzugeben, dass sie etwas nachgelaufen ist, das sie einfach nicht bekommen wird und auch heute nicht mehr wirklich braucht. Beinahe hätte sie die Resignation als Ausweg aus der ständigen Unzufriedenheit mit der Situation gewählt. Sie beschließt, dieses Kapitel in ihrem Leben durch ein Gespräch mit ihrer Mutter zu beenden und sich danach um sich selbst und ihre heutigen Bedürfnisse zu kümmern.

Bärbel (am Telefon): Mama kannst du mir am Wochenende die Kinder abnehmen? Ich möchte mit Ludwig ein Baumhaus bauen.

Mutter: Ist es denn nie genug? Immer willst du noch was.

Bärbel: Ich habe viel bekommen, aber nie das, was ich wollte.

Mutter: Jetzt beginnt wieder deine Jammerei.

Entelterung geht unverrückbar mit der Übernahme von Verantwortung für unsere eigenen Bedürfnisse einher. Ab nun heißt es: selbstfürsorglich sein und selbst gut auf sich aufpassen. Bärbel muss sich der Tatsache stellen, dass ihre Mutter nicht bereit ist, ihr die Unterstützung zu geben, die sie haben möchte.

Warum schreiben wir nicht, Bärbel »braucht« statt »haben möchte«? Weil sie die Unterstützung nicht wirklich braucht. Sie ist nicht abhängig davon. Sich dieser Realität zu stellen war für Bärbel zwar unangenehm, aber danach konnte sie, statt zu jammern, einen Schlussstrich ziehen. Sie war vorbereitet auf die Schachzüge ihrer Mutter und hat beschlossen, diesmal anders zu reagieren und ihre Mutter zu irritieren:

Mutter: Jetzt beginnt wieder deine Jammerei.

Bärbel: Nein, ich brauch dich nicht.

Bist auch du irritiert, wenn du Bärbels Reaktion liest? Sie schüttet hier das Kind mit dem Bade aus und bewegt sich von ständiger Anpassung zu einem »Nein«. Dies ist ein erster Schritt.

Unsere erwachsenen Grundbedürfnisse lassen sich als Pole der Differenzierung verstehen, als Pole der Lebendigkeit. Nur wenn wir die Pole in uns ausgleichen und beide Pole in Balance leben, können wir uns ganz fühlen und uns frei bewegen. In Beziehungen tendieren wir oft dazu, nur einen Pol zu erfüllen und den anderen Pol unserem Partner zu übergeben.

Bärbel muss erkennen, dass sie auch in ihrer Beziehung zu ihrem Mann nicht selbstständig agiert, sondern nur einen Pol übernimmt und den anderen ihrem Mann übergibt.

Bärbel ist zum Beispiel sehr freizügig mit Geld, während ihr Mann Ludwig eher knausrig ist. Dieser Kontrast zeigt sich erst in der Paarbeziehung. Davor konnten beide ihre Finanzen so kontrollieren, wie sie es für gut hielten. Keiner war verschuldet und keiner hatte einen schlechten Ruf als gieriger Mensch. Erst in der Paarbeziehung zeigt sich diese Tendenz. Bärbel überlässt Ludwig die volle finanzielle Kontrolle. Bärbel möchte den Kindern aber hin und wieder etwas schenken und ihnen eine Freude bereiten. Jetzt muss sie aber jedes Mal Ludwig fragen, ob er dazu sein Okay gibt. Darüber entspannt sich der Konflikt: Bärbel und Ludwig verstricken sich in endlose Diskussionen um Centbeträge und den Sinn von Geschenken, anstatt voneinander zu lernen und einen guten Ausgleich zwischen Knausern und Großzügigkeit zu entwickeln. Das wäre Differenzierung, das wäre das Ende der Abhängigkeit und das Ende des Bierdeckelkartenhauses. Es wäre der Beginn von zwei autonomen, ganzen Menschen in einer Beziehung. Von zwei Menschen, die Verantwortung für ihre eigenen Bedürfnisse übernehmen. Die zuerst selbst für die Erfüllung ihrer Bedürfnisse sorgen und sich dann fragen, warum sie sich Menschen als Freunde und Liebesbeziehung suchen, die ihnen diese Bedürfnisse nicht erfüllen.

Zwischen zwei Polen – unsere Grundbedürfnisse

Unsere Grundbedürfnisse[40] lassen sich mit den folgenden drei Begriffspaaren gut zusammenfassen. Im Sinne der Differenzierung geht es darum, diese Pole in dir selbst in eine Balance zu bringen:

- ◇ Sicherheit – Abwechslung
- ◇ Autonomie – Verbundenheit
- ◇ Geben – Nehmen

Du kannst in dich hineinspüren und den Begriffen deine persönliche erweiterte Bedeutung geben. Wir geben dir ein paar Ideen, in welche Richtung du denken kannst:

- ◇ **Sicherheit:** Ein sicherer Job. Ein verlässlicher Lebenspartner. Gewaltfreiheit. Geborgenheit, finanzielle Stabilität …
- ◇ **Abwechslung:** Abenteuer, Veränderung, Neues kennenlernen, Ausbrechen aus Routinen, Herausforderungen …
- ◇ **Autonomie:** Einzigartigkeit, Individualität, für meinen Partner einzigartig sein, aus der Masse herausstechen, gesehen werden, sich zeigen, (finanzielle) Unabhängigkeit, Gestaltungswille …
- ◇ **Verbundenheit:** Zugehörigkeit, Familie, Freunde, Beruf, Vereine, Gesellschaft, Erleben von Gemeinschaft …
- ◇ **Geben:** etwas geben, etwas weitergeben, lehren (Erfahrung, Wissen), etwas zurückgeben, helfen, unterstützen…
- ◇ **Nehmen:** etwas annehmen, etwas lernen, Wachstum, Hilfe annehmen …

Wie ist es bei dir? Bist du in deiner Beziehung für Sicherheit zuständig und dein Gegenüber für Abwechslung? Oder umgekehrt? Hast du deinen Partner am Anfang eurer Beziehung dafür bewundert, dass er so richtig im Leben steht, oder hast du deine Partnerin dafür bewundert, wie ruhig und gelassen sie ist? Statt diese Eigenschaft in dir auch zu kultivieren, hast du sie womöglich verkümmern lassen, hast diese Aufgabe an deinen Partner delegiert, hast dich bei ihm angelehnt? Genauso hat er sich bei dir angelehnt und hat die andere Seite des Pols dir überlassen?

Bärbel hat immer die Familie zusammengehalten. Sie hat mindestens alle zwei Monate ein Treffen mit den Kindern und den vier Großeltern organisiert. Manchmal sind sie gemeinsam in eine Ausstellung gegangen oder in ein Lokal oder sie hat sie nach Hause eingeladen. Ludwig hat sich darum nicht gekümmert. Er hat seine Eltern bei diesen Treffen gesehen und sonst hin und wieder etwas in den Familienchat geschrieben.

Doch solche Modelle, diese unbewussten Deals, funktionieren nur für eine begrenzte Zeit. Menschsein bedeutet Veränderung. Wie schon mehrfach erwähnt, drängt das Leben vorwärts und dann, vielleicht plötzlich, bricht einer aus diesem System aus. Bärbel will nicht mehr für Zugehörigkeit sorgen und ständig für alle Familientreffen verantwortlich sein. Oder es nervt, wie und wie oft diese Treffen stattfinden. Dann beginnen die Spannungen zwischen den Partnern oder anderen Familienmitgliedern. Das Bierdeckelkartenhaus beginnt zu vibrieren.

Allerdings gehören diese Spannungen jeder einzelnen Person selbst. Jedes Familienmitglied muss nun für sich selbst herausfinden, wie viel Kontinuität und wie viel Veränderung es in seinem Leben braucht. Wie viel Autonomie und wie viel Verbundenheit möchte jeder leben? Beide Bedürfnisse müssen dann gestaltet werden. Erst wenn man die Pole in sich ausgeglichen hat und die Verantwortung für seine Bedürfnisse übernommen hat, dann kann man beginnen, Lösungen zu finden, wie man das Leben mit seinem Partner, seiner Familie gestalten kann, sodass dabei keiner zu kurz kommt.

Bärbels Eltern lassen sich jedoch unerwartet scheiden und treten aus dem Familienchat aus. Ludwigs Eltern gehen davon aus, dass Bärbel weiter die Familientreffen organisiert, und schreiben weiter in den Familienchat. Bärbel spürt den Druck – sie hat in der Familie nie gelernt, Nein zu sagen und zu sagen, dass sie Zeit für sich braucht. Und wenn sie es tut, wird es ihr versagt. Jemanden, den sie mag, zu enttäuschen fällt ihr sehr schwer und doch spürt sie, dass kein Weg daran vorbeiführt. Sie muss nun die Fähigkeit entwickeln, ihre Grenze zu zeigen. Das gelingt ihr auch – Ludwigs Eltern akzeptieren, dass sie nun keine Treffen mehr organisiert. Ludwig weiß das zwar, aber er braucht sechs Monate, bis er realisiert, dass er nun seine Eltern überhaupt nicht mehr sieht. Obwohl er die Treffen bisher als eher lästige Notwendigkeit empfunden hat, spürt er, dass diese Distanz für ihn unangenehm ist. Natürlich wäre es ihm am liebsten, Bärbel würde die Aufgabe wieder übernehmen. Aber sie hat für sich bemerkt, dass sie diese Distanz durchaus auch genießt. Also bleibt Ludwig nichts anderes übrig, als für sich selbst und seine Kinder zu definieren, wie viel Nähe und Kontakt er mit seinen und auch mit Bärbels Eltern möchte, und die Treffen auch zu organisieren. Er schlägt Bärbel vor, dass sich einmal nur alle Männer treffen, also beide Großväter und er mit den Kindern, und einmal beide Großmütter und Bärbel. Bärbel merkt, dass Ludwig hier einen Schritt gegangen ist und auch bereit ist, etwas Neues zu versuchen. Daher lässt sie sich von diesem Vorschlag überzeugen. Sie haben eine Lösung für sich gefunden.

Der lebendigste, wachste und am höchsten differenzierte Mensch im System, der Mensch, der am besten mit sich selbst in Kontakt ist, am »gesündesten« ist, erzeugt die Unruhe durch Bewegung, durch den nächsten notwendigen Entwicklungsschritt.

Erfahrung: Die Pole in Balance bringen

Um dir Klarheit über deine Pole und deine Felder der Differenzierung zu schaffen, kannst du aufschreiben, wie sich Autonomie in deinem Leben zeigt und dann wie sich Verbundenheit in deinem Leben zeigt.

Bei allen sechs Begriffen kannst du dir überlegen, ob du sie in dir ausgleichst oder ob einer in eurer Beziehung vor allem eine Seite des Pols bedient und der andere die andere. Prüfe, ob du abhängig davon bist, dass dein/e Partner:in das auch tut. Sobald du deine/n Partner brauchst, für was auch immer, nimmt die Frei-Willigkeit ab und die Abhängigkeit nimmt zu. Du musst dich entscheiden: Brauchst du es, gebraucht zu werden, und willst du gewollt werden?

Wer als erwachsener Mensch Anerkennung und Bestätigung von seinen Eltern oder seinem Partner oder sogar von den eigenen Kindern braucht, wird bedürftig. Erwachsensein bedeutet das Ende der Fremdspiegelung. Wer als Erwachsener nicht grundsätzlich fähig ist, für seine Bedürfnisse selbst zu sorgen, zerstört mit der Zeit seinen eigenen Selbstwert. Aber egal ob Männer oder Frauen, wenn Menschen nicht selbst für diese erwachsenen Grundbedürfnisse sorgen und damit meist auch diese Grundbedürfnisse von anderen nicht erfüllt bekommen, reagiert ihr autonomes Nervensystem mit Aktivierung, selbst wenn sie es bewusst gar nicht wollen, und sie fallen die Leiter hinunter. Ihr Sympathikus wird aktiviert, wobei gleichzeitig die differenzierenden Kompetenzen des ventralen Vagus und der Großhirnrinde massiv reduziert oder gar fast ganz abgeschaltet werden.

Werden Eltern oder Partner mit diesem Verhalten konfrontiert, kommt gleichsam wie aus der Pistole geschossen, was sie doch immer alles für den anderen oder die Kinder oder die Familie täten: Die Mutter, die für ihre erwachsene Tochter Kekse backt (sie hat zwar keine bestellt und Spaß macht es auch nicht so richtig, aber sicherheitshalber und der Tradition wegen …), die Frau, die jedes Mal beim Sex einen Orgasmus hat, damit der Mann sich gut fühlt (es ist zwar ein bisschen anstrengend und auch langweilig, aber es ist ihre Art sich zu bemühen); der Mann arbeitet wie verrückt, um seinen Liebsten etwas bieten zu können (vier oder fünf Sterne sollten es schon sein im Urlaub – obwohl es anstrengend und doch langweilig ist). Hier entsteht emotionaler Smog und Beziehungen auf Augenhöhe werden verhindert. Gut gemeint ist nicht automatisch gut gemacht.

Selbstmitgefühl entwickeln

»Sich aufopfernde« Bezugspersonen wie Ruths Oma aus dem Kapitel »Aufwachsen mit sich aufopfernden Bezugspersonen« (Seite 92 f.) sorgen nicht für sich, sie sind selbstlos. Aber wo ist die Grenze zwischen Märtyrer und Heldin? Da sie sich nicht um sich selbst sorgen, bleibt den Nächsten nichts anderes übrig, als sich um sie zu kümmern. Irgendwer muss sich schließlich um sie kümmern, wenn sie es nicht selbst tun. Ruths Oma sorgt nicht dafür, dass es ihr gut geht, also muss Ruth dafür sorgen, dass es ihr gut geht. Dachte Ruth bisher …

Es geht nicht darum, dass sich die Großmutter ändert. Es geht darum, dass Ruth sich selbst aus der Verantwortung für das gute Gefühl ihrer Großmutter entlässt und stattdessen Verantwortung übernimmt für ihr eigenes Wohlbefinden.

Oma: Und, haben dir die Krapfen geschmeckt? Die waren vom Bäcker, weißt eh …

Ruth: Ah … mmmm …ja …

Oma: Ja?

Ruth: Ich hab dich total lieb und ich finde das auch wirklich süß, dass du dir die Mühe gemacht hast, die Krapfen zu besorgen. Aber die Post war zu langsam und ist auch nicht gut mit den Krapfen umgegangen, die waren leider kaputt, als sie angekommen sind.

Oma: Da war nichts mehr zu retten?

Ruth: Da war nichts mehr zu retten. Ich musste sie wegwerfen. Ich hoffe, du hast noch einen gegessen, als er noch gut war.

Oma: Du weißt doch, dass ich keine Krapfen mehr esse.

Ruth: Ich werde mir das nächste Mal, wenn ich bei dir bin, einen Krapfen kaufen und sofort essen.

Es geht darum, dass Ruth nicht nur spürt, also Selbstmitgefühl hat, was sie will, sondern auch etwas dafür tut und dies anderen zeigt. Sie kann damit ein Vorbild für andere sein.

Wenn du beginnst, für deine Bedürfnisse selbst zu sorgen, deine Selbstfürsorge zu entwickeln, dann gibt es für die Menschen rund um dich zwei grundsätzliche Möglichkeiten, darauf zu reagieren: Entweder sie nehmen es als Ansporn, selbst etwas für sich zu tun, oder sie versuchen, dich wieder in deine alte Position zurückzudrängen und deine Entwicklung zu verhindern. Es ist gut, wenn dir klar ist, dass es für deine Entwicklung nicht nur Applaus gibt, sondern auch massiven Gegenwind. Dann ist deine Differenzierung umso mehr gefragt: Du kannst dein Tun selbst bestätigen und trotzdem dem geliebten Menschen zugewandt bleiben.

Oft tauchen dann aus einer konkreten Situation wie in diesem Beispiel mit den Krapfen andere Bilder auf und es wird mehr und mehr klar, wie viele Verstrickungen damit zusammenhängen. Die Krapfen waren ja nicht das erste Mal, dass die Großmutter Essen in den Kreis von Ruth gestellt hat. Das war in Ruths Erleben schon immer so. Sie geht in ihrer Vorstellung in eine Situation ihrer Kindheit. Sie ist mit ihren Eltern auf dem Spielplatz. Es ist eine friedliche Szene, bis die Großmutter mit dem vollen Picknickkorb auf der Bildfläche erscheint. Ruth kann sehen, wie die Wut in ihrer Mutter aufsteigt, dass die Großmutter alle mästen möchte – besonders ihren Sohn, Ruths Vater. Der fühlt sich zwischen den Stühlen. Seine Frau möchte, dass er nichts isst und auf seine Figur achtet, seine Mutter möchte ihn mit Kuchen füttern. Er kann sich nicht entscheiden und das wird auch sein restliches Leben so bleiben. Als Kind übernimmt nun Ruth die Aufgabe ihres Vaters, sich zwischen diesen beiden Frauen zu entscheiden, um ihren Vater zu entlasten: Ruth isst die gebackene Liebe ihrer Großmutter. Immer und immer wieder.

Kinder versuchen oft, einen Elternteil zu retten und etwas zu tun, damit es ihnen besser geht. Doch diese Aufgabe ist zu groß für sie und es ist nicht ihre Angelegenheit.

Zu erkennen, dass sie sich nicht zwischen diesen beiden Frauen entscheiden muss, sondern beide lieben darf und trotzdem die Krapfen wegschmeißen kann, wird für Ruth als Aufgabe damit sichtbar.

Den richtigen Abstand finden

Das Maß für Nähe und Distanz ist leider nicht auf einem Metermaß eingezeichnet. Jeder muss dieses Maß für sich selbst finden und gesellschaftliche Normen sind eher hinderlich, weil sie dir von außen etwas aufdrücken, was du nur von innen herausfinden kannst.

Wir erinnern uns gern an ein Paar, das sich, nachdem das letzte Kind das 18. Lebensjahr erreicht hatte, scheiden ließ und in getrennte Wohnungen gezogen ist und plötzlich – für alle unerwartet – wurden sie zum glücklichsten Paar und leben nun bereits seit 15 Jahren in dieser Form. Sie verbringen jedes Wochenende gemeinsam, fahren miteinander in Urlaub, aber sie wohnen nicht mehr unter einem Dach. Das ist das richtige Maß an Nähe, das für sie möglich ist.

Manchmal muss man anerkennen, dass auch zwischen Eltern und Kindern Kontakt und Nähe nur in beschränktem Maß möglich sind. Möglicherweise waren die Verletzungen zu groß, möglicherweise sind die Eltern zu sehr mit sich selbst beschäftigt, sodass tiefer gehender Kontakt nicht möglich ist.

Mira hat im Kapitel »Retraumatisierende Eltern« (ab Seite 94) versucht, ihrer schwindenden Hoffnung Ausdruck zu geben, aber ihre Vorwürfe binden sie genauso, wie es Zuneigung tun würde. Vorwürfe sind kein Ausdruck von Distanz, es sind schmerzhafte Verbindungen.

Sie versucht nun, in einem Mentalog Worte für den möglichen Kontakt zu finden, dabei wird ihr klar, dass sie jetzt nicht mit ihrem Vater reden möchte und dass es für sie jetzt besser ist, einen Brief zu schreiben:

Papa, ich hatte all die Jahre eine tiefe Sehnsucht nach Nähe zu dir. Aber wir können das nicht. Ich nicht und du auch nicht. Ich werde es nicht mehr versuchen zu erzwingen. Ab jetzt werde ich dich zweimal im Jahr anrufen – zu Weihnachten und zu deinem Geburtstag. Falls du mich dazwischen sprechen möchtest, freu ich mich sehr, ruf mich einfach an. Ich bin dir dankbar, dass du da-

für gesorgt hast, dass ich auf der Welt bin und dass du mich großgezogen hast.

Selbstregulation stärken

Robert (Seite 99) hatte keine Vorbilder für Selbstregulation. Seine Eltern haben ungebremst ihre Emotionen ausgelebt und sich gegenseitig verbal so verletzt, dass keine liebevolle Begegnung mehr möglich war und ist. Oft hat sich Robert als Kind gewünscht, dass seine Eltern sich trennen und diese Streitigkeiten dadurch endlich ein Ende finden. Als Erwachsener musste er an sich selbst bemerken, dass er nur über eine geringe Impulskontrolle verfügt. Doch was er als Kind erlebt hat, will er unter keinen Umständen an seine Kinder weitergeben.

Darum hat Robert bereits vor einiger Zeit beschlossen, sich an den Streitereien seiner Eltern nicht mehr zu beteiligen. Doch nun braucht er eine neue Strategie, um mit den in ihm entstehenden Emotionen umzugehen. Bis jetzt versucht er, die Lage zu beruhigen oder den Angriffen seiner Eltern auszuweichen und sich zu ducken.

Sein nächster Schritt ist, sich den Angriffen zu stellen, ohne zurückzuweichen und ohne anzugreifen. Es geht für ihn darum, dem Sturm ruhig und gefasst ins Auge zu schauen. In seinem Mentalog versucht er, seinen Zustand ruhig zu halten und die richtigen Worte zu finden. Es kommt ihm in den Sinn, dass er beim Gehen durch die Natur sehr schnell innerlich ruhig wird. Also beschließt er, sich den folgenden Mentalog bei einem Gang durch den Wald vorzustellen:

Mutter: Das, was du gestern gesagt hast, geht gar nicht. Ich fordere von dir Respekt deinen Eltern gegenüber. Das kannst du nicht machen, das lass ich nicht zu.

Robert: Es tut mir leid. (Damit wechselt Robert die Ebene – er spricht nicht über den Inhalt, sondern über die Emotionen.)

Mutter: Was tut dir leid?

Robert: Es tut mir leid, dass wir nicht in Ruhe miteinander sprechen können.

Robert spürt, dass er tatsächlich ruhig bleiben kann. Er fühlt sich gut in seiner Vorstellung. Er kann den Waldweg unter seinen Füßen spüren und die kühle Luft in seinem Gesicht. Die Mutter in seiner Vorstellung ist irritiert, dass es ihr nicht gelingt, ihn aus dieser Rolle, diesem Zustand herauszudrängen. Er nimmt einen leichten Zug in sich wahr, aufgrund dieses Erfolges überheblich zu werden. Bis jetzt konnte sich Roberts Mutter darauf verlassen, dass auch Robert emotional destabilisiert wird. Ob er dann auch zu schreien begann und angriff oder in Deckung ging, war ihr egal. Seine Instabilität war die Rechtfertigung für sie, ebenfalls instabil zu sein und ihre Emotionen ungefiltert auszuagieren. Um ihn zu destabilisieren, war ihr jedes Mittel recht: schreien, Türen knallen, drohen …

Mutter: Du willst dich nur nicht einer Herausforderung stellen. Du bist ein feiger Hosenscheißer geworden.

Robert: Du hast recht, ich bin in den letzten Jahren diesen Auseinandersetzungen ausgewichen. Ich werde mich in Zukunft bemühen, mich diesen zu stellen.

Mutter: Ja, bla, bla, bla.

Robert: Du möchtest lieber weiterstreiten. Das bist du gewohnt. Es fühlt sich vielleicht auch kurz gut an, wenn du deine Wut so richtig rausgelassen hast.

Robert versucht, seiner Mutter zu zeigen, dass er bereit ist, in ihre Gedanken hineinzutauchen. Auch wenn es ihm vielleicht jetzt beim ersten Mal nicht sofort vollkommen gelingt, wird der Mutter klar werden, dass Robert nicht mehr bereit ist, wegzuschauen und dass er beginnt, Verantwortung für seinen emotionalen Zustand zu übernehmen.

Den Dialog suchen

Jan (Seite 100) hat begonnen, sich zu überlegen, was in seiner Entwicklung zwischen seiner Zeugung und dem dritten Lebensjahr und dann danach bis zu seinem zehnten Lebensjahr nicht so gut gelaufen ist. Er muss sich eingestehen, dass er kaum ein Bild davon hat. War er ein Wunschkind? Wie war sein Ankommen auf dieser Welt? Wie waren seine Autonomie- und Explorationsphase (Seite 31)? Er beschließt, seinen Vater bei den nächsten Telefonaten immer wieder über die Vergangenheit auszufragen. Die Doppelbotschaften seines Vaters – ein Vorwurf, der aber sofort wieder relativiert wird, kennt er ja bereits zur Genüge. Dieses Verhalten seines Vaters erscheint ihm kein fruchtbarer Boden für ein Gespräch. Aber jetzt gibt es etwas, das ihn tatsächlich interessierte. Bisher war der einzige Grund, seinen Vater anzurufen, ein schlechtes Gewissen. Jetzt hatte er ein tatsächliches Interesse, etwas von seinem Vater zu erfahren. Die Themen würden für viele Telefonate reichen. Um nicht zu vergessen, was ihm jetzt in den Kopf schoss, machte er sich eine Liste, die er dann später nach und nach mit neuen Themen erweitern wollte. Er nannte diese Liste »Fragen an meinen sterbenden Vater«. Stellte er sich vor, dass sein Vater eines Tages nicht mehr da sein würde, um seine Fragen zu beantworten, stieg in ihm der nötige Mut auf, die Fragen zu formulieren und auch zu stellen:

Wo hast du Mama kennengelernt?
Wie lange wart ihr zusammen, bevor ihr geheiratet habt?
War ich ein Wunschkind?
Warum habe ich keine Geschwister?
Hattest du davor relevante Liebesbeziehungen?
Wie war dein Verhältnis zu deinen Eltern?
Wollte Mama auch aufs Land ziehen oder nur du?

Bei jedem Telefonat will er eine Frage stellen. Möglicherweise werden auch Fragen dabei sein, die der Vater nicht so gern beantworten möchte. Dann gilt es, die Frage zu wiederholen und, wenn wieder keine Antwort kommt, dies anzumerken.

Vater (am Telefon): Meldest dich auch wieder einmal.

Jan: Ja, was ich dich fragen wollte: Warum ist Opa damals ins Gefängnis gekommen?

Vater: Ich weiß nicht.

Jan: Irgendwer muss ihn doch verraten haben?

Vater: Ja, sicher.

Jan: Glaubst du, es war jemand aus dem Dorf?

Vater: Nein, sicher nicht. Das wäre irgendwann rausgekommen.

Das Gespräch scheint beim Lesen nichts Neues zu ergeben. Das Neue ist nicht der Inhalt. Das Neue ist, dass Jan das erste Mal in seinem Leben mit seinem Vater über dessen Vater spricht, über Jans Großvater. Jans Haltung ist verändert. Er hat kein schlechtes Gewissen und plötzlich verläuft das Gespräch vollkommen anders. Die Landkarte des Vaters wird irritiert und auch Jan muss feststellen, dass sein Vater neue Seiten zeigt.

Neue Verhaltensweisen etablieren

Auf den ersten Blick ist es oft schwer zu erkennen, was wir selbst dazu beitragen, dass ein Gespräch den immer gleichen Verlauf nimmt. Wie laden wir unsere Eltern dazu ein, dass sie agieren, wie sie es tun? Insbesondere deswegen ist es so wichtig, dass du dir über deinen eigenen Zustand bewusst wirst und immer wieder mit aller Kraft daran arbeitest, diesen zu verbessern. Was passiert, wenn du das Gespräch beginnst oder kurz davor: Bist du von deinen Gedanken und Gefühlen, vom Hier und Jetzt abgetrennt? Hast du ein schlechtes Gewissen? Bist du voller Vorwürfe? Bist du genervt?

Alexandra hat immer »so ein Gefühl«, als hätte sie ihre Familie verraten. Dieses Gefühl wird von ihrer Mutter auch ständig wieder befeuert.

Mutter: Wann kommt ihr denn am Sonntag vorbei?

Alexandra: Ich wollte eigentlich am Sonntag meiner Nachbarin beim Möbel-Aufbauen helfen.

Mutter: Das brauchst du doch nicht.

Beim Lesen ihres Mentalogs bemerkt Alexandra, dass sie ihre Mutter schon mit ihrem ersten Satz einlädt, ihre Aussage zu untergraben. Statt mit einer direkten Aussage spricht Alexandra im Konjunktiv, gewürzt mit einem relativierenden »eigentlich«. Damit signalisiert sie ihrer Mutter, dass das, was sie sagt, nicht unumstößlich ist. Auf rationaler Ebene weiß Alexandra, dass sie kein schlechtes Gewissen haben muss, aber ihre Emotionen lassen sich nicht mit Argumenten überzeugen. Es bedarf vieler Wiederholungen der gleichen Situation als Mentalog, in den sie jedes Mal emotional vollkommen in diese Situation einsteigt und Sätze ohne Konjunktiv findet:

Mutter: Wann kommt ihr denn am Sonntag vorbei?

Alexandra: Ich baue am Sonntag mit einer Freundin Möbel zusammen.

Das wirkt auf Alexandra immer noch wie eine Entschuldigung.

Alexandra: Ich habe nie gesagt, dass ich am Sonntag komme.

Das findet Alexandra zu harsch.

Alexandra: Ich komme diesen Sonntag nicht. Aber nächsten Sonntag würde ich gern kommen.

Im zweiten Satz bemerkt Astrid wieder einen Konjunktiv. Aber sonst ist es für sie so okay.

Wie Alexandra kannst du dein gelerntes Muster nur allmählich verändern. Du musst diesen neuen Pfad öfter begehen, bis er zu einem vertrauten Weg wird.

Abschließend

Wie geht es dir, wenn du auf die Entwicklungen von Astrid, Ruth, Robert, Markus und all den anderen schaust?

Was uns bewegt, sind ihre Gemeinsamkeiten: Alle sind einen Schritt gegangen und haben sich entwickelt. Es ist ihnen gelungen, in ihre Ruhe zu kommen und aus der Ruhe eine gute emotional distanzierte und gleichzeitig mitfühlende Position einzunehmen. Freundlich und mit offenem Herzen wenden sie sich ihren Eltern zu und sagen deutlich und klar, was sie zu sagen haben. Sie bleiben groß und würdevoll, sie sind nicht mehr abhängig und dadurch erpressbar. Sie bezahlen die notwendigen Preise. Und: Sie gestalten ihre Beziehungen, wenden sich jenen zu, wo sie auf fruchtbaren Boden treffen, und ziehen ihr Engagement dort zurück, wo sie es nach unzähligen Versuchen als sinnlos empfinden. Sie sind in die Zukunft gewandt und können ihre Eltern buchstäblich hinter sich lassen. Kannst du dieses Bild visualisieren?

Mit all diesen Menschen ist es eine Wohltat, Zeit zu verbringen und zusammen zu sein. Sie kontrollieren sich selbst und nicht ihre Umwelt. Sie regulieren sich von innen nach außen und entledigen sich Schritt für Schritt ihrer Kreisverschlüsse, ihrer Regulation von außen nach innen. Sie sind sichere Menschen. Das macht sie frei, unabhängig und bereit, aus dieser Kraft heraus ihre Beziehungen immer wieder auf Augenhöhe zu führen.

Das Kopieren der eigenen Herkunftsfamilie funktioniert nicht. Menschen wollen die Veränderung begrüßen, wollen wachsen – und wollen gleichzeitig, dass alles so bleibt, wie es ist. Oder wollen ohne Mühe schon im Neuen angekommen sein, dorthin gebeamt sein. Aber beim Enteltern, beim Erwachsenwerden als Erwachsene/r gibt es keine Abkürzung. Wir müssen hineinwachsen und den Preis bezahlen.

Wir hoffen, dich ermutigt zu haben, mit dir zu beginnen und der Mensch zu werden, der du nach reiflicher Überlegung sein willst. Aber das ist dein Job. Wer soll ihn sonst tun?

Wir haben dir einen Weg angeboten, der dich mit deinem Kreis bekannt macht und dich vielleicht staunen lässt, dass er doch mehr Ecken und Kanten hat, als du dir dachtest. Du hast vielleicht bemerkt, dass der Zaun deines Gartens, der dich vom Garten deiner Eltern trennt, ramponiert ist und du ihn neu aufstellen und flicken kannst. Vielleicht hast du auch erkannt, dass eure Gärten schon zusammengewachsen sind, und widmest dich nun dem Wildwuchs.

Du kannst Halt und Stabilität in dir finden, dich immer wieder regulieren, um dann, als ganzer Kreis in Beziehung zu treten – und dich schließlich zu öffnen, ohne dich selbst zu verlieren. Das ist kein linearer Prozess, kein Abarbeiten. Es ist ein Dranbleiben, ein Vor und Zurück, ein Weg, der erst mit deinem letzten Atemzug endet. Mögest du auch mithilfe dieses Buches Förderliches vermehren, Hinderliches erkennen und überwinden.

Kontaktiere uns – und werde Teil der Wachstumsgemeinschaft:

www.entelterung.at
sandra@entelterung.at
martin@entelterung.at

Danke

Wir haben uns im Laufe unserer eigenen Reise und Selbsterziehung von vielen Spezialist:innen persönlich und hautnah inspirieren, begleiten, stärken, ermutigen, in den Hintern treten und helfen lassen. Viele davon haben Platz in diesem Buch gefunden – ihnen gehört unser Dank.

Ein besonderer Dank gebührt unserer Kollegin, Freundin und Wegbegleiterin Marlene Rupp und ihrer unendlich wertvollen Arbeit. Wir lieben dich!

Judith Safar – dir, liebe Kollegin und Freundin, ein großes Danke für die Assistenz bei unseren Entelterung-Webinaren und für das erste Durchlesen unseres Manuskripts. Danke für dein Engagement und dein wertvolles Feedback!

Wir sind sehr dankbar, Freunde zu haben und uns als Teil einer Gemeinschaft zu verstehen. Auch unsere Freunde helfen uns, immer wieder in einen guten Zustand zu kommen.

Wir danken Stefan Jetter für die Initialidee zum Begriff »Entelterung«.

Wir bedanken uns bei unseren mutigen Klienten und Klientinnen, denen wir schulden, zu leben, was wir lehren. Wir feiern euch! Wir feiern auch die Hunderte von Teilnehmer:innen an den Liveseminaren und am Entelterung-Webinar, das wir während der Pandemie so erfolgreich ins Leben gerufen haben und das jetzt wieder ein Stück wachsen darf.

www.cafe-z.at, www.franzundjulius.at, www.noomi.at: Cafés, in denen wir über Stunden hinweg kreativ sein durften – danke für eure Wärme, euer gutes Essen und eure Gastfreundschaft!

Danke an den GU-Verlag, der an unsere Leidenschaft geglaubt hat!

Anmerkungen

1 Juul, Jesper: Dein kompetentes Kind. Auf dem Weg zu einer neuen Wertgrundlage für die ganze Familie, Reinbek bei Hamburg, Rowohlt Verlag, 4. Auflage 2010, S. 142

2 vgl. https://crucible4points.com/six-tips-more-passion-german »Umarmen bis zur Entspannung« wird in »Passionate Marriage« ausführlich beschrieben. Vgl. Schnarch, David: Die Psychologie der sexuellen Leidenschaft. Stuttgart, Klett Kotta, 2016, S. 321

3 vgl. Maté, Gabor: Vom Mythos des Normalen. Wie unsere Gesellschaft uns krank macht und traumatisiert – Neue Wege zur Heilung. München, Kösel Verlag, 2023

4 vgl. Bucay, Jorge: Eine traurige, gar nicht so traurige Geschichte, Frankfurt am Main, S. Fischer Verlag GmbH, 3. Auflage 2018

5 vgl. https://www.thebowencenter.org/differentiation-of-self, Übersetzung der Autoren

6 vgl. Dana, Deb: Flipchart Poyvagal-Theorie. Der Einfluss des autonomen Nervensystems auf das Erleben von Sicherheit und Verbundenheit, Lichtenau, G. P. Probst Verlag, 2021

7 Mik, Jeannine, Teml-Jetter, Sandra: Keine Angst, Mama!, München, Kösel Verlag, 2021 E-Book 1426

8 Erfahrung frei nach Dana, Deb: Der Vagusnerv als innerer Anker. Angst und Panik überwinden, Ruhe und Stärke finden, München, Kösel, 2022.

9 vgl: https://22409420.fs1.hubspotusercontent-na1.net/hubfs/22409420/eBooks/eBook%20-%20Unyte%20Nervous%20System%20Regulatory%20Activities.pdf?utm_medium=email&_hsmi=252449631&_hsenc=p2ANqtz-_weUS-fGx6MRLNn035YZ7LNNiMYXELcWfeGoNGMHe856vysXU_uzGlx2DPzlh16uVzamt-J8phnDc9TkK1tyEV4JgB6aowRnAE2QEiuYMgOO73NfE&utm_content=252449631&utm_source=hs_automation

10 vgl. auch Mik, Jeannine, Teml-Jetter, Sandra: Keine Angst, Mama! München, Kösel Verlag, 2021

11 vgl. Schnarch, David: Brain Talk. Professional Edition. How Mind Mapping Brain Science can Change Your Life and Everyone in It, New York, Sterling Publisher, 2018, E-Book Pos 2592; und: Intimität und Verlangen, Sexuelle Leidenschaft in dauerhaften Beziehungen, Stuttgart, Klett-Cotta 2011, E-Book Pos 1042

12 Schau dir dazu Dami Charfs Video an: »Warum Glück und Freude so schwierige Gefühle sind«: https://youtu.be/U07OcG4wCrg

13 https://lemonadamedia.com/podcast/trauma-with-dr-gabor-mate/

14 https://youtu.be/IeHcsFqK7So

15 vgl. Levine, Peter: Sprache ohne Worte. Wie unser Körper Trauma verarbeitet und uns zurück in die innere Balance führt, München, Kösel Verlag, 9. Auflage 2011. Auf den Seiten 355 ff findest du auch Körper-Gewahrseinserfahrungen.

16 basierend auf: Dana, Deb: Polyvagal Card Deck. Practices for Calm and Health, New York, Norton, 2022.

17 Feuchtgebiete: Deutschland/Spanien 2013, Regie: David F. Wnendt, Drehbuch: Claus Falkenberg, David F. Wnendt

18 vgl. David Schnarch: Brain Talk, E-Book S. 163 ff.

19 Does inappropriate behavior hurt or stink? The interplay between neural representations of somatic experiences and moral decisions. Science Advances Vol. 6, No. 42. Oktober 2020

20 vgl. Miller, Martin: Das wahre »Drama des begabten Kindes«. Die Tragödie Alice Miller, Stuttgart, Herder Spektrum, 2016 Seite 74. Position 792

21 Peter Levine hat hierzu ein fantastisches Buch geschrieben: Kinder vor seelischen Verletzungen schützen

22 vgl. Niederberger, Ueli: Die Anatomie der Kränkung. Ein Beitrag zum Werk von Jesper Juul. Kleinteil, 2010.

23 vgl. Mik, Jeannine, Teml-Jetter, Sandra: Mama, nicht schreien! München, Kösel Verlag, 2019, S 177

24 Wenn du dich weiter in Beispiele ekelhafter Elternschaft vertiefen möchtest: Der Film »Meine liebe Rabenmutter« zeigt die Elternschaft der US-amerikanischen Schauspielerin Joan Crawford zu ihren Adoptivkindern. Christina Crawford, Joan Crawfords Adoptivtochter, hat ihre Erlebnisse in ihrem Buch »Mummie Dearest« zusammengefasst. Auf der Seite https://www.narzissmus.org findest du neben persönlichen Berichten von Usern sehr hilfreiche Erklärungen zum Thema narzisstische Mütter.

25 vgl. Jorge Bucay: Der angekettete Elefant in »Komm, ich erzähl dir eine Geschichte«, Fischer Taschenbuchverlag. Frankfurt am Main, 2008

26 Mit Dr. Hubert Teml im Gespräch über die »fully functioning person«, Wien, Herbst 2022. Dr. Teml ist Mitbegründer des ersten österreichischen Instituts für personenzentrierte Psychotherapie

27 Vertiefend dazu »Kollaborative Allianz« in Schnarch, David: Intimität und Verlangen, Sexuelle Leidenschaft in dauerhaften Beziehungen, Stuttgart, Klett-Cotta 2011, S. 317 ff.

28 vgl.: Taylor, Jill Bolte: My Stroke of Insight. A Brain Scientist´s Personal Journey, New York, Penguin 2016, E-Book; S. 120

29 Bordt, Michael: Die Kunst, die Eltern zu enttäuschen. Von Mut zum selbstbestimmten Leben. Elisabeth Sandmann Verlag. E-Book, S. 91

30 vgl. Schnarch, David: Brain Talk: Wie wir das Gehirn nutzen, um uns selbst und andere besser zu verstehen. München, Kösel Verlag, 2020, und Schnarch, David: Die Psychologie der sexuellen Leidenschaft. Stuttgart, Klett Kotta, 2016, E-Book

31 Michael Bordt, S. 84

32 Der US-amerikanische Autor James Clear bietet eine gratis 30-Tage-Challenge im Gewohnheitsänderung: https://jamesclear.com/30-days, und ein dazugehöriges Workbook an: https://jamesclear.s3.amazonaws.com/Habits+Course/30+Days+to+Better+Habits+Workbook.pdf

33 https://www.youtube.com/watch?v=1o30Ps-_8is & https://www.gottman.com/blog/the-four-horsemen-recognizing-criticism-contempt-defensiveness-and-stonewalling/

34 Michael Bordt: S. 14

35 vgl. Deb Dana: Polavagal Card Deck

36 vgl. Sprenger, Reinhard K.: Die Entscheidung liegt bei dir. Wege aus der alltäglichen Unzufriedenheit, Frankfurt am Main, Campus Verlag GmbH, 2004

37 Mit freundlicher, kollegialer Genehmigung

38 https://www.zdf.de/dokumentation/37-grad-leben/mit-den-eltern-brechen-100.html?fbclid=IwAR3CKvfzquW56aACslVrQCPcsH3OI4pU9LCS-imUyusbcvmVXXtxZ-TqD0w#autoplay=true

39 vgl. Byron, Katie: Ich brauche deine Liebe – ist das wahr? München, Goldmann Verlag, 2012

40 vgl. Charf, Dami: Auch alte Wunden können heilen. Wie Verletzungen aus unserer Kindheit unser Leben bestimmen und wie wir uns davon lösen können, München, Kösel, 2018

Literatur- und Quellenverzeichnis

Aarts, Maria, Aarts, Josje: Das goldene Geschenk. Einthoven, Aarts Production, 2019

Abendvortrag des Evangelischen Bildungszentrums Hospitalhof Stuttgart, 14. April 2016, ca. 109 Minuten auf 2 CDs oder 1 DVD oder als Sofortdownload – Auditorium Netzwerk

Anderson, Frank. G., Sweezy, Martha, Schwartz, Richard C.; Therapeutische Arbeit im System der Inneren Familie, Lichtenau, G. P. Probst Verlag, 2018

Beck, Martha: The way of integrity. Finding the path to your true self, New York, Penguin Life, 2021

Blanton, Brad: Radical Honesty: How to transform your life by telling the truth. Stanley, Sparrowhawk Publications, 2003

Böckler-Rättig, Anne: Theory of Mind, Stuttgart, UTB, 2019

Bordt, Michael: Die Kunst, die Eltern zu enttäuschen. Vom Mut zum selbstbestimmten Leben. Elisabeth Sandmann Verlag. E-Book

Bucay, Jorge: Eine traurige, gar nicht so traurige Geschichte, Frankfurt am Main, S. Fischer Verlag GmbH, 3. Auflage 2018

Byron, Katie: Ich brauche deine Liebe – ist das wahr? München, Goldmann Verlag, 2012

Charf, Dami: Auch alte Wunden können heilen. Wie Verletzungen aus unserer Kindheit unser Leben bestimmen und wie wir uns davon lösen können, München, Kösel Verlag, 2018

dies.: Die 3 Quellen echten Lebensglücks: Was wirklich wichtig ist für ein erfülltes Leben, Gräfe und Unzer Verlag, 2020

Dana, Deb: Der Vagusnerv als innerer Anker. Angst und Panik überwinden, Ruhe und Stärke finden, München, Kösel Verlag, 2022.

dies.: Die Polyvagal-Theorie in der Therapie. Den Rhythmus der Regulation nutzen. Lichtenau/Westfahlen, G. P. Probst Verlag, 2. Aufl. 2019.

dies.: Flipchart Poyvagal-Theorie. Der Einfluss des Autonomen Nervensystems auf das Erleben von Sicherheit und Verbundenheit, Lichtenau, G. P. Probst Verlag, 2021

dies.: Polyvagal Card Deck. Practices for Calm and Health, New York, Norton, 2022.

dies.: Polyvagal Exercises for Safety and Connection. 50 client-centered practices. New York, W. W. Norton & Company, Inc., 2020

Firestone, Robert W., Firestone, Lisa, Catlet, Joyce: Conquer your critical inner voice, Oakland, New Harziger Publications, Inc., 2002

Gibson, Lindsay C.: Adult Children of Emotionally Immature Parents. How to Heal from Distant, Rejecting, of Self-Involved Parents. Oakland, New Harbinger, 2015

Heller, Laurence, Lapierre, Aline: Entwicklungstrauma heilen. Alte Überlebensstrategien lösen, Selbstregulierung und Beziehungsfähigkeit stärken, München, Kösel Verlag, 2013

Juul, Jesper: 5 Grundsteine für eine Familie, Wie Erziehung funktioniert, München, Kösel Verlag, 2015

ders.: Das Kind in mir ist immer da. Weinheim, Beltz Verlag, 2018

ders.: Dein kompetentes Kind. Auf dem Weg zu einer neuen Wertgrundlage für die ganze Familie, Reinbek bei Hamburg, Rowohlt Verlag, 4. Auflage 2010

ders.: Grenzen, Nähe und Respekt. Auf dem Weg zur kompetenten Eltern-Kind-Beziehung. Rowohlt Taschenbuch, 17. Auflage 2009

ders.: Nein aus Liebe. Klare Eltern – starke Kinder, München, Kösel Verlag 2008

Koch-Kersten, Brigitte: Personenzentrierte Traumatherapie: Heilung durch Selbstbejahung, Kröning, Asanger Verlag, 2021

Kuschik, Karin: 50 Sätze, die das Leben leichter machen. Ein Kompass für mehr innere Souveränität, Hamburg, Rowohlt Taschenbuchverlag, 2022

Lepra, Nicole: How to do the work. Recognize your Patterns, hell from your past + create yourself, New York, Harper Colllins, 2021

Levine, Peter, Kline, Magie: Kinder vor seelischen Verletzungen schützen, München, Kösel Verlag, 3. Auflage 2008

Levine, Peter: Sprache ohne Worte. Wie unser Körper Trauma verarbeitet und uns zurück in die innere Balance führt, München, Kösel Verlag, 9. Auflage 2011

Maté, Gabor: Vom Mythos des Normalen. Wie unsere Gesellschaft uns krank macht und traumatisiert – Neue Wege zur Heilung. München, Kösel Verlag, 2023

Mik, Jeannine, Teml-Jetter, Sandra: Keine Angst, Mama! München, Kösel Verlag, 2021

dies.: Mama, nicht schreien! München, Kösel Verlag, 2019

Miller, Alice: Dein gerettetes Leben. Wege zur Befreiung. Stuttgart, Suhrkamp, 5. Auflage

dies.: Wege des Lebens. Sechs Fallgeschichten. Stuttgart, Suhrkamp, 3. Auflage 2008

Miller, Martin: Das wahre »Drama des begabten Kindes«. Die Tragödie Alice Miller, Stuttgart, Herder Spektrum, 2016 ders.: Die Rekonstruktion der eigenen Biographie als bedeutende psychische Ressource

Niederberger, Ueli: Die Anatomie der Kränkung. Ein Beitrag zum Werk von Jesper Juul. Kleinteil, 2010.

Pennebaker, James W.: Heilung durch Schreiben. Ein Arbeitsbuch zur Selbsthilfe, Bern, Hogrefe, 2. Auflage 2019

Pollak, Kay: Durch Begegnung wachsen – Wege zur achtsamen Kommunikation: Beispiele und Strategien für ein harmonisches Miteinander. München, Bassermann Verlag, 3. Auflage 2019

Rosenberg, Stanley: Der Selbstheilungsnerv. So bringt der Vagus-Nerv Psyche und Körper ins Gleichgewicht. Kirchzarten bei Freiburg, VAK Verlag, 2. Auflage 2018

Schnarch, David: Brain Talk. Professional Edition. How Mind Mapping Brain Science can Change Your Life and Everyone in It, New York, Sterling Publisher, 2018, E-Book; deutsch: Brain Talk: Wie wir das Gehirn nutzen, um uns selbst und andere besser zu verstehen. München, Kösel Verlag, 2020. E-Book

ders.: Die Psychologie der sexuellen Leidenschaft. München, Piper Verlag GmbH, 8. Auflage 2010

ders.: Intimität und Verlangen, Sexuelle Leidenschaft in dauerhaften Beziehungen, Stuttgart, Klett-Cotta, 2011

Sprenger, Reinhard K.: Die Entscheidung liegt bei dir. Wege aus der alltäglichen Unzufriedenheit, Frankfurt am Main, Campus Verlag GmbH, 2004

Taylor, Jill Bolte: My Stroke of Insight. A Brain Scientist's Personal Journey, New York, Penguin 2016,

Thimm, Mathias: Bjarne und der Minister für Sicherheit, Hamburg, tredition GmbH, 2. Auflage 2021

Titelman, Peter (Herausgeber): The Therapist's Own Family. Toward The Differentiation of Self. Northvale, New Jersey, London, Jason Aronson Inc., 1995

Toman, Walter: Familienkonstellationen. Ihr Einfluss auf den Menschen, München, C.H.Beck Verlag, 10. Auflage 2020

Filmnachweis:

Der Junge muss an die frische Luft. Deutschland 2018, Regie: Caroline Link, Drehbuch: Ruth Toma

Feuchtgebiete. Deutschland/Spanien 2013, Regie: David F. Wnendt, Drehbuch: Claus Falkenberg, David F. Wnendt

Register

LIEBE LESERINNEN UND LESER,

wir wollen Ihnen mit diesem Buch Informationen und Anregungen geben, um Ihnen das Leben zu erleichtern oder Sie zu inspirieren, Neues auszuprobieren. Wir achten bei der Erstellung unserer Bücher auf Aktualität und stellen höchste Ansprüche an Inhalt und Gestaltung. Alle Anleitungen und Rezepte werden von unseren Autoren, jeweils Experten auf ihren Gebieten, gewissenhaft erstellt und von unseren Redakteur*innen mit größter Sorgfalt ausgewählt und geprüft.

Haben wir Ihre Erwartungen erfüllt? Sind Sie mit diesem Buch und seinen Inhalten zufrieden? Wir freuen uns auf Ihre Rückmeldung. Und wir freuen uns, wenn Sie diesen Titel weiterempfehlen, in Ihrem Freundeskreis oder bei Ihrem Online-Kauf.

Sollten wir Ihre Erwartungen so gar nicht erfüllt haben, tauschen wir Ihnen Ihr Buch jederzeit gegen ein gleichwertiges zum gleichen oder ähnlichen Thema um.

KONTAKT ZUM LESERSERVICE

GRÄFE UND UNZER VERLAG
Grillparzerstraße 12
81675 München
www.gu.de

GRÄFE UND UNZER

Ein Unternehmen der GANSKE VERLAGSGRUPPE

IMPRESSUM

GU ist eine eingetragene Marke der GRÄFE UND UNZER VERLAG GmbH, www.gu.de

ISBN 978-3-8338-9014-7

1. Auflage 2023

Projektleitung: Nikola Teusianu
Lektorat: Ulrike Schöber
Umschlaggestaltung und Layout: ki 36 Editorial Design, München, Katja Wohnrath, unter Verwendung eines Bildes von Plainpicture (Composing)
Illustrationen Innenteil: Claudia Klein
Herstellung: Markus Plötz
Satz: Uhl + Massopust, Aalen
Reproduktion: LUDWIG:media, Zell am See
Druck und Bindung: Livonia, Riga

Umwelthinweis:
Nachhaltigkeit ist uns sehr wichtig. Der Rohstoff Papier ist in der Buchproduktion hierfür von entscheidender Bedeutung. Daher ist dieses Buch auf PEFC-zertifiziertem Papier gedruckt. PEFC garantiert, dass ökologische, soziale und ökonomische Aspekte in der Verarbeitungskette unabhängig überwacht werden und lückenlos nachvollziehbar sind.

Syndication: www.seasons.agency

Wichtiger Hinweis
Die Gedanken, Methoden und Anregungen in diesem Buch stellen die Meinung bzw. Erfahrung der Verfasser dar. Sie wurden von den Autoren nach bestem Wissen erstellt und mit größtmöglicher Sorgfalt geprüft. Sie bieten jedoch keinen Ersatz für persönlichen kompetenten medizinischen Rat. Jede Leserin, jeder Leser ist für das eigene Tun und Lassen auch weiterhin selbst verantwortlich. Weder Autoren noch Verlag können für eventuelle Nachteile oder Schäden, die aus den im Buch gegebenen praktischen Hinweisen resultieren, eine Haftung übernehmen.